서울역사강좌 15

서울길에서 만나는 인물史

서울역사강좌 15

서울길에서 만나는 인물史

발행인	서울역사편찬원장 이상배
발행처	서울역사편찬원(history.seoul.go.kr)
	서울특별시 송파구 올림픽로 424
	02-413-9511
기획편집	박명호(시사편찬과장), 김동하
발행일	2023. 2. 28
판매가	10,000원
디자인인쇄	이른아침(031-908-7995)
발간등록번호	51-6113542-000086-01
ISBN	979-11-6071-156-1

서울역사강좌 15

서울길에서 만나는 인물史

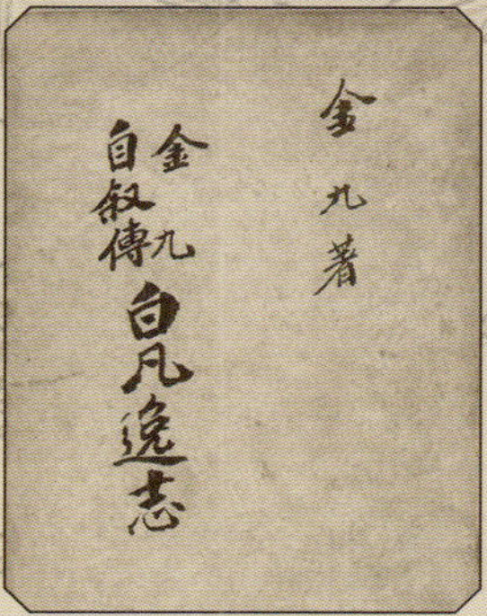

서울역사편찬원

발간사

고대부터 현대까지 인류 발전의 원동력 되었던 것은 길이었습니다. 조선시대에는 수도 서울을 중심으로 위로는 경흥로와 의주로, 아래로는 봉화로, 평해로, 동래로, 해남로 등 이른바 '10대로'가 있었습니다. 거미줄처럼 펼쳐진 길은 각지의 물자를 서울로 모여들게 하였고, 또 서울의 물자를 각지로 보내는 '혈관'의 역할을 했습니다.

서울이 수도로서 번창했던 것 또한 길의 힘이었습니다. 지금의 세종대로, 종로, 을지로, 남대문로 등은 이미 전근대부터 존재해 온 서울의 중심 도로이며, 이들 도로를 중심으로 생활한 서울 사람들의 다양한 삶이 지금의 서울을 만들었다고 해도 과언이 아닙니다. 그렇게 지금 우리가 걷고 있는 서울의 길은 서울의 역사와 함께 촘촘히 만들어졌습니다.

그런데 한편으로 우리가 걷고 있는 서울의 길이 어떤 이름을 가지고 있고, 또 어떤 과정을 통해 그렇게 지정되었는지 생각해보셨나요? 사람에게 이름이 있듯이 현대 서울의 길은 도로명이라는 고유의 이름을 가지고 있습니다. 2022년 말 기준 서울의 도로명은 14,000여 곳에 달하며, 이중 역사적 인물과 관련된 도로는 43곳입니다. 이에 이번 서울역사강좌에서는 서울의 수많은 도로명 중에서 역사적 인물을 상징하는 길 16곳을 선정하였습니다.

이번 강좌에서는 조선이 건국되고 서울을 수도로 만든 무학대사의 무학로와 정도전의 삼봉로, 조선 전기 한글 창제를 둘러싼 두 인물인 세종대왕의 세종대로와 최만리의 만리재로, 계유정난의 주역 한명회의 압구정로,

그야말로 훌륭한 모자母子였던 신사임당의 사임당로와 이이의 율곡로, 임진왜란을 승리로 이끈 류성룡의 서애로와 이순신의 충무로, 시대의 역신과 충신으로 기억되는 강홍립의 난곡로와 삼학사의 삼학사로, 조선 예술을 이끌었던 정선의 겸재로와 김정희의 추사로, 위태로운 나라를 구하기 위해 일어선 의병 허위의 왕산로, 조선의 광복을 위해 헌신했던 안창호의 도산대로와 김구의 백범로 등 도로명 속 다양하고 흥미로운 역사적 인물을 대상으로 주제를 정하였습니다.

우리가 흔히 지나치는 서울의 길에는 역사가 살아 숨 쉬고 있습니다. 그리고 이렇게 만들어진 길에는 역사를 선도했던 인물들을 도로명으로 지정함으로써 한층 의미를 더하고 있습니다. 이번 강좌는 바쁜 현대인의 삶 속에서 의미 없이 지나친 서울의 길을 다시금 돌아보고, 그 속에 담긴 인물들의 생애와 의미를 배우는 시간이 될 것입니다.

마지막으로 이번 시민강좌에 좋은 원고를 내주시고 강의를 맡아주신 선생님들과 책자 발간 및 강의 진행을 담당한 연구원들에게 감사드리며, 서울 길의 역사가 시민 여러분께 더 큰 의미를 가질 수 있기를 바랍니다. 감사합니다.

2023. 2.

서울역사편찬원장 이상배

차 례

HOTDOG COFFEE
766-5851
Max
바른
치킨
ATM

01

서울 도로명의 형성과 역사적 의미

- 지명은 지식의 종합선물세트다
- 을지로는 육군을 대표하는 고구려 장군의 성이다
- 도로명 제정에 전문가들이 참여하다
- 지번 주소에서 도로명 주소로

제1강

서울 도로명의 형성과 역사적 의미

이상배 서울역사편찬원장

지명은 지식의 종합선물세트다

사람에게 고유의 이름이 있고 나라에 국호가 있듯이 토지에는 고유의 지명이 있다. 이러한 지명은 대개 사람들이 생활의 편의를 높이고자 만들게 되었는데, 처음부터 고유명사로 만든 것은 아니지만 세월이 경과하면서 점차 고유명사화되었다는 특징이 있다. 처음에는 산이나 하천, 강 등의 지형지물이나 그 땅의 위치 또는 특징 등을 이용하여 자연적인 이름으로 불리다가, 한자를 사용하게 되면서 한자어로 변화되고 마침내 그것이 고유명사로 굳어진 경우가 많은 것이다. 두 개의 물줄기가 합쳐진다고 해서 두물머리로 불리다가 한자어인 양수리兩水里가 된 사례, 마을에 돌이 유난히 많아서 돌말로 불리다가 석촌동石村洞이 된 경우, 규모가 아주 큰 물줄기라는 뜻의 한가람이 한강으로 바뀌고 굳어진 사례 등에서 이를 확인할 수 있다.

물론 지명의 발생과 변천 과정은 매우 다양하고 복잡하며, 이런 다양한 지명들을 그 유형이나 성격에 따라 분류하는 작업 역시 매우 까다로울 수밖에 없다. 이영택은 《한국의 지명》에서 지명의 유형을 단순지명, 자연지명, 법제지명, 경제지명, 문화지명 등으로 분류한 바 있다. 서울역사편찬원에서 발간한 《서울지명사전》의 경우 이영택의 이 분류 기준을 수용하되 서울지명이라는 특수성을 반영하여 두 가지 분류 기준을 추가하였다. 하나는 지명의 음이 변하거나 한자로 표기하는 과정에서 다른 글자로 변형된 전음轉音·전사轉寫 지명이고, 다른 하나는 두 개의 마을에서 한 글자씩 따서 합친 합성지명이다.

지명의 유형별 특징은 대략 다음과 같이 요약할 수 있다. 먼저 단순지명은 뜻이 있던 지명이나 별다른 뜻이 없던 지명이 그대로 유지되어 내려온 것으로 우리나라 지명 가운데 가장 많은 수를 차지하고 있다. 자연지명은 자연물이나 위치, 형질, 지형 등이 지명에 반영되어 고유명사화된 것이다. 강이 마을을 돌아 흘러간다고 해서 붙여진 하회河回, 마을에 커다란 고개가 있어서 붙여진 대치大峙, 마을 가운데서도 상중하로 따져 어디에 위치하느냐에 따라 붙여진 상촌上村·중촌中村·하리下里 따위의 지명이 그 사례이다. 법제지명은 토지제도나 조세정책, 관아, 행정구역, 군사 등과 관련된 지명을 말한다. 도성을 중심으로 나눈 성북과 성동, 한양도성을 소재로 삼아 붙여진 동대문구·서대문구·혜화동·동소문동·서소문동·광희동·홍지동, 군사시설이나 군사적 요인에 의해 붙여진 남영동·신영동·구파발·노량진 등의 지명이 그 사례이다. 경제지명은 농업과 같은 산업적 요소나 물자 유통이 이루어진 경제교류 등이 반영되어 생긴 지명을 말한다. 산업과 관련된 지명의 사례로는 전농동·제기동·미근동·잠원동·잠실·마포·평창동·북창동 등이 있고, 장교동·교남동·교북동·동교동·서교동 등은 물자 교류의 핵심인 교량을 중심으로 지어진 이름들의 사례이다. 문화지명은 인물이나 종교, 역사적 사실, 전설, 유교사상 등이 반영된 지명을 말한다. 인물과 관련된 을지로·원효로·충무로, 종교와 관련된 암사동·봉원동·보문동·보광동·불광동, 유학과 관련된 남학동·중학동·명륜동·충신동·효자동, 서울 역사를 담고 있는 서빙고·풍납동·수표동·망우동·면목동 등이 그 예이다. 전설을 담고 있는 지명으로는 임진왜란 때 명나라 군사가 주둔했다는 당인리, 마을에 도둑을 지키는 이문이 있었다는 이문동里門洞, 새로운 우물이 있었다는 신정동新井洞, 무학대사의 일화와 관련된 답십리·상왕십리·하왕십리 등이 있다. 전음·전사지명의 사례도 무척 많은데, 우선 갯벌이 있어서 그냥 개펄이라 불리던 곳이 한자어로 개포동이 된 경우, 큰 언덕이 있어 큰더기로 불리던 곳이 큰덕으로 변하고 다시 한자어 공덕동孔德洞으로 바뀐 경우 등은 음이 변한 대표적 사례이다. 또 한자어 지명으로 바뀌는 와중에 한자 자체가 바뀐 경우도 있는데, 조개우물골로 불리던 합정동蛤井洞이 우물이 합해진다는 의미인 합정동合井洞으로 변한 경우, 새터말이라 불리던 곳이 한자로 신촌新村이 된 경우, 돌이 많아서 돌마을·돌마리·돌말 따위로 불리다가 한자명으로 석촌동石村洞이 된 경우 등이 있다. 합성지명의 사례로는 공덕리의 공과 태릉의 릉을 합친 공릉동, 용산의 용과 한강의 강을 합친 용강동, 잠실리의 잠과 신원리의 원을 합친 잠원동, 용두동의 용과 답십리의 답을 합친 용답동, 동소문동의 동과 삼선동의 선을 합친 동선동, 상리의 상과 봉황리의 봉을 합친 상봉동 등이 있다.

사물에 대한 명칭은 문명의 발달과 함께 끊임없이 변화하고 새로 만들어졌다. 땅 위에 새로 건설되는 도시는 물론 도시를 형성하는 모든 구조물에도 이름이 생겨났다. 도로, 교량, 공원, 터널, 지하철, 건축물 등 일상생활에서 만나는 모든 사물들이 고유의 이름을 갖게 되었다. 잠시 주위를 돌아보면 고유 명칭이 없는 것이 없을 정도다. 그리고 그 이름들에는 저마다의 역사성과 문화적 요소가 담기면서 각각의 고유성을 대표하게 되고, 시대가 변하면서 이름도 변하기는 하되 사라지지는 않는다. 지명 역시 마찬가지다. 저마다의 지명은 오랜 세월의 역사를 반영하고 있으며, 세월이 흐르면서 그 이름이 변형되기도 하였다. 따라서 개중에는 그 지명의 본래 뜻이나 어원을 밝히기 어려운 것들도 아주 많다. 사정이 이렇다 보니 여러 방면에서 추론하여 설명하는 경우도 있고, 어느 한 사람의 개인 의견이 굳어져 마치 그것이 본래의 유래인 양 잘못 전해지기도 한다. 심지어 현대 지명을 근거로 해당 지역의 수천 년 전 역사를 규정하기도 한다. 지명이 역사적 요소를 담고는 있지만 그렇다고 역사 그 자체를 증명하는 근거 자료로 활용하는 데에는 명백히 한계가 많다. 예를 들어 궁동宮洞이라는 지명이 있다고 해서 그 지역에 궁궐이 있었다는 식의 추론은 매우 단순하고 위험한 생각이라는 얘기다.

최근에 각 자치단체에서는 지명위원회를 구성하여 이름을 짓는 데 활용하고 있다. 지명위원회는 통상 땅 이름뿐만 아니라 도시를 구성하는 요소들 가운데 공공성을 담보하는 공원이나 교량, 새로 만든 도로, 지하철이나 전철의 역, 신도시, 학교 등 매우 포괄적인 대상물들을 다루고 있다. 이 위원회에서는 보통 역사성이나 상징성 등 여러 요소를 고려하여 이름을 정하게 되는데, 최근에는 경제적인 요소들도 매우 민감하게 반영되고 있다. 지하철역 이름에 인접 학교나 병원 이름 등을 병기하는 사례가 늘어나는 추세가 이런 현상을 잘 보여준다고 하겠다.

또 지역의 역사성을 두드러지게 나타내기 위해 자치단체 간에 좋은 이름을 서로 선점하려는 경쟁 사례도 나타나곤 한다. 지명의 상징성 때문일 것이다. 그렇다 보니 지명을 정할 때 그 지역에 사는 시민들의 의견을 반영하기 위해 설문조사를 하여 이를 적극적으로 반영하려는 노력도 나타나고 있다. 이름은 한 번 정해지면 바꾸기가 매우 어렵기 때문에 처음에 여러 가지 요소를 두루 고려하고 심사숙고해야 할 것이다.

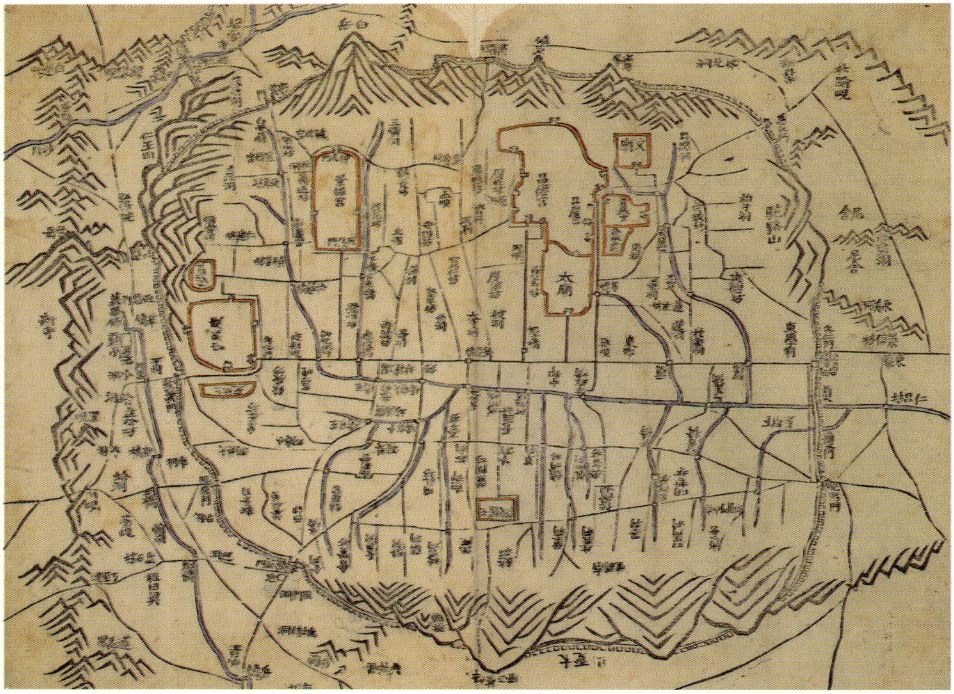

《대동여지도》〈도성도〉

서울의 도로들에도 지속적으로 새로운 이름이 생겨났다. 모든 도로가 한 번에 만들어진 것이 아니기 때문에 도로를 새로 개설하거나, 신도시가 만들어지면서 크고 작은 길이 형성되면 이들에 대한 이름을 제정한다. 이러한 도로명 제정은 사실 광복 이후 현대에 와서 본격화되었다. 이제부터 서울시의 도로명이 만들어진 과정과 역사, 그 특징들을 알아보자.

을지로는 육군을 대표하는 고구려 장군의 성이다

도로의 법제적 정의는 '차량 등 이동 수단이나 사람이 통행할 수 있는 통로'를 의미하며, 도로명은 도로 구간마다 부여된 이름을 의미한다. 가로명이라고도 하며, 현대에 와서 도로의 고유 명칭에 법적인 지위를 부여하기 시작했다. 현재는 〈도로명주소법〉에 따라 행정안전부장관이나 자치단체의 장이 도로의 이름을 부여하거나 폐지할 수 있도록 하였다. 그 이전에는 임시로 가로명제정위원회 등을 두어서 도로명을 제정하거나 변경하였다.

그러면 전근대 사회에서는 도로 이름을 어떻게 불렀을까? 서울의 경우 고지도를 보면 한성부 내에 많은 도로가 설치되어 있었음을 확인할 수 있다. 전근대에는 수도를 중심으로 전국으로 통하는 길에 제1로, 제2로 등

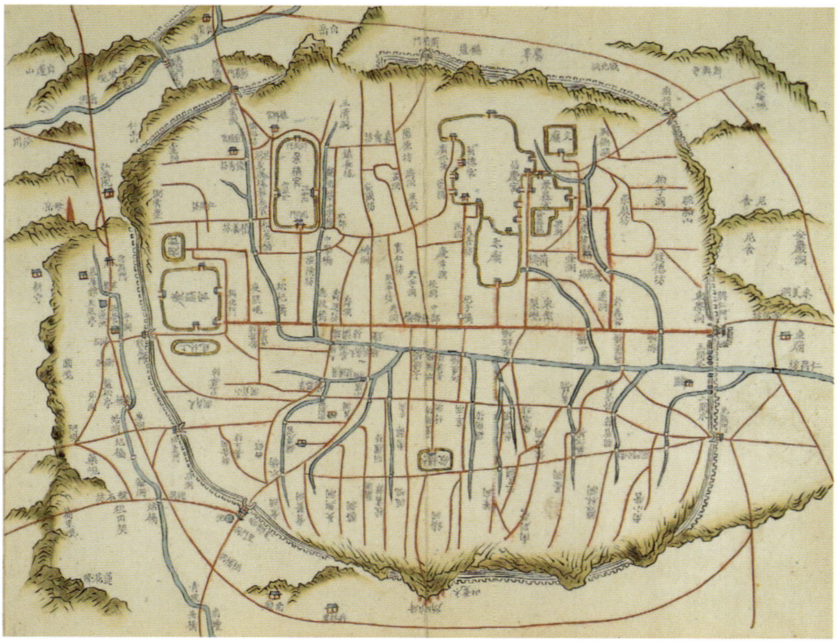

《동여도》〈도성도〉

숫자를 붙여 도로를 구분하였다. 도로의 규모는 대로, 중로, 소로로 나누었는데, 조선시대 법전인《경국대전》에 의하면 대로는 56척, 중로는 16척, 소로는 11척이었다. 현대 단위로 환산하면 대로는 17.48m, 중로는 5m, 소로는 3.43m이다. 대로는 2.5m가량의 폭을 가진 마차 7대가 다닐 수 있는 넓이로 정한 것이며, 중로는 마차 2대, 소로는 1대가 달릴 수 있는 너비로 계산하여 만든 것이다. 참고로 오늘날 자동차 차선의 폭 최소기준이 2.5m인 것을 고려하면 조선시대 도로 폭을 정할 때의 기준과 놀랄 정도로 같다는 점을 발견할 수 있다.

조선시대 서울과 경기 지역을 연결하는 도로 중 과천길, 시흥로, 강화로, 고양로, 양주포천로, 가평로, 양근로, 광주로, 용인로 등 9개 간선도로에서 고유의 도로명이 확인되는데, 모두 행선지 지명을 도로명에 사용하고 있다. 이들 간선도로 사이에는 사잇길도 있었는데, 시흥간로, 인천간로, 행주간로, 고양간로, 광주간로 등 6개 사잇길의 도로명도 고지도에 나타난다. 서울 도성 안에 있는 대로로는 광화문에서 오늘날 세종대로사거리까지의 도로, 종로길, 그리고 종루에서 남대문까지의 도로가 있었으나 각각의 도로에 일관된 이름이 부여되지는 않았다. 기록에는 광화문 앞의 큰길을 '광화문전로光化門前路', 즉 광화문 앞에 있는 길이라는 의미로 기록하고 있다. 또 육조 앞에 있는 길이라는 의미에서 '육조전로六曹前路' 등으로 불렸다. 같은 의미로 한성부를 동서로 관통하는 대로인 종로 거리를 운종가雲從街라고 하였다. 이후 일제강점기 때는 일본식 도로명을 붙이면서 '정町', '통通', '정목町目'이라 불렀으며, 광복 이후에는 일제식 이름을 다시 우리식으로 개정하는 작업이 진행되었다.

1945년 광복 직후 같은 해 11월 경성부정회연합회京城府町會聯合會는 일본식 지명인 '정·통·정목'을 한국식으로 개정해야 한다는 개정안을 만들어 서울시장인 부윤에게 건의하였다. 이때 개정안을 제안하는 과정에서 한글학자 이중화, 문교부장 유억겸 등 7명이 정명개정위원으로 참여하였다. 그러나 이들의 건의가 그대로 수용되지는 않았다. 이후 1946년 3월 민주의원民主議院은 기자회견을 자청하여 도로명을 빠르게 개정할 것을 촉구하면서 그 이유로 두 가지를 제시하였다. 일반 국민이 일본어를 사용하여 지명과 도로를 부르게 하는 것은 일본의 잔재 이념을 근절하지 못하게 되는 것이니 이를 조속히 개정하여 일본의 잔재 이념을 일소하고자 하는 것이 하나이고, 건국 이념을 고취하기 위해 이러한 개정 명칭을 영구히 기억하게 할 필요가 있다는 것이 다른 하나였다. 이를 위해 서울시에 도로명칭개정계획위원회를 설치할 것을 제안했는데, 당시 개정위원회 위원으로 김봉준, 조소앙, 조완구, 김려식, 백상규 등이 참여하였다.

이와 같은 논의들이 계속 이어지는 가운데 같은 해인 1946년 10월 1일 미군정법령 제106호 〈서울특별시의 설치〉가 공포되었다. 공식적으로 경성부가 서울특별시로 이름이 바뀌었고, 경기도 소속에서 벗어나 대한민국의 수도로서 특별한 지위를 갖게 되었다. 이에 따라 서울시 산하의 행정구역 이름도 바꿔야 하고, 각종 도로의 이름도 변경하는 조치를 단행할 필요가 있었다.

당시 서울특별시장은 김형민이었다. 그는 국사학자 황의돈과 김도태, 지금의 교육부장관 격인 당시의 군정청 문교부장 유억겸, 그리고 작가 윤백남 등을 초빙하여 다양한 의견을 듣고 바로 결정하였다. 일찍이 광복 직후 유억겸이 명칭 개정을 제안한 것이 있었기 때문에 비교적 빠르게 진행되었다. 우선 일제강점기 가로명의 뒷말인 '통'을 '로路'로, '정목'을 '가街'로 하자는 유억겸 의원의 제안이 그대로 채택되었다. 이때 제정된 도로의 명칭은 세종로·종로·을지로·신문로·태평로·남대문로·충무로·퇴계로·충정로·원효로·한강로·의주로 등 12개였다. 이들 가운데 종로·의주로·태평로·남대문로·한강로 등 5개의 도로명은 뒤의 글자만 '통'에서 '로'로 바꾼 것이다.

그 외에 신문로를 빼고는 모두 사람의 이름이나 호를 사용한 것을 볼 수 있다. 당시 참석자들은 일제강점기 광화문통이니 황금정통이니 하던 도로 이름을 우리 역사상 위인의 이름으로 바꾸자는 의견을 제시하였다. 시장은 충무로와 퇴계로를, 역사학자인 황의돈은 세종로·을지로·원효로 등의 이름을 제안했다고 한다. 당시 회의에 참여했던 황의돈은 자신의 회고록에서 다음과 같이 기록하고 있다.

> 세종로는 우리나라 문치의 위인으로서 민족의 태양과 같은 분인 세종대왕의 이름을, 충무로는 무인으로서 위훈을 추모하는 충무공을, 을지로는 무인으로서 육군의 대표 인물인 을지문덕을, 원효로는 문화계에서 불교의 대표 인물인 원효대사를, 퇴계로는 유학계의 대표 인물인 이퇴계를, 그리고 충정로는 순국선열의 대표 인물로서 민충정공의 이름을 각각 영원히 기념하기 위하여 붙였던 것이며, 순국선열의 대표 인물로서는 당시 누구를 할까 하고 많은 의견이 있었는 바, 이준 열사와 안중근 의사 등의 말이 있은 것이 그것인데 결국 충정공은 순국열사 중에서도 맨 처음의 분임으로 그 분을 정하였다.

위의 기록을 통해서 몇 가지 사실을 확인할 수 있다. 도로명에 역사상 위인의 이름이나 호를 따서 지은 것이 6개이다. 세종과 을지문덕 및 원효는 역사학자인 황의돈의 주장을 받아들였고, 충무공 이순신과 퇴계 이황은 김형민 시장의 주장을 따랐다. 특별한 것은 이들을 도로명으로 제정한 과정이 도로와의 연관성을 기준으로 정한 것이 아니라 민족사의 분야별 상징적인 인물들 가운데서 자의적인 기준으로 결정했다는 점이다. 세종이나 충무공의 경우 도로 인근에서 태어났다는 장소적 연관성은 있으나 당시에는 이것이 제정 이유가 아니었다. 세종은 조선의 왕 가운데 문치를 추구했던 대표적인 군주로서 경복궁 앞의 대로에 시호를 붙인 것이며, 충무

세종대로의 도로안내 표지판

공 이순신은 임진왜란 당시 나라를 구한 해군의 영웅이라는 점을 중요시해서 시호를 딴 것이다. 특히 을지문덕이나 원효는 서울과는 직접적인 연관성이 전혀 없는 위인들이다. 을지문덕은 고구려의 장수로 중국이라는 외적의 침략에 강력하게 저항하여 살수대첩에서 대승을 거둔 민족의 영웅으로서 일제강점기 식민지를 겪은 우리 민족의 한을 풀어줄 수 있는 육군의 상징적 인물이라는 점에서 도로명에 넣은 것이다. 그리고 문화적인 관점에서 한국인들에게 뿌리 깊게 자리잡고 있는 불교문화를 대표하는 인물로 원효를 택했고, 한국 유학의 문화적 정서를 반영한다는 의미에서 퇴계 이황의 호를 도로명에 넣었다. 이 과정에서 어떤 기준으로 원효와 퇴계를 정했는지는 밝히고 있지 않다. 지극히 주관적인 판단이 깔려 있다는 점에서 다소 아쉬운 점이기도 하다. 마지막으로 충정공 민영환은 순국선열을 대표하는 인물을 기념한다는 점에서 도로명에 넣기로 했으나 목숨을 바쳐

을지로 도로안내 표지판

활동한 독립운동가들이 많은 상황에서 그를 선택한 이유는 가장 먼저 순국했기 때문이라고 밝히고 있다. 민영환은 1905년 일본과의 을사늑약으로 나라의 외교권이 박탈되는 모습을 보고 국운이 이미 기울었음을 깨닫고 죽음으로 항거하여 국민을 각성하게 할 것을 결심하고 본가에서 자결한 인물이다. 비록 도로명 제정 과정에서 서울과의 연관성이 고려되는 등 구체적인 기준이나 사유가 없이 민족적 감정을 우선하여 정했다는 점에서 아쉬운 점은 있으나 역사상의 인물을 기념한다는 취지에서 도로명에 넣고자 한 것은 그 자체로서 의미가 있다고 생각한다.

도로명 제정에 전문가들이 참여하다

1966년부터 2014년까지 약 50여 년간 서울시는 급격하게 변화를 거듭하였다. 이에 따라 새로 생기는 도로가 많아졌고, 새로운 이름을 부여하기 위한 가로명제정위원회가 설립 운영되었다. 도로 이름을 정하는 데 가장 기초적인 틀을 마련한 사람은 김현옥 시장이었다. 그는 1966년 4월 4일 부산시장으로 있다가 서울시장으로 부임한 후 4년여간 서울시 도시계획의 근간을 마련하였다. 서울 시내 도로의 확장은 물론 신설 도로도 많이 개설하였다. 이 과정에서 도로에 이름이 없는 것을 발견하고는 체계적인 틀을 만들 것을 지시하였다. 그 결과 1966년 11월 26일 한양전도 572주년 기념 및 서울특별시 승격 20주년 기념식을 거행하는 자리에서 서울 시내 주요 간선도로 37개의 이름을 제정하고, 〈가로명제정고시문〉을 공표하였다. 또 조례와 규칙 등 법제적 근거를 마련하고자 1966년 9월 27일자 서울특별시 규칙 제597호로 〈서울특별시 가로명제정위원회 규정〉을 반포하였다. 이로써 서울시 도로명에 대한 법제적 틀을 마련함은 물론 향후 체계적인 도로명 제정과 관리의 틀을 마련하였다.

당시 제정된 〈가로명제정위원회 규정〉을 보면 위원장은 시장, 부위원장은 부시장이 맡고, 위원 약간명을 두었다. 외부 위원으로는 역사학자 2명, 언론인 2명, 법조인 2명, 문인 2명, 경제인 2명, 일반인 3명 등이 참여케 하였다. 이들은 가로명 제정에 관한 기본 방침을 결정하고, 이를 기반으로 가로명 제정안이 올라오면 이를 기반으로 심의 의결하는 방식으로 사업을 진행하였다.

1966년 10월 14일 가로명 제정을 위한 첫 회의가 개최되었는데, 외부 인사로는 학계에서 신석호·김학엽·조좌호·이은상·이선근, 법조계에서 전봉덕·장영복, 언론계에서 김영상·김철순·송건호, 경제계에서 진학문 등이 위원으로 위촉되었다. 이들이 첫 회의를 한 후 여론 수렴 기간을 거쳐 1개월 정도 지난 11월 16일 2차 회의를 진행하였는데, 여기서 가로명 제정의 '기본 방침'을 정하였다. 당시 확정된 기본 원칙은 첫째, 가로명은 행정구역 명칭에 구애됨이 없이 그것과는 분리해서 제정한다. 둘째, 가로명이 제정될 대상은 이른바 관리청 도로(10m) 이상으로만 한다. 셋째 가로의 시점과 종점도 현 행정구역과는 관계없이 한다. 예를 들면 가로의 연결성이나 동일성을 존중해서 여러 구를 통과하는 가로라도 명칭은 한 개로 한다. 넷째, 가로의 명칭은 역사적·문화적·전통적인 것을 존중하여 민족문화를 상징하거나 민족의 추앙을 받는 인물의 이름 또는 생활화된 지명을 선택한다. 다섯째, 가로명은 원칙적으로 '로路'로 통일하고, 로와 구분할 필요가 있을 때에는 '가街'를 쓸 수도 있게 하였다.

이와 같은 제정 원칙을 기반으로 당시에 제정된 가로명은 모두 37개였다. 이들을 성격별로 구분하면 지명을 따서 지은 것과 인명을 붙여 지은 것, 지역적 특징을 부여하여 지은 것 등으로 구별할 수 있다. 지명을 활용하여 도로 이름을 지은 사례가 마포로·의주로·청파로·청계로·소공로·미아로·수표로·장충로·왕십로·한남로·광장로·안암로·한강로·동작로·시흥로·경인로·효자로·안국로·명동로·삼청로·용산로 등 21개로 가장 많은 수를 차지하고 있다. 다음으로 인물과 관련된 도로명으로 율곡로·진흥로·다산로·난계로·왕산로·감찬로·고산로·소월로 등 8개 있었다. 기타의 경우로 공항로·창경로·대학로·육신로·번영동로·번영서로·삼일로 등 7개 있었는데, 도로 인근의 환경이나 특징적 요소 및 문화재를 기반으로 만들어진 도로명들이다.

이들 도로명 가운데 인물과 관련된 도로명을 살펴보자. 경복궁 동쪽 중학동으로부터 원남동까지의 길을 율곡로로 한 것은 조선시대 유학자 가운데 퇴계로가 남산 기슭에 있어 그에 대응하는 도로로 조선 성리학의 대가

인 이이의 호를 딴 것이다. 진흥로는 신라 삼국통일의 기초를 마련한 진흥왕의 순수비가 북한산 비봉 정상에 있어 이를 기념하고자 한 것이며, 감찬로는 대방동과 신대방동까지의 거리에 당시 공군과 해군의 본부가 위치하고 있어 무武와 인연이 깊을 뿐 아니라 고려시대의 명장 강감찬의 탄생지이기 때문에 이름을 제정한 것이다. 동대문에서 청량리로터리까지를 왕산로라 한 것은 1908년 의병장 허위가 의병을 이끌고 이 길을 따라 동대문 밖까지 육박했던 의거를 기념하여 그 아호를 따서 붙인 것이다.

그밖에 약수동로터리에서 창신동까지의 길을 조선 후기 실학자 정약용의 호를 따서 다산로, 왕십리 배명중학교에서 신설동 경유 돈암동까지를 국악을 집대성한 박연의 호를 따서 난계로, 왕십리로터리에서 마장교 경유 홍릉까지를 《대동여지도》를 그린 김정호의 호를 따서 고산로로 명명했는데, 무엇을 근거로 이들의 호를 따서 지었는지에 대한 사유는 명확하지 않다. 남산 입구에서 음악당을 경유하여 한남동에 이르는 남산 중턱 길을 소월로라 명명한 것은 시민의 여론을 반영한 것이다. 이 길은 처음에 남산로로 하기로 하였으나 제2차 회의가 있던 11월 16일부터 1주일 동안 제정위원회가 정한 도로명에 대한 시민의 여론을 수렴한 결과 남산의 그 길은 시민 산책의 길이기도 하고, 김소월의 시비가 남산시립도서관 옆에 있는 만큼 서정시인 소월 김정식의 아호를 따서 명명함으로써 낭만을 즐기자는 의견이 많아 여론에 따라서 소월로라 정했다. 이후 김소월의 시비를 다른 곳으로 옮기면 이 도로 이름은 어떤 결과를 가져올까 심히 염려되는 대목이다. 즉 어떤 시설물이든 이전 가능성이 있기 때문에 이를 근거로 이름을 짓는 것은 매우 위험하다는 것이다.

이후 1972년 11월 26일에는 새로 41개 노선의 가로명을 제정하고, 5개 노선은 개정하였으며, 18개 노선은 구간을 조정했다. 이로써 서울에는 모두 107개의 가로명이 있게 된 것이다. 이때 제정 및 개정된 내용을 보면 기존 가로명 중 명칭이 까다로운 것을 개정하고, 구간을 조정했다. 새로 제정된 도로명 가운데에는 특기할 만한 점도 있었는데, 어린이대공원이 건립되는 것을 고려하여 광장로 대신 순 한글을 사용하여 새싹로를 만들었다. 또 종래까지는 준공 연도에 따라 명칭을 부여하던 강변도로를 한강 북단에 있는 도로는 강변로, 남단에 있는 도로는 강남로라고 부르기로 하고 상류 쪽으로부터 각각 1로, 2로, 3로 등으로 세분하였다. 그밖에도 시가지가 아직 조성되지 않은 영동지구에도 영동1로, 영동2로 등의 이름을 붙였다. 1976년 6월 26일에는 잠실로, 잠실1로, 잠실2로, 동작로 등 4개 노선의 가로명이 새로 지어지고 10개 노선의 가로명이 개정되었는데, 이때 호당로가 행정동의 이름을 따서 압구정로로 바뀌었다.

이어 1977년 6월 17일에는 서울특별시공고 제131호로 종래의 삼릉로를 테헤란로로 개정하였다. 우리나라와 이란의 국교를 더욱 돈독히 하는 의미에서 서울과 이란의 수도 테헤란에 각각 테헤란로와 서울로를 만들게 된 것이다. 이때 서초동~삼릉공원~삼성동에 이르는 폭 50m, 연장 3,200m의 삼릉로를 테헤란로로 개정하였다. 2년 후인 1978년 6월 29일에는 16개 노선의 가로명을 새로 제정하고, 2개 노선을 개정했으며, 2개 노선을 폐지하였다. 이때 새로 제정된 도로명 가운데 원효대로가 있었는데, 원효대교가 신설된 것을 계기로 만들어졌다. 이 도로명은 1984년에 기존의 원효로와 혼동된다는 이유에서 용호로로 바뀌었다. 1979년 1월 30일에도 7개 노선의 도로명을 제정하고 4개 노선을 개정하는 등 꾸준히 도로명이 신설되거나 개정되곤 하였다.

1981년 1월 21일에도 30개 노선의 도로명이 제정되고, 6개 노선이 개정되었다. 이때 새로 도로명이 제정된 노선은 폭 20~70m의 간선도로와 이면도로들로, 인물과 관련된 도로명으로는 둔촌 이집의 호에서 유래된 둔촌동 동명을 따라 지은 둔촌대로, 강감찬이 탄생한 곳을 지나는 길에 그의 초

명를 따서 지은 은천로가 있었다. 둔촌대로는 1984년 11월 7일 강동대로로 이름이 변경되었고, 은천로는 1984년 11월 7일 은천길로 변경되었다.

1980년대의 서울은 비약적인 발전을 이루었다. 직접적인 계기로 86아시안게임과 88서울올림픽을 개최하면서 종래에 비해 외국인 관광객이 늘어나게 되면서 국제도시로 부상하게 되었다. 이를 계기로 도로명의 전반적인 재검토와 재정비가 필요하게 되었다. 당시까지만 해도 도로명이 없거나, 있어도 관행적인 명칭과 서로 다른 명칭이 혼용되어 사용되었다. 또 1로, 2로 등 특성이 없는 수사 명칭이 있는가 하면 기점과 종점의 동리명을 이용한 합성 명칭이나 통과지점의 실정에 맞지 않는 부적합한 명칭 등이 많아 활용성이 낮아 시민과 관광객들의 혼동을 불러일으켰다. 나아가 가로표지판이나 관광지도 등에 가로명 표기가 없어 많은 불편을 초래하기도 했다. 이에 국제대회를 유치한 상황에서 이러한 불합리한 현상을 바로잡고, 외국 관광객들에게 교통 편익을 제공하고자 도로명의 전면적인 재정비에 착수하였다.

1983년 1월 1일 정부는 〈가로명 등 제정관리지침〉을 만들어 행정기관에 내려보냈고, 이를 근거로 서울시는 가로명제정위원회를 임시로 설치하여 각 구에서 작성해 온 가로명 정비안을 검토·심의·의결하였다. 가로명제정위원회는 1966년 9월 15일에 서울특별시규칙으로 구성되어 운영되다가 1970년 6월 10일에 폐지되었는데, 이때 다시 16명의 위원을 위촉하여 1983년 8월 20일에 발족되었다. 당시 위원장은 이상연 부시장이, 부위원장은 김진원 기획관리실장이 맡았다. 외부의원으로는 소설가 강신재, 관광협회 부회장 김동연, 서울시문화재위원 김영상, 택시 운전기사 김철언, 지리학자 김인과 원학희, 도시계획 전문가 손정목, 민속학자 임동권, 한국일보 논설위원 조풍연 등 9명이 참여하였고, 서울시의 실무자로서 국장급 5명이 참여하였다.

이때 새로운 도로 이름을 정하는 것 외에 시민의 불편을 초래하는 경우 이를 개정한다는 큰 틀을 정하고 세부적인 정비 원칙을 정하였다. 이때 첫째 도시 및 가로의 특성과 기능을 부각시키고, 둘째 가급적 아름답고 유서 깊은 순수 우리말을 살리며, 셋째 익히기 쉽고 부르기 쉬운 명칭을 선택하자는 대원칙을 정하였다. 나아가 세부적으로 도로명의 앞말은 관행으로 사용하는 명칭이나 중심지명을 활용하여 시민의 편의를 도모하도록 하며, 역사적 인물의 호나 문화재명을 활용하여 시민의 역사의식을 함양하도록 하고, 전래된 옛 지명이나 이름 있는 지형지물을 활용하여 도로의 특성을 부각하도록 한다는 규정을 정하였다. 이어 도로명의 뒷말은 간선일 때는 '로', 지선일 때는 '길'을 원칙으로 하되 앞의 말이 순수 우리말이거나 발음이 어색한 경우에는 예외로 하며, 너비 50m 이상은 '대로'로 명명하되, 단 4대문 안의 도로에는 '대' 자를 생략한다는 규정을 정했다.

이 외에도 도로의 기점과 종점의 구 이름이나 동리의 이름을 바로 붙인 도로명은 배제한다는 원칙에 따라 용산과 마포를 연결하는 도로의 실무자 안은 용마로였는데 위원회에서 그것을 배제하고 도로 가까운 위치인 효창공원에 백범 김구의 묘가 있기 때문에 백범로로 하기로 했다. 또 인물을 도로명에 넣을 경우 사망한 지 100년이 안 되는 인물의 이름이나 호는 쓰지 말자는 원칙도 세웠다. 인물의 업적에 대한 평가가 다를 수 있기 때문이었다. 그리하여 이승만 대통령의 아호를 쓴 운남로나 소설가 박종화의 호를 쓴 월탄로는 1차 심의 때까지는 있었는데 최종 심의에서 탈락되었다. 다만 백범로만은 사망 후 100년의 원칙이 채택되기 전에 결정된 것이므로 재론을 않기로 하여 유일하게 존속되었다.

이러한 과정을 거쳐 244개 노선 도로명의 제정과 개정을 결정한 후 이를 1개월간 공고하여 시민들의 의견을 듣고, 별도로 중앙문화재위원회, 서울특별시시사편찬위원회, 서울특별시문화재위원회, 서울특별시도시계획위원회, 서울특별시문화예술진흥위원회, 한글학회, 외솔회, 세종대왕기념사업회, 한국겨레문화연구원, 국어교육학회 등 전문 기관에 정비 시안을 보내서 그 의견을 청취하였다. 그 결과 접수된 의견은 모두 92건이었다. 주요 내용을 보면, 큰길을 먼저 정하고 작은길은 단계적으로 이름을 정하자, 한문이나 외래어보다는 순수 우리말이나 토박이말을 사용하자, 인명보다 지역의 고유한 지명이나 역사적 유적지를 활용하자, 부득이 인명을 사용할 경우 국민 누구나 수긍할 수 있는 위인을 고루 선택하자, 이미 통용되고 있는 이름은 가급적 고치지 말자, 숫자화 된 명칭은 고유한 이름으로 고치자 등의 의견이었다. 대체로 지명을 정할 때 합리적으로 고려해야 할 사안이고 권장해야 할 내용들이 제시된 것으로 볼 수 있다. 결국 이러한 시민의 의견을 반영하여 249개의 도로명이 제정 혹은 개정되었다. 이때 가로명을 제정한 후 서울 시내 곳곳에 도로 표지판이 갖추어졌고, 외국인을 위한 도로 명칭이 정비되는 등 도로의 기반 시설이 확립되었다.

지번 주소에서 도로명 주소로

광복 이후 사람들의 거주지 표시 방법은 토지에 부여되어 등록된 식별번호인 지번을 바탕으로 한 체계를 사용하였다. 그러나 지번 주소는 도시가 급격하게 변하고 산업화되면서 각종 개발로 인하여 지번의 순서를 부여하기가 어려워지고, 위치 찾기도 자연스럽게 복잡해질 뿐만 아니라 재난 상황 시 신속하게 대응하기가 어렵다는 측면이 있고, 행정구역인 법정동과 행정동의 구분이 모호하여 위치 정보를 정확하게 제공하지 못한다는 단점이 있었다. 이를 해결하기 위해 도로에 이름을 부여하고 이를 기반으로 주소체계를 만드는 도로명 주소를 도입하자는 논의가 대두되었다. 이 제도를 도입할 경우 새로운 길에 대한 확장성과 효율성이 높고, 빠른 위치 찾기, 물류비용의 절감, 긴급 구조 시간 단축 등의 효과를 가져올 수 있다. 나아가 일본을 제외한 모든 OECD 국가와 아프리카 국가들, 그리고 북한도 도로명 주소를 사용하고 있다는 점도 고려 대상이 되었다. 즉 세계 각국이 보편적으로 사용하는 도로명 주소 체계를 도입함으로써 관광업의 활성화는 물론 국가 경쟁력을 향상시킬 수 있다는 주장이 강조되었다.

이와 같은 주장에 따라 1996년 국가경쟁력강화기획단에 의해 도로명 주소 체계 도입이 결정되고, 오랜 기간 지번에 익숙해 있던 주민들의 혼란을 줄이기 위해 김대중 정부 때 자치단체별로 시범 추진을 진행하였다. 이후 2007년 〈도로명주소법〉을 제정 및 시행하여 법적 기반을 마련하였으나 전면적인 시행은 보류하고 시행착오를 줄이기 위해 지번 주소와 도로명 주소를 병행하는 조치를 취하였다. 이어 2014년 1월 1일부터 본격적으로 도로명 주소 체계를 시행하여 오늘에 이르고 있으나 2022년 현재까지도 지번을 사용하는 사람들이 공존하고 있다. 도로명에는 〈도로명주소법〉에 따라 전국의 길을 '대로', '로', '길' 등의 글자를 붙여 이름을 만들고, 앞에는 지역의 특성이나 역사성·행정명·자연물·문화재·인명·지역과 지역의 합성·순수한 한글을 활용한 이름 등을 넣어 도로명을 부여하였다.

2022년 현재 서울특별시의 도로명은 1만 4,527개에 달한다. 1980년대와 비교할 때 기하급수적으로 늘어났음을 확인할 수 있다. 기존에는 큰 간선도로와 지선도로를 중심으로 이름을 부여하였지만 1996년 이후에는 아주 작은 골목길에도 모두 이름을 부여하였기 때문이다. 2022년 말 현재 서울시 간선도로와 지선도로의 이름에서 인물과 관련된 도로는 모두 43개가 확인된다. 이들 43개의 도로명 현황은 아래의 표에 별도로 정리하였다.

한편 1966년 이후에 다양한 이유로 도로명에서 빠지게 된 인물들도 있다. 예를 들어 조선 후기 금석학자이자 서예가로 이름을 날린 추사 김정희의 거주지를 근거로 이름을 붙였던 추사로가 자하문길로 변경되었고, 고려시대 은둔했던 선비로 둔촌 이집의 이야기를 따서 이름을 붙였던 둔촌동에 근거해 둔촌로와 둔촌대로를 두었던 것이 양재대로와 강동대로로 각각 바뀌었다. 그리고 토정 이지함의 호를 따서 명명했던 토정로가 2022년에 폐지되었으며, 고려대 설립자였던 인촌 김성수의 호을 따서 명명했던 인촌로는 그가 친일 행위자 명단에 수록되면서 2018년 성북구민들의 도로명 폐지 여론에 의해 고려대길로 바뀌었다. 이는 시민들이 제도적으로 심의를 통해 정한 도로명을 바꾼 사례로 기록되었다.

서울시 도로명에 반영된 43명의 역사 인물을 시대별 성격별로 분석해 보자. 먼저 시대별로 정리하면 삼국시대 인물로는 고구려의 을지문덕과 신라의 진흥왕 및 원효대사 등 3명, 고려시대 인물로는 강감찬과 정몽주 등 2명, 대한제국기와 일제강점기 인물로는 김상옥·안창호·윤봉길·김구·김정식·방정환·민영환 등 7명, 광복 이후 현대 인물로는 이승만·김성수·윤보선·워커 장군·손기정 등 5명이 포함되었고, 나머지 43명 가운데 26명은 모두 조선시대 인물로 60% 정도를 차지하고 있다. 이들 가운데 서울시와 전혀 관계가 없는 인물로는 을지문덕과 원효대사가 있다. 이들 외에 다른 사람들은 서울에 살았던 흔적이 있거나 죽은 후에 사당 혹은 묘소가 있는 등 연관관계가 존재한다.

특이 사항으로는 인물 도로명 가운데 여성은 신사임당 1명에 불과하여 아주 극소수를 차지하고 있다는 점이다. 또 외국인으로는 6·25전쟁 때 초대 주한 미8군 사령관이던 워커 장군 1명이 포함되어 있다. 일제강점기 인물 가운데는 독립운동 활동을 했던 인물이 대부분을 차지하고 있는 것도 주목된다. 현대 인물 중에서 이승만은 일제강점기 독립운동에 참여했던 인물이고, 손기정은 1936년 한국인으로 일본 국기를 달고 독일 베를린 올림픽 마라톤에서 금메달을 딴 체육인으로서 모두 일제강점기에 살았던 인물이기도 하다. 조선시대 인물 중에는 문신으로 유학자인 경우가 대부분을 차지하고 있으며, 왕족도 5명으로 상대적으로 많은 수를 차지하고 있다. 왕족으로 특이한 것은 세종 이외에 양녕대군·효령대군·광평대군 등이 모두 세종의 아들이라는 점이다. 이들의 사당과 묘역 근처를 지나는 도로에 붙여진 이름이지만 결과론적으로는 특정인의 아들만 강조된 느낌이다.

한편 도로에 인물과 관련된 이름을 부여할 때 주로 사용한 용어를 분석하면 다음과 같이 호, 묘호, 시호, 실명, 법명, 옥호, 군호, 성씨 등 다양한 형식으로 구분이 가능하다. 서울시 전체 인물명 도로 가운데 호를 사용한 것이 가장 많은 수를 차지하고 있다. 전근대 사람을 부를 때는 상대방을 예우하는 차원에서 대부분 이름을 직접 부르지 않고 호를 부르는 경우가 많았다. 이러한 사상이 도로명을 지을 때 반영된 것으로 보인다. 성씨를 넣은 경우로는 을지문덕의 성을 따서 지은 을지로가 있다. 다만 '을지'

인명 사용 도로명의 성격별 구분

구분	도로명	총계	비율
호	겸재길, 고산자길, 난계로, 다산로, 도산대로, 매헌로, 무학로, 백범길, 사가정길, 삼봉로, 서애로, 소월길, 소파길, 왕산로, 우암길, 율곡로, 은천길, 지봉길, 퇴계로, 포은로, 필운대로, 하정로	22명	51%
묘호·시호	세종로, 충민로, 충정로, 충무로	4명	9.3%
실명·이름	김상옥로, 대건로, 만리재로, 손기정로, 워커힐로, 윤보선길, 허준로	7명	16%
법명·옥호·당호	원효로, 이화장길, 사임당길	3명	7%
왕호·군호·봉작	진흥로, 광평로, 효령로, 양녕로, 숙선옹주로	5명	12%
성씨	을지로	1명	2.3%
기타	삼학사길	1명	2.3%
계		43명	100%

에 대한 역사 해석에는 두 가지가 있다. 하나는 '을지'를 모두 성으로 보는 견해가 있고, 다른 하나는 '을'만 성이고 지는 존대를 의미하는 접미사라는 연구도 존재한다. 약간의 해석 차이는 있지만 기본적으로 성씨를 바탕으로 했다는 점에서는 공통점을 갖고 있다. 삼학사길은 병자호란 당시 인조가 남한산성에 고립되어 있을 때 청나라와의 화의를 반대하고 결사 항전을 주장하다가 조선이 항복한 뒤 중국 선양으로 끌려가 참형을 당한 홍익한·윤집·오달제 등 3명의 학사를 기리는 것으로 역사적 의미를 부각하여 지은 이름이다.

한편 서울 도로명에 활용된 역사 인물들은 많은 수가 지방의 도로명에서도 활용되고 있다는 것을 주목해야 할 필요가 있다. 서울에서 활동했던 대부분의 역사 인물들은 출생지가 반드시 서울은 아니다. 전국에서 올라와 과거시험을 통해 관직 생활을 하면서 서울에 기거하게 된 경우가 대부분이다. 따라서 각 인물이 태어난 고장에서는 출생지의 인물로 선양하는 차원에서 도로에 이름을 붙이기 때문에 서울에도 있고 지방에도 같은 이름이 존재하는 것이다. 서울은 대한민국의 수도이고, 전국 각지에서 빼어난 인물이 모여드는 곳이다. 오랜 기간 수도로서의 역사적 정통성을 가지고 있기 때문에 인명 도로명에서도 이와 같은 특징이 나타나는 것이다. 한 예를 들면 민족의 영웅으로 칭송되는 충무공 이순신의 경우 그의 시호를 딴 도로명이 대전, 충남 천안과 아산, 전남 여수, 경북 포항, 경남 창원 등지에도 있다. 이순신의 출생지는 서울시 중구이다. 많은 사람들이 아산으로 잘못 알고 있는데, 아산은 외가이다. 임진왜란 기간 동안 전라도와 경상도를 누비며 전쟁에서 승리를 거뒀기 때문에 그의 공적을 기리고자 도로명에 넣은 것이다. 신사임당은 서울과 경기도 파주의 도로명에 남아있고, 율곡 이이는 서울·평택·파주 등지에 도로명이 있으며, 다산 정약용은 서울 이외에 부산 사하구, 경기도 남양주, 전라남도 강진, 경상북도 고령

송해길과 표지판

등에도 있다. 이처럼 서울의 도로에 그 이름을 올린 인물들의 이름은 여러 지방에 있는 다른 도로에도 이름을 올리는 경우가 많다. 이 또한 서울이 대한민국의 수도로서 가지고 있는 역사적 위상과 정통성을 보여주는 한 사례라고 할 것이다.

한편 법제적인 효력을 가지고 있지는 않지만 한 인물을 기념하고자 하는 의도에서 시민들의 자발적인 운동에 따라 현대의 유명 인물들을 도로명에 넣는 경우도 있다. 골프선수 박세리, 야구선수 박찬호 등 유명 체육인의 이름을 따서 그가 태어난 고향 등지에서 도로에 특별히 이름을 부여하는 것이 그 사례이다. 이와 유사한 것으로 서울에는 종로2가~낙원상가에 송해길이 만들어졌다. 2016년 종로문화원에서 주도하여 만든 이 길은 낙원동에서 30여 년 이상 살면서 대중문화예술을 이끌어 온 송해의 노력을 기리는 의미에서 표지석과 함께 도로에 이름을 부여했는데, 이는 상징적 의미이며 법제적 의미를 갖지는 않는다.

2022년 인물을 기념한 서울시 간선도로명

번호	도로명	기점 ~ 종점	관련 인물	제정일
1	광평로	일원터널 ~ 수서역 삼거리	광평대군	1992.12.28.
2	겸재로	휘경여중고 삼거리 ~ 겸재삼거리	정선	1984.11.7.
3	고산자로	고려대역 삼거리 ~ 성수대교	김정호	1984.11.7.
4	김상옥로	종로플레이스 입구 ~ 충신시장 입구	김상옥	2010.7.2.**
5	난계로	신설동역 오거리 ~ 성동구 공동육아나눔터 앞	박연	1966.11.26.
6	다산로	청계7가 사거리 ~ 서울 유아숲체험장 앞	정약용	1966.11.26.
7	대건로*	한강대교 북단 ~ 양회대교 북단	김대건	1984.11.7.
8	도산대로	신사역사거리 ~ 영동대교 남단	안창호	1972.11.26.
9	만리재로	서울역 서부교차로 ~ 공덕역	최만리	1972.11.26.
10	매헌로	시민의숲 삼거리 ~ 트럭터미널 앞 교차로	윤봉길	2010.5.27.
11	무학로	안암오거리 교차로 ~ 상왕십리역 삼거리	무학대사	1984.11.7.
12	백범로	신촌로터리 ~ 삼각지역 사거리	김구	1966.11.26.
13	사가정로	신답역 사거리 ~ 아천IC	서거정	1984.11.7.
14	사임당로	교대입구 삼거리 ~ 우성아파트앞사거리	신사임당	1984.11.7.
15	삼봉로	세종대로 앞 ~ 조계사 앞 사거리	정도전	1984.11.7.
16	삼학사로	서울놀이마당 앞 삼거리 ~ 배명고등학교	삼학사	1984.11.7.
17	서애로	퇴계로4가 교차로 ~ TNS빌딩 앞	유성룡	2010.5.26.**
18	소월로	숭례문 오거리 ~ 서울 유아숲체험장 앞	김정식	1984.11.7.
19	소파로	도동삼거리 ~ 남산예장공원 앞	방정환	1984.11.7.
20	손기정로	아현라온빌 앞 ~ 서울역센트럴자이101동 입구	손기정	2010.5.20.**
21	숙선옹주로	두산대림아파트 삼거리 ~ 목동자이프라자 앞	숙선옹주	2010.6.10.**
22	양녕로	한강대교 북단 ~ 현대시장입구 교차로	양녕대군	2001.6.19.
23	왕산로	신설동역 오거리 ~ 시조사 삼거리	허위	1966.11.26.

번호	도로명	기점 ~ 종점	관련 인물	제정일
24	우암길*	혜화동로터리 ~ 성북초등학교 앞 사거리	송시열	1984.11.7.
25	워커힐로*	아차산생태공원 ~ 워커힐호텔	워커장군	2009.10.28.**
26	원효로	남영역 사거리 ~ 원효로삼성아파트	원효대사	1946.10.1.
27	윤보선길	종로경찰서 앞 ~ 정독도서관 앞	윤보선	2010.7.2.**
28	율곡로	경복궁 사거리 ~ 청계6가 사거리	이이	1966.11.26.
29	은천로	은천로입구 교차로 ~ 은천 삼거리	강감찬	1981.1.21.
30	을지로	서울광장 앞 ~ 한양공고 앞 교차로	을지문덕	1946.10.26.
31	이화장길	이화사거리 ~ 대창기계공업 앞	이승만	2010.7.2.**
32	지봉로	청계7가사거리 ~ 보문역 사거리	이수광	1984.11.7.
33	진흥로	신영동 삼거리 ~ 신사오거리	진흥왕	1984.11.7.
34	세종대로	광화문 삼거리 ~ 서울역 사거리	세종	1946.10.1.
35	충무로	서울중앙우체국 ~ 충무초등학교 앞	이순신	1946.10.1.
36	충민로	이마트 가든파이브점 앞 ~ 구립송파노인요양센터 앞	임경업	2010.6.4.**
37	충정로	서대문로터리 ~ 아현삼거리	민영환	1946.10.1.
38	퇴계로	서울역 ~ 성동고교 사거리	이황	1946.10.1.
39	포은로	성신아파트 ~ 양화로 앞	정몽주	2010.6.17.**
40	필운대로	신교동 교차로 ~ 사직공원 교차로	이항복	2010.7.2.**
41	하정로	대법원 가족관계등록 사용자지원센터 앞 ~ 비우당교	유관	1984.11.7.
42	허준로	가양동 대아아파트 앞 교차로 ~ 가양9단지 교차로	허준	2010.6.30.**
43	효령로	뱅뱅사거리 ~ 서울메트로삼거리	효령대군	1984.11.7.

* 대건로는 2010년 강변북로에 편입됨, 워커힐로는 2021년 가을단풍길(워커힐로)로 변경, 우암길은 2010년 혜화로로 변경됨

** 제정일을 알 수 없어 고시일로 표기함

02

한양 천도의 역사

삼봉로와 무학로

- 삼봉로와 무학로를 걸어보자
- 삼봉로와 무학로, 두 길의 이름
- 무학 자초, 새 수도를 찾는 여정에 동행하다
- 삼봉 정도전, 한양 건설을 주도하다
- 유불 전환의 시대에 이루어진 한양 천도

제2강

한양 천도의 역사

- 삼봉로와 무학로

김윤주 서울시립대학교 국사학과 강사

삼봉로와 무학로를 걸어보자

현대 도시 서울에는 역사적 인물의 호號를 딴 가로명이 곳곳에 있다. 이 중 삼봉로와 무학로는 조선 건국 이후 한양으로의 천도와 새 수도 건설에 기여한 삼봉三峰 정도전鄭道傳의 호와 무학無學 자초自超의 법호를 따서 지어졌다.

우선 삼봉로는 주한미국대사관과 KT광화문빌딩 사이 골목길로 들어가면 만날 수 있다. 종로소방서, 종로구청을 거쳐 조계사 앞 사거리에 이르는 길로 10분 정도면 그 끝에 다다른다. 지금(2023년 초 기준)은 기존 종로구청 자리에 구청, 의회, 보건소, 소방서 등을 아우르는 통합청사 공사가 한창이다. 전에는 구청 민원실 입구에 정도전의 집터임을 알리는 표석이 있었다고 한다.

무학로는 동대문구 안암오거리에서 상왕십리역에 이르는 길이다. 삼봉로에 비해서는 훨씬 길다. 도로명주소를 보더라도 무학로뿐 아니라 그 길

무학 자초 초상(좌)과 삼봉 정도전의 표준영정(우)

에 연결되어 무학로2길, 무학로33길, 무학로2나길 등처럼 일련번호가 붙어있는 사례가 많다. 동대문구와 성동구를 남북으로 관통하는 무학로 주변으로도 '무학ㅇㅇ로'가 뻗어 있는 형태다. 그래서 꽤 넓은 지역에서 '무학'이 붙은 도로명을 확인할 수 있다. 거기에 근처 왕십리로까지 포함한다면, 무학의 자취를 반영한 지역은 상당히 넓다.

물론 21세기 서울에서 삼봉로와 무학로를 걸으며 삼봉 정도전과 무학 자초의 자취를 느끼기란 쉽지 않다. 조선 건국 후 정도전의 정치 활동 무대였던 경복궁이 삼봉로 곁에 있기는 하지만, 삼봉로에는 그의 호를 딴 도로명 표지판만 남아 있다. 마침 삼봉로 주변으로는 종로구 통합청사 공사뿐 아니라 의정부 발굴조사, 광화문 월대 공사 등도 한창이다. 옛 종로구청 민원실 앞에 있었다던 정도전 집터 표석은 공사를 피해 잠시 다른 곳에 보관된 듯하다.

그나마 종로구 임시청사 앞에 목은선생영당牧隱先生影堂이 있어 이색李穡을 통해 정도전의 흔적을 찾을 수 있었다. 영당은 초상을 모신 전각이다. '성리학의 나라' 조선에서 목은 이색은 고려에 충절을 바친 신하로서 추앙되었다. 그리하여 지금까지 전하는 초상화가 여러 점이고, 영당이 서울 외에도 경기도 연천, 강원도 횡성, 충청남도 예산 등 여러 지역에 있다.

반면, 삼봉 정도전의 영정은 한 점도 전하지 않아 한국화가 권오창이 그린 영정이 표준영정으로 지정되었다. 조선시대 사대부들은 정도전의 영정을 만들 이유가 없었다. 1398년(태조 7) 제1차 왕자의 난으로 죽임을 당한 이후부터 고종대 경복궁 중건을 계기로 복권되는 1865년(고종 2)까지 그에 대한 평가는 매우 부정적이었기 때문이다. 일례로 송시열宋時烈은 '간신 정도전의 무함誣陷이 이방번, 이방석을 죽게 했다'고 평가할 정도였다.

이러한 두 사람의 처지가 조선 태조대에는 그 반대였다. 이색은 건국한 지 몇 개월 만에 사면을 받았지만, 정치적인 위상을 회복하기에는 너무 고령이었으며 새로운 권력에 영합하려 하지도 않았다. 그들은 공민왕대에 중영된 성균관에서 열띤 토론을 하며 성리학을 부흥시켰지만, 위화도회군 이후에는 창왕의 즉위, 전제 개혁, 척불 등을 둘러싸고 계속 대립하였다. 그 결과 조선 태조 즉위 후에 이색은 정계에서 배제되었다. 1396년(태조 5) 이색은 여주 신륵사에서 세상을 떠났는데, 졸기卒記에는 개국공신 남은南誾이 그를 '늙고 썩은 선비[老腐儒]'로 공격했다는 기록도 전한다.

그에 반해 개국공신 정도전은 정치적 실세로 자리매김하고 있었다. 1395년(태조 4) 12월 25일에 태조 이성계가 이색을 불러 잔치를 베풀었는데, 그곳에는 정도전도 참석하였다. 연회에서는 정도전이 지은 〈문덕곡文德曲〉, 〈무공곡武功曲〉이 울려 퍼졌다. 〈문덕곡〉에는 고려 말 권세가들의 토지 겸병 현상을 태조가 바로잡았음을 칭송하는 내용도 담겨 있다. 전제 개혁을 두고 대립했던 정도전과 이색이 왕조 교체 후에 재회했던 그곳의 공기는 매우 미묘했을 것이다.

한편, 지금 서울의 무학로는 조선시대 도성의 10리 밖이었다. 무학로 혹은 왕십리往十里라는 명칭 자체가 무학 자초가 새 도읍을 물색하다가 '10리를 더 가면 좋은 곳이 있다'고 일러준 농부를 마주쳤다는 일화에서 유래한다.

무학로는 2호선 상왕십리역에서 내리면 찾을 수 있다. 걷다가 중간에 무학로 14길로 빠지면 동명초등학교가 있는데, 학교 울타리 내에 왕좌봉王坐峰 표석이 세워져 있다. 운동장보다 약간 높은 지대에 있는데, 안내문에는 왕좌봉이 "태조 이성계가 승려인 무학대사와 함께 이곳에 앉아서 서울을 도읍지로 정할 것인지 지형을 살펴본 곳, 또는 왕이 봉우리에 앉아 말 기르는 것을 관찰하던 장소였기 때문에 불린 이름"이라고 적혀 있다. 그 야트막한 언덕에 태조가 앉았다[王坐]고 보는 근거가 궁금했는데, 일단 학교

왕좌봉 터 표석

가는 길이 오르막이라 주변 건물만 없다면 인근을 조망할 만한 곳이라는 생각이 들기는 했다.

다시 무학로로 나와 북쪽으로 가다 보면 청계천을 건너야 하는데, 그 다리의 이름도 무학교無學橋이다. 무학교를 지나 20분쯤 더 걸으면 무학로의 여정은 끝이 나고 왕산로가 보인다.

과거 역사는 문헌 자료뿐만 아니라 우리가 일상적으로 걸어 다니는 길에서도 만날 수 있다. 삼봉로에서는 조선 건국을 주도하여 개국공신의 반열에 올랐던 정도전이 된 듯, 그리고 무학로에서는 태조의 왕사王師로서 새 수도를 찾아 나섰던 무학대사가 된 듯 저벅저벅 걸어보자.

삼봉로와 무학로, 두 길의 이름

이 두 길이 어떻게 해서 삼봉로, 무학로라는 이름을 갖게 되었는지 좀 더 구체적으로 살펴보자. 우선 삼봉로는 삼봉 정도전이 수진방壽進坊(현 수송동 일대)에 살았기 때문이다. 그 근거는 《삼봉집三峰集》 부록, 《한경지략漢京識略》과 같은 후대의 기록에서만 확인된다. 《삼봉집》의 부록은 1791년(정조 15) 간행 시에 보완된 기록인데, 수진방 거주 사실이 간략하게 언급되어 있다.

《한경지략》은 조선 후기에 유본예柳本藝가 저술한 한양의 인문지리서이다. 유본예의 아버지는 정조 때 '사검서관四檢書官' 중의 한 명인 유득공柳得恭이다. 유득공은 한양 사대부들의 의식주 및 각종 의례를 기록한 《경도잡지京都雜誌》를 저술하였는데, 아들이 아버지의 영향을 많이 받은 듯하다. 유본예 역시 순조 때 규장각 검서관이 되었으며, 《한경지략》을 저술하여 한양 이곳저곳에 대한 정보들을 담았다. 정도전이 살던 집에 대해서는 다음과

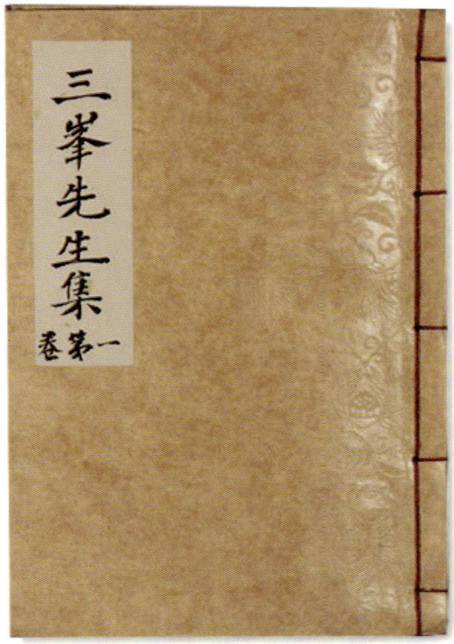

《삼봉선생집》

《한경지략》

같이 기술했다.

> 세간에 전하기를, 정도전의 집은 수진방壽進坊에 있었다. 지금 중학中學(중부학당)이 있는 곳은 '정도전 집'의 서당書堂 터이고, 지금 제용감濟用監이 있는 곳은 안채[內舍]이며, 지금 사복시司僕寺가 있는 곳은 마구간[馬廏] 터이다. 정도전이 풍수지리[相地]를 좋아했는데, 점을 쳐서 말 4천 필을 메어 둘 수 있다는[繫馬千駟] 땅을 얻었다고 한다.
>
> **-《한경지략》권2, 각동**各洞

위 사료는 19세기 초에 작성되었을 뿐만 아니라 세간의 이야기를 기록한 것이다. 따라서 그대로 신뢰할 수 있을지는 미지수이다. 그러나 필자 유본예가 규장각 검서관으로서 많은 서책을 접했으므로 나름의 근거가 있지 않았을까. 무엇보다 실록을 비롯한 조선 초기 기록에서는 확인되는 바가 없다. 《삼봉집》의 시문 중 1395년(태조 4)에 지은 〈각도 관찰사를 삼봉재에 초청하였는데, 상주목사도 좌상에 있었다[邀諸道觀察使于三峯齋尙州牧使亦在席上]〉라는 시에서 자기 집을 '삼봉재三峯齋'라 칭한 대목은 있지만, 그 집이 어디에 있었는지는 알 수 없다.

위 시문의 내용을 보면, 정도전은 자신의 집에 각도 관찰사들을 초청하여 거문고와 노랫소리를 들으며 술을 마셨다고 한다. 그때는 새 수도로 옮긴 이듬해였고, 개국공신 정도전은 무척 분주하였다. 앞서 이색을 위한 연회에 참석한 때도 그해 말이다. 정도전은 판삼사사判三司事의 직임을 맡고 있었으며, 《고려사高麗史》와 《경제문감經濟文鑑》 등을 저술하며 전 왕조의 역사서 편찬과 국가체제의 구상 등에 몰두하였다. 궁궐의 단장과 도성의 축조에도 관여하였는데, 정도전의 집 역시 새롭게 축조되었을 것이다. 자신의 집으로 각도 관찰사들을 불러모은 자리에서도, 그는 덕치德治와 안민安民을 논하였다.

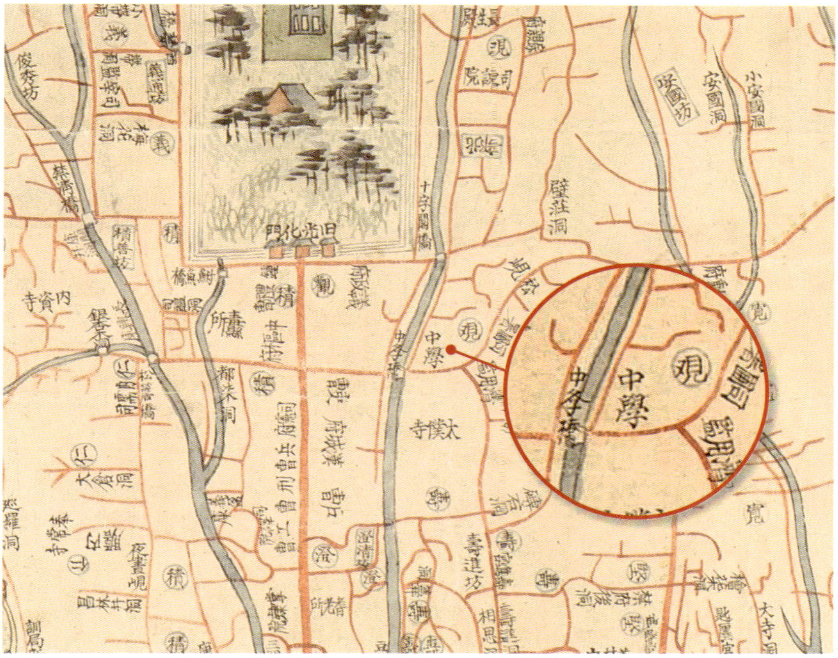

〈도성도〉의 중학 일대

훗날 유본예의 서술을 신뢰한다면, 판삼사사 정도전의 집은 수진방에 있었다. 19세기 기준으로 중학에는 정도전 집의 서당이 있었다고 하는데, 중학은 한성부의 4부학당 가운데 중부학당을 가리킨다. 그래서 경복궁 동십자각 앞쪽이 현재 중학동으로 불린다. 다음으로 제용감 자리에는 그 집안의 여성들이 거주하던 안채가 있었다고 한다. 제용감은 궁궐에서 쓰이던 옷감, 인삼 등의 각종 물품을 관장하던 관청이다. 마지막으로 사복시 자리에는 그의 집 마구간이 있었다고 기록되어 있다. 사복시는 수레와 말, 목장 등에 관련된 일을 맡아보던 관청이다. 현재 이 일대가 공사중이라 표석을 확인할 수는 없었지만, 제용감 터를 알리는 표석이 종로구청 뒤에, 사복시 터를 알리는 표석이 종로소방서 오른쪽 30m 지점에 있었다고 한다.

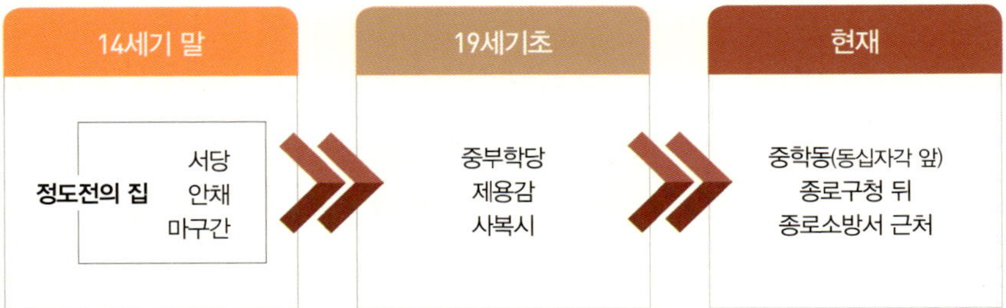

정도전 집의 변화

정도전은 경복궁 바로 앞에서 거주하였던 셈이다. 의정부, 육조 등의 주요 관청과도 매우 근접한 거리이다. 조준趙浚의 집이 창덕궁 남서쪽의 연화방蓮花坊에 있었다는 점을 참고하면, 조선 초기 국정을 책임지던 핵심 관료들이 궁궐에서 매우 가깝게 거주했던 것 같다. 또한 집의 규모도 매우 컸다. 조준의 집도 1405년(태종 5) 창덕궁 건설 전에 국왕 태종이 잠깐 머무를 정도였고, 관찰사들을 불러 성대한 잔치를 열었던 정도전의 집도 상당한 규모였다. 개국공신으로서의 막강한 위세가 짐작될 정도이다. 고려 우왕대에 "5년에 세 번이나 집을 옮겼는데, 금년에 다시 이사하게 되었다(《삼봉집》권2, 오언율시, 집을 옮기다[移家])."고 푸념하던 처지는 이미 먼 과거가 되어 있었다.

한편, 무학로는 무학 자초가 도읍지를 물색하고자 이곳 일대를 왕래하였다는 설화에서 연유되었다. 특히 왕십리라는 지역명이 나오게 된 전승담이 매우 유명하다. 그 이야기는 대략 다음과 같다.

> 이성계가 조선을 세운 후 천도를 추진하면서 무학에게 새 도읍지를 찾게 하였다. 명을 받은 무학이 한양에서 터를 보고 있었는데, 밭에서 소를 끌고 쟁기질하던 농부가 "이 미련한 소야, 십 리를 남겨 놓고 여기서 자리를 잡으면 어찌하냐."라고 말하는 소리를 들었다. 무학은 농부가 자기에게 하는 말인 걸로 알고 자초지종을 물

으니, 농부는 십 리를 더 가면 좋은 자리가 있다고 했다. 그 뒤로 농부가 밭 갈던 곳을 왕십리라고 부르게 되었다.

태조의 명을 받은 무학이 도읍 터를 찾아보고 있었는데, 밭을 갈던 농부가 10리만 더 가면 좋은 도읍지가 있다고 했다는 내용이다. 그리고 이로 인해 무학이 농부를 만난 곳은 '왕십리往十里'라는 지명을 갖게 되었다고 한다.

상왕십리역에서 남쪽으로 가면 그리 높지 않은 무학봉無學峯이란 봉우리가 있는데, 이 역시 무학이 올라가서 근처 지형을 살펴보았다고 전해져서 '무학봉'의 명칭을 갖게 되었다. 온라인 지도에서 무학봉에서 광화문까지의 직선거리를 재보니 4.5km가 나온다. 조선 초기의 도량형으로 정확하게 계산해야 맞겠지만, 얼추 10리쯤 된다.

이상의 민간 전승담은 전국 각지에서 다양한 형태의 이야기로 남아있다. 한국구비문학대계에서는 각 지역의 무학 관련 이야기를 들을 수 있다.

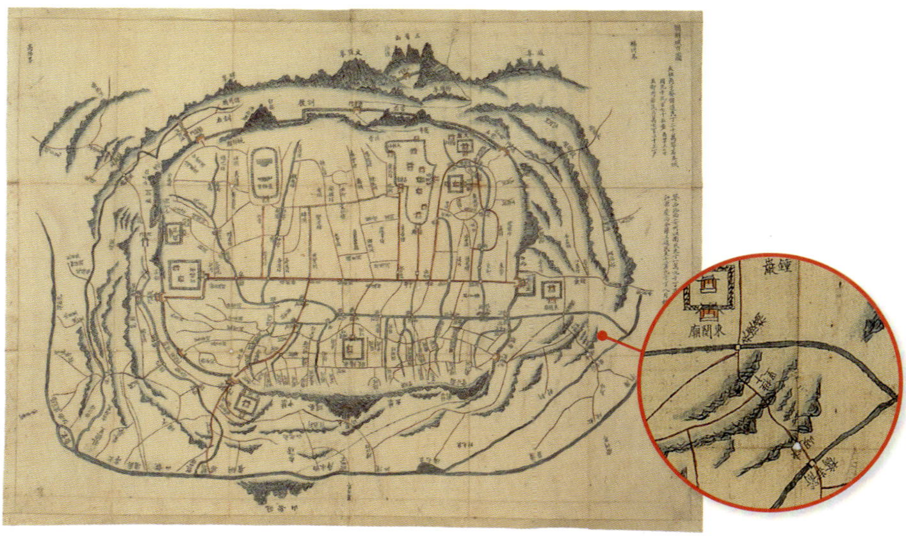

〈조선성시도〉의 왕십리 확대 부분

무학이 충청남도 태안군 안면읍의 어느 나무 아래서 태어났다는 이야기, 풍양 조씨 가문이나 목은 이색 집안의 묏자리를 정해주었다는 이야기, 축지법을 쓰는 등 도술에 뛰어났다는 이야기 등 매우 다양한데, 대부분은 무학이 주도적으로 수도 한양을 발굴했다는 내용이다. 왕십리뿐 아니라 전국 각 지역에서 무학은 한양 천도에 결정적인 역할을 한 승려로 인식되고 있는 셈이다.

이상과 같은 전승담 유형의 무학 이야기는 조선 후기 문헌에서도 보인다. 각 문헌 내용은 조금씩 차이가 있지만, 무학이 한양 천도 과정에 큰 역할을 했다는 인식은 거의 비슷하다. 우선 《대동야승大東野乘》에는 차천로車天輅의 〈오산설림초고五山說林草藁〉가 수록되어 있는데, 여기에는 고려 말에 이성계가 아버지 이자춘李子春의 묏자리를 물색할 때 나옹懶翁과 무학이 정해주었다는 이야기도 있다. 그리고 조선 건국 이후 태조가 황해도의 고달산 밑에서 무학을 찾아 왕사로 삼은 뒤에 새 수도로 삼을 곳을 자문했다고 한다. 이 기록에는 정도전까지 등장하는데, 무학과 의견이 대립하였다고 서술되어 있다. 무학은 "인왕산을 진산鎭山으로 삼고, 백악과 남산을 용호龍虎(좌청룡과 우백호)로 삼자"고 했던 반면, 정도전은 기존 수도 중에 동향東向한 사례가 없었음을 이유로 반대했다는 것이다. 그리고 정도전의 반대 의견에 무학은 200년 뒤에 자신의 말을 되새기게 될 것이라 경고했다고도 한다.

차천로는 《산수비기山水祕記》 등을 전거로 제시하고 있다. 《산수비기》에 구체적으로 어떤 내용이 있는지는 모르겠으나, 《광해군일기》에서 세상에 유통된 지 오래된 참서讖書로 언급한 대목이 보인다. 더욱이 차천로는 천도의 과정을 당시의 상반된 인물평을 바탕으로 설명하였다. 무학을 신승神僧으로 인식했던 반면, 정도전에 대해서는 '딴마음을 품었기 때문에 국가의 위기를 틈타 나라를 빼앗으려고 한' 소인小人으로 보았다. 조선 후기 지리도참 서적에서 신승 무학에 대한 무한한 지지를 표하고 있는 것인데, 아마 이러한 서적이 민간에 상당한 영향을 끼쳤으리라 여겨진다.

18세기 중엽 이중환李重煥이 지은《택리지擇里志》〈팔도총론八道總論〉의 경기 부분에서도 태조의 명을 받아 무학이 도읍 터를 찾아다니는 장면이 등장한다. 무학이 백운대, 만경대를 거쳐 비봉에 갔더니 '무학이 잘못 찾아서 이곳에 온다[無學誤尋到此]'라고 도선道詵이 새겨놓은 글을 보게 되고, 이에 방향을 틀어 백악산 밑을 수도로 정하게 되었다고 한다. 무학의 이야기에는 가끔 도선도 등장하는데, 도선은 신라 말 풍수지리의 대가로 알려져 있다. 고려 건국 이후 태조 왕건 선조들의 위업을 설명할 때도 도선은 종종 등장하는데, 이는 왕실의 정통성 강화에 큰 도움이 된다. 조선 건국 후에 도선의 각자刻字를 보고 나서 왕사 무학이 수도를 정했다는 이야기도 양란 후 위기에 봉착한 국가 존립에 어느 정도 도움이 되었으리라 본다.

1852년(철종 3)에 권뢰權琜가 덕유산 일대를 유람하고 지었다는 〈유덕유산록遊德裕山錄〉에는 무학이 한때 그곳에 있었음을 언급하였는데, 여기에도 태조가 왕위에 오른 뒤 무학에게 물어 한양을 수도로 정했다는 내용이 있다. 무학은 풍수도참의 대가로 설명되어 있다.

무학의 천도 관련 이야기는 오랜 세월에 걸쳐 널리 알려진 이야기이다. 조선 전기에 '조정의 정사正史'만을 중시했던 점을 근거로 하여 무학이 한양 천도에 적극적으로 관여했다고 보는 연구자도 있다. 그러나 후대의 무학 이야기를 역사적 사실로 볼 만한 근거는 확실치 않다. 시간이 흐를수록 이야기는 파생되고 확대되었으며, 실록에 없는 내용이 담기기도 했다. 그러면서 세간에서는 무학의 업적이 쌓여갔으며 위상도 높아졌다.

이왕 무학 관련 이야기를 시작한 만큼 삼봉로와 정도전 관련 사실은 후술하기로 하고, 무학로의 주인공인 무학대사가 실질적으로 한양 천도 과정에 어떤 역할을 했는지 살펴보도록 하자.

무학 자초, 새 수도를 찾는 여정에 동행하다

우선 무학 자초는 어떤 승려인가. 무학에 대한 기본정보는 변계량卞季良이 지은 〈조선국왕사묘엄존자탑명朝鮮國王師妙嚴尊者塔銘〉에서 확인된다.

탑명에 따르면, 무학은 1327년(충숙왕 14)에 경상도 삼기군三岐郡(현 합천 지역)에서 태어났다. 이름은 자초이고, 법호가 무학이다. 탑명의 '조선국왕사'는 무학에게서 유일하게 확인할 수 있는 직책이다. 조선 건국 후 왕사王師, 국사國師 직책을 두어 불교 승려를 임명했던 시기가, 전 왕조 고려의 제도를 상당 부분 계승했던 태조대가 유일하기 때문이다. 즉 조선시대 왕사는 무학 자초, 국사는 조구祖丘뿐이다. 그리고 '묘엄존자'는 1410년(태종 10)에 내려진 시호이다. 아버지는 박인일朴仁一, 어머니는 고성 채씨로 기록되어 있다. 19세기 권뢰의 〈유덕유산록〉에서는 속명俗名이 성사겸成士謙이라고 적혀 있는데, 아무래도 동시대를 살았던 변계량의 기록이 맞을 것이라 본다.

그는 1344년(충혜왕 후5) 18세에 출가한 후 소지선사小止禪師, 혜명국사慧明國師, 법장국사法藏國師 등으로부터 불법을 배웠으며, 1353년(공민왕 2) 27세에는 원나라에 가서 지공指空과 나옹懶翁을 사사하다 3년 뒤에 귀국하였다. 그가 왕사에 봉해진 시기는 1392년 조선이 건국된 직후이다. 이미 고려 말에 몇 차례 왕사 책봉을 거절했다는데, 조선이 건국된 후 태조 이성계의 부름을 받아 개경으로 갔다고 한다. 그때 그는 66세의 노성한 승려였다.

건국 이듬해에는 새로운 천도지를 물색하는 과정에 참여하였다. 태조는 왕사 무학의 안목을 신뢰하여 천도 후보지들을 둘러보는 순행 여정에 따르도록 했는데, 묘엄존자 탑명에는 다음과 같이 기록되어 있다.

> 계유년(1393)에 태조가 풍수를 살펴 수도를 세우고자 하여 사師(왕사 무학)에게 수가隨駕를 명하였는데, 사가 사양하였다. 태조가 사에게 이르기를, "지금이나 예전이나

무학대사비

서로 만난다는 것은 인연이 있는 것이다. 세상 사람들이 터를 잡는 것이 어찌 사의 도안道眼만 하겠는가." 하였다. 계룡산과 지금의 신도新都를 순행巡幸할 때 사가 항상 호종扈從하였다.

-《춘정집》 속집 권1, 조선국왕사묘엄존자탑명

한양이 수도로 확정되기까지는 꽤 오랜 시일이 소요되었다. 태조가 새 수도로 한양을 지목했던 시기는 건국 직후 한 달도 지나지 않은 때였지만,

이듬해인 1393년(태조 2) 정월에 권중화權仲和의 제안으로 계룡산에서 수도 건설 공역이 진행되었다. 하지만 그해 말에 하륜河崙이 계룡산이 남쪽에 치우쳐 있다는 이유로 새로운 도읍지를 찾아야 한다고 주장함으로써 공역이 전면 중단되었다.

그런데 위의 탑명과 《태조실록》을 보면, 태조가 두 차례에 걸쳐 각지를 둘러볼 때 모두 무학이 호종하였다고 한다. 실록에서 확인되는 태조 일행의 여정을 정리하면, 다음의 표와 같다.

1393년(태조 2), 1394년(태조 3) 천도 후보지 순행

일정	순행지	자초 이외 수행 신하
[1차 순행] 1393. 1.19.~2.27.	계룡산 1.21. : 회암사 1.22. : 태조의 병으로 한강가에서 4일간 유숙 2.1. : 청포원靑布院 2.5. : 청주 2.8~13. : 계룡산 2.14. : 청주 2.24. : 회암사 2.26. : 장단	영삼사사 안종원安宗源, 우시중 김사형金士衡, 참찬문하부사 이지란李之蘭, 판중추원사 남은南誾, 삼사우복야 성석린成石璘, 상의문하부사 김주金湊, 정당문학 이염李恬, 의안백 이화李和, 영서운관사 권중화權仲和, 서운관원 이양달李陽達, 서운관원 배상충裵尙忠, 판내시부사 김사행金師幸, 동지중추同知中樞 박영충朴永忠, 전 밀직密直 최칠석崔七夕
[2차 순행] 1394. 8.8.~8.18.	무악, 한양[남경南京] 8.8~12. : 무악 8.12~13. : 남경 8.13. : 노원역 8.15. : 회암사 8.16. : 광실원, 장단 8.17. : 임진현, 신경 8.18. : 도라산	좌시중 조준趙浚(8월 15일에 병으로 먼저 귀경), 우시중 김사형, 검교시중 남을번南乙蕃, 삼사우복야 남은南誾, 판삼사사 정도전, 문하시랑찬성사 성석린, 정당문학 정총, 첨서중추원사 하륜, 중추원학사 이직, 겸판서운관사 최융崔融, 판서운관사 윤신달尹莘達, 서운 부정 유한우劉旱雨, 전 전서 양원식楊元植

첫 번째 여정은 계룡산이 수도로 결정되어 관련 공역을 시작하기 전에 주변을 전체적으로 둘러보기 위함이었다. 1393년(태조 2) 1월 19일에 개경

에서 출발한 태조 일행은 이틀 뒤 회암사에 들러 무학에게 동행하기를 청하였으며, 바로 태조가 병이 나서 4일간 한강가에서 유숙했다가 청주를 거쳐 2월 8일에 계룡산에 도착하였다. 태조는 신하들과 함께 주변 산수의 형세를 살펴보았다.

태조 일행은 계룡산에서 6일 동안 수도 건설의 기초 작업에 착수하였다. 성석린, 김주, 이염 등은 조운과 도로의 편의를 고찰하였고, 이화, 남은은 성곽을 축조할 지세를 살폈다. 그리고 삼사좌복야 영서운관사 권중화가 새 도읍의 설계도와 같은 그림을 바치니, 서운관 소속 풍수학인들이 지면의 형세를 살폈으며, 판내시부사 김사행은 먹줄로 도읍 땅을 측량하였다. 그후 태조는 개경으로 돌아갔지만, 일부는 남아 계룡산 공역을 본격 진행하였다.

양주 회암사지

두 번째 여정은 정해진 도읍지를 둘러보는 차원이 아니라 여러 개의 지역 중에서 도읍할 곳 하나를 정하는 일정이었다. 따라서 태조는 하륜이 줄곧 주장했던 무악부터 둘러보았는데, 무악에 대한 신하들의 의견 대부분이 부정적이었다. 겸판서운관사 최융 등은 수도로 가장 적합한 곳은 부소扶蘇(개경)이고, 그다음이 남경이라고 상서하였다. 이튿날 태조는 왕사 자초를 불러왔고, 남경으로 갔다. 이어 노원역, 광실원, 신경, 도라산 등을 둘러본 후 귀경하였고, 8월 24일에 도평의사사의 의견을 수용하는 형태로 한양이 새 도읍으로 결정되었다.

이상 두 차례의 여정에서 자초의 의견은 간략하게만 기술되어 있다. 일단 1393년 계룡산의 주변 형세를 물었을 때는 "잘 모르겠다[不能知]."라고 대

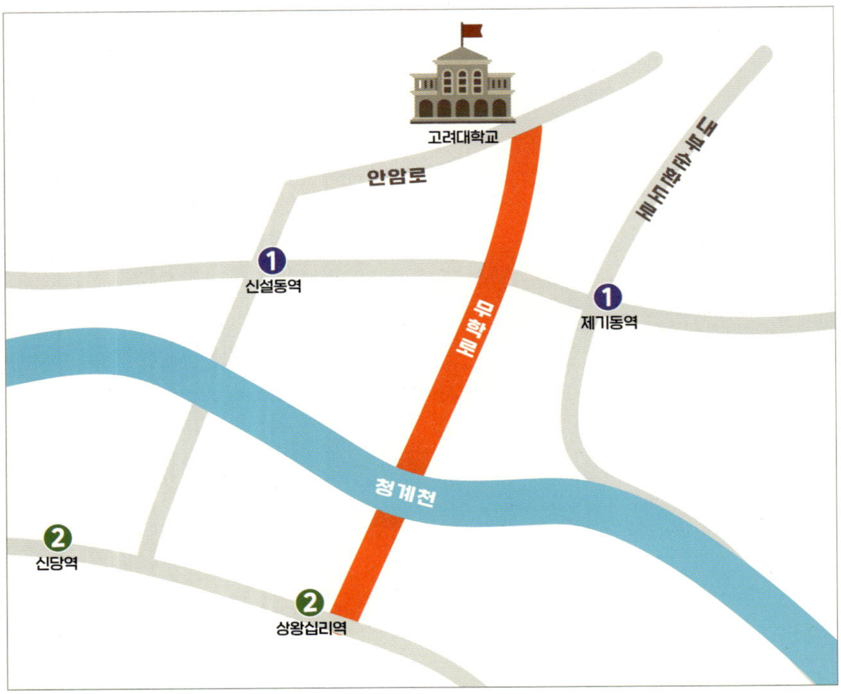

무학로

답했고, 1394년 한양 천도 결정 직전에는 "사면이 높으면서도 수려하고 가운데도 평평하고 넓으니, 성을 쌓아 도읍을 정할 만합니다. 그러나 여러 사람의 의견을 따라 정하시옵소서[四面高秀 中央平衍 宜爲城邑 然從衆議乃定]."라고 언급했음이 기록되어 있다. 후자의 내용을 보면, 무학이 한양 천도를 긍정하는 의견을 제시했다는 점은 분명하다. 하지만 당시 개경에 그대로 남기를 바랐던 사람들이 많았던 점을 고려한다면, 중론을 따르라는 그의 대답은 좀 애매하다.

아무튼 실록 사료에서 무학이 한양 천도 과정에 어떤 역할을 했는지를 파악하면, 이상의 설명 정도가 가능할 듯하다. 기록이 그의 행동 하나하나를 모두 설명해 주지는 않지만, 자기 의견을 구체적으로 제시했던 유학자 관료들에 비한다면 자초의 역할은 제한적이다.

태조의 순행에 따라갔던 신하들은 도평의사사, 대성臺省(대간), 형조 등에 속한 유학자 관료, 서운관 소속의 풍수학관, 내시, 친군위 등 다양하다. 그중 대다수는 고위 관료들이고, 일부는 이양달, 윤신달, 유한우 등의 지관地官이었다. 승려는 왕사 자초가 유일하다.

훗날 무학 자초는 조선 후기의 사료나 전승담에서는 풍수지리, 도참의 대가로 나타나지만, 오히려 당대 사료에서는 왕사로서의 위상이 주목된다. 자초가 새 수도를 찾으려는 여정에 동행했지만, 수도를 정하는 과정에서 실질적인 역할을 했다고 보기는 어렵다. 우선 그가 순행에 따르게 된 데는 태조의 독실한 불교 신앙이 바탕이 되었다. 또한 새 조정이 척불을 기조로 내세우기는 했어도, 여전히 막강한 불교적 권위에 기대어 천도 명분을 확보하려는 의도도 있었다고 본다.

삼봉 정도전, 한양 건설을 주도하다

조선의 새 수도를 정하는 문제는 중대사였던 만큼 많은 관료가 관여하였다. 하지만 그들의 의견이 합치되지 않았고, 한양 천도를 결정하기까지는 2년여가 걸렸다. 유학자 관료들이 풍수지리 관련 비록秘錄을 정리하였고, 그와 관련하여 음양산정도감陰陽刪定都監도 설치되었다. 그리고 새 수도를 정하기 위해 2차 순행 중이던 1394년(태조 3) 8월 12일, 하륜이 무악 정도를 피력하자 정도전, 성석린, 정총, 이직 등도 무악에 대한 견해와 함께 수도의 입지 조건에 대한 자기 의견을 나타냈다.

우선 하륜은 줄곧 무악을 고수했다. 무악이 옛 수도 경주[鷄林]와 평양보다는 넓고, 조운이 통하며, 안팎으로 산수가 둘러싸여 있다는 점을 강조했다. 다른 사람들도 조운의 편의성에는 동의했다. 이직도 무악이 우리나라의 역대 비결秘訣에 기록된 수도의 입지 조건에 들어맞는다는 점을 인정했다. 하지만 대부분은 무악이 좁아 도읍 규모에 적절치 않다고 반대하였고, 그런 가운데 성석린, 정총은 개경을 그대로 수도로 정하자고 제안하기도 했다.

정도전도 무악이 궁궐, 종묘사직, 관청 등을 세울 만한 규모가 되지 못한다는 한계를 지적하였다. 정도전이 천도 관련 의견을 구체적으로 나타낸 것은 이때의 기록이 거의 유일한데, 그의 언급에서 국가의 치란治亂을 좌우하는 요소가 지리가 아닌 사람이라고 강조했다는 점이 주목된다. 또한 우리나라의 역대 수도 대부분이 국토 중앙에 있지 못해 도읍으로서 적절치 못했음을 강조했다. 그의 의견을 보면, 수도가 어디인지는 크게 문제 되지 않는 듯했다. 경주, 전주[完山], 평양처럼 너무 치우친 곳만 아니면 괜찮다고 했다.

정도전, 성석린 등은 국왕에게 좀 더 시간을 갖고 신중히 결정하기를 바랐다. 그러나 태조는 이튿날 곧바로 한양을 새 도읍으로 결정하였다. 실상 천도에 가장 적극적이던 사람은 국왕 태조였다. 그는 계룡산을 둘러보려

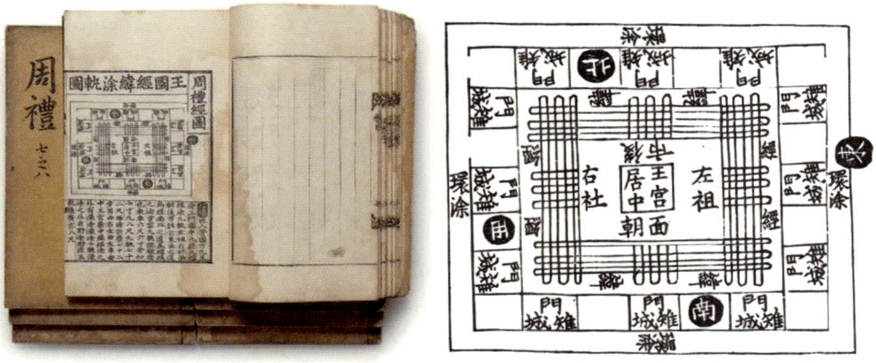

《주례》

고 갔던 1차 순행에서도 예로부터 왕조가 바뀌고 천명을 받은 군주는 반드시 도읍을 옮겼다고 하면서 천도 결행 의지를 밝힌 적이 있었다.

태조는 곧바로 수도 건설 사업을 시작하였다. 1394년(태조 3) 9월, 정도전, 권중화, 심덕부沈德符, 김주, 남은, 이직 등을 한양으로 보내서 종묘·사직·궁궐·시장·도로 등의 터를 잡도록 하였다. 일종의 설계 도면도 제작되었다. 기존에 중국에서는 수도를 건설할 때 《주례周禮》〈고공기考工記〉, 음양오행 등의 다양한 요소를 고려하였는데, 정도전 등의 한양 설계 도면에서도 그중 일부가 적용되었다. 우선 종묘와 사직의 위치를 보면 〈고공기〉의 좌묘우사左廟右社가 반영되었고, 도성 성문의 명칭을 통해 오행五行(木·金·火·水·土), 오상五常(仁·義·禮·智·信), 오방색五方色(靑·白·朱·玄·黃) 등이 적용되었음을 알 수 있다.

공사가 본격 시작될 무렵 태조는 서둘러 한양으로 옮겨갔다. 국왕은 옛 한양부漢陽府의 객사에서 이궁離宮 생활을 시작하였고, 각 관아의 관리들도 개경과 한경漢京에 나누어져서 서무를 처리했다. 그런 가운데 각 건설 공사는 매우 빠르게 행해졌는데, 천도 결정 1년 만에 종묘·궁궐·관청 등의 기본적인 시설들이 구축되었다.

그 무렵 태조는 정도전에게 명하여 성터[城基]를 정하도록 하였고, 새 궁궐 전각의 이름도 짓게 하였다. 이로써 경복궁의 명칭과 강녕전, 사정전, 근정전 등의 전각 이름이 정해졌다. 이때 참고한 자료는 《시경詩經》, 《서경書經》 등의 유교 경전이다. 일례로 경복궁은 《시경》 주아편周雅篇에 "이미 술에 취하고 이미 덕으로 배부르니, 군자는 영원히 그대의 크나큰 복을 모시리라[旣醉以酒 旣飽以德 君子萬年 介爾景福]"라는 문구에서 '큰 복'의 의미를 가진 '경복'을 따서 지었다.

이외 강녕전康寧殿은 《서경》 홍범구주洪範九疇의 오복五福 중 '강녕康寧'을 따서 지었고, 사정전思政殿은 항상 천하의 이치를 생각하여 정무를 올바르게 처리하고 인재를 잘 등용하기를 바란다는 차원에서 정해졌다. 그리고 근정전勤政殿·근정문勤政門에는 순舜·우禹·문왕文王처럼 부지런히[勤] 정사를 살펴서 교만하고 안일한 마음이 없기를 바라는 뜻을 담았다.

정도전이 성터를 정한 후 도성 공역도 본격적으로 행해졌다. 1396년(태조 5) 농번기가 되기 전에 11만 8,070여 명의 지방민을 징발하여 도성을 축조하도록 하였는데, 1월 9일에 개기開基한 후 2월 28일에는 일차적으로 1만 9,200척에 달하는 성곽이 완성되었다. 도성 성곽이나 숭례문을 비롯한 각 대문의 공역은 그 후까지 이어졌으나, 점차 수도의 모습은 갖춰지고 있었다. 그해 4월에는 한성부 5부의 52방의 명표名標가 세워지기도 했다.

한양으로 천도한 지 2년여 만에 기간시설은 대부분 완공되었다. 여기에는 정도전을 비롯한 수많은 사람이 각자의 몫을 했던 바가 있었다. 지리에 밝은 권중화는 계룡산, 한양에 수도를 정할 때마다 공간 구획을 하고 지도와 도면 등을 제작하였다. 1398년(태조 7) 종루의 종鐘을 주조했을 때도 그의 기술적인 견해가 주효했다. 그리고 이직도 각종 공역에 참여하면서 행정적인 실무를 능숙하게 처리했던 듯하다.

건설 공역과 관련해서 일종의 태스크포스task force인 도감都監도 여럿 설치

경복궁 근정전

서울 한양도성 성벽

되었다. 신도궁궐조성도감新都宮闕造成都監, 종묘이안도감宗廟移安都監, 도성축조도감都城築造都監 등이 확인되는데, 다만 그 규모나 구성원이 구체적으로 파악되지는 않는다. 신도궁궐조성도감의 경우는 심덕부, 김주, 이염, 이직 등 4인이 판사判事로 임명되었고, 도성조축도감의 구성원으로는 판사 1인, 부판사 1인, 사使·부사副使·판관判官 12인이 확인되는 정도이다. 실질 업무를 맡았던 감역관監役官, 감축관監築官 등도 있었던 듯하다. 건설 공역의 세부 내용이 기록되었으리라 여겨지는 《경복궁조성의궤景福宮造成儀軌》는 작성되었다는 기록만 있다. 그 실물이 전해지지 않아 아쉬울 따름이다.

실록의 기록에 따르면, 도감 구성원을 비롯하여 공역에 참여한 백성들까지 밤낮을 가리지 않고 일했다고 한다. 축성제조築城提調인 판중추원사 이빈李彬은 집에 여러 차례 왕래했다는 이유로 유배되기도 했다. 그리고 무엇보다도 백성들의 노고는 이루 말할 수 없었다. '백성들의 힘이 아니면 할 수 없던' 건설 공사에는 전국 각 지방의 백성이 동원되었다. 어찌 보면 조선 건국 초의 짧은 공기工期는 밤낮없이 이어졌던 지방민들의 노동 덕분이다.

한편, 사람들이 살 곳도 정해졌다. 각 관청과 가옥터의 배분은 개성부에서 담당했다. 개경에 살던 지배층은 개성부에서 분배해준 한양의 새 터전에 집을 지었다. 삼봉재를 비롯한 고위 관료들의 가옥은 궁궐 주변으로 정해졌고, 백성들도 곳곳에 집을 지어 이주하였다.

1398년(태조 7)에 태조가 좌정승 조준과 우정승 김사형에게 내려준 병풍에 적혔다는 정도전의 〈신도팔경시新都八景詩〉에는 정도전의 시야에 포착된 한양의 모습이 묘사되어 있다. 경복궁 앞쪽의 양옆으로 "벌여있는 관서官署는 높고 우뚝해서 서로를 향해 있고", 그 주변으로는 "제택第宅이 구름 위에 치솟아 우뚝 서 있고, 여염이 땅에 가득 차서 잇닿아 있어서" 아침저녁으로 밥 짓는 연기가 피어올랐다. 그리고 서강西江으로는 사방에서 조운선이 들어오고, 남쪽 나루는 지방 사람들이 올라오는 길목이 되었다.

더불어 정도전은 국왕의 덕치를 통해 도성 사람들이 즐거움을 누리기를 기대하였다. 한성부 각 방坊의 가옥들에서 피어오르는 밥 짓는 연기를 보며 나라의 번성함을 기약하였고, 서강西江에 모여드는 조운선과 쌀이 넘쳐나는 조창을 그리며 민생을 위한 정치를 생각하였으며, 남쪽 나루로 드나드는 수많은 사람의 모습을 통해 교통의 활성화를 기대하였다.

그러나 약 4개월 후 수도 한양의 번성함을 담은 그 병풍에는 정쟁의 피비린내가 덧씌워졌다. 정도전은 '어린 얼자[劫孼, 이방석]를 끼고 자기 뜻을 마음대로 행하고자 종친宗親을 해치려고 하였다.'라는 이유로 죽임을 당했다. 그때 정도전 세력은 송현松峴에 있는 남은 첩의 집에 모여 있었다고 기록되어 있다. 송현은 지금의 종로구 송현동 일대로 정도전의 집에서 북쪽 건너편에 가까이 있었다. 현재 열린송현녹지광장으로 조성된 지역 일대이다.

조선 건국 후 정도전은 제반 부문에서 새 국가의 기틀을 마련했다고 평가된다. 새 수도 건설에 기여한 공헌도도 크다. 한양에 종묘, 사직, 궁궐, 저자, 도로의 터를 정하고 설계하는 작업에 참여하였고, 도성의 위치를 정하는 일도 주도하였다. 유교적 지향을 담아 새 정치의 중심이 될 법궁 경복궁과 궐내 전각들의 이름도 정하였다. 정도전은 이러한 수도 건설을 기반으로 하여 《조선경국전朝鮮經國典》, 《경제육전經濟六典》 등에서 구상했던 정치를 본격 구현하려고 하였지만, 새 정치는 그를 죽이고 권력관계를 바꾼 사람들의 몫이 되었다.

유불 전환의 시대에 이루어진 한양 천도

다시 무학로와 삼봉로를 떠올려 보자. 태조대 무학과 삼봉은 활동 공간도 서로 달랐다. 왕사 무학이 수도 후보지를 물색하다가 농부를 만났다고 전해지는 무학로(왕십리)는 도성으로부터 약 10리 밖에 있다. 그리고 그가 흥법興法을 펼쳤다고 하는 양주 회암사는 약 100리 밖에 있다. 용무가 있을 때마다 도성으로 왕래하였는데, 경복궁에서 회암사까지는 걸어가면 10시간 넘게 걸리는 거리다. 한편, 정도전의 집이 있었다는 삼봉로는 도성 내 경복궁 바로 앞이고, 그의 주된 활동무대는 자신이 이름 지은 경복궁이었다. 정도전이 삼봉로에서 경복궁으로 출근하는 시간은 채 10분도 걸리지 않았을 듯하다.

삼봉과 무학은 모두 태조의 측근이었다. 태조 이성계가 무학을 자주 만났으므로 정도전도 그와 종종 마주쳤을 것이다. 태조의 2차 순행에서도 두 사람이 뒤따랐고, 서로 한양 천도에 대한 의견을 나누었을 수도 있다. 다만 관련 기록이 구체적으로 서술되어 있지 않아 그들의 대화는 추측만 가능하다. 다만 정도전이 1391년(공양왕 3) 척불운동을 주도했던 이래 불교 배척을 강경 주장하였으므로, 두 사람의 만남은 상당히 껄끄러웠을 것이다.

조선 초기는 성리학 위주의 사회로 막 출발했지만, 여전히 불교적인 요소가 강력한 힘을 발휘하던 시기였다. 유불 전환의 '과도기'에 불교와 관련된 각종 금제가 실효를 발휘하기까지는 꽤 오랜 시간이 걸렸다.

일단 국왕 태조와 왕실 여성들이 불교를 신봉하였고, 사대부와 서민들도 학문, 상제례, 병 치료, 공양, 연등, 유람 등의 다양한 이유로 불교 사찰을 방문하였다. 간혹 궁궐이나 도성 안팎에서 연등燃燈, 반승飯僧(승려를 공경한다는 의미에서 음식을 대접하는 의식), 가구경행街衢經行(길거리에서 승려들이 불경을 외는 의식) 등이 행해지기도 했다.

그런데 도성 내 사찰의 수가 전 왕조에 비해 현격히 줄었다는 점을 떠올리지 않을 수 없다. 고려의 태조 왕건은 개경으로 천도하면서 10개의 사찰을 창건하였다. 애초 수도 구획 단계에서 사찰 창건을 함께 고려했다고 이해되고 있다. 이후 사찰 수는 점차 증가하여 태조 재위 연간에 개경에만 대략 24개의 절이 완성되었다. 이러한 개경의 사찰들은 수도 경관의 핵심 요소였고, 고려 불교를 대표하는 공간으로서 자리 잡아 갔다.

반면 조선 초기 척불을 강경히 주장하였던 정도전을 비롯한 관료들의 도성 구획에는 불교 사찰이 포함되지 않았다. 물론 도성 내에 사찰이 아예 없었던 것은 아니다. 건국 직후 흥천사興天寺, 지천사支天寺, 흥복사興福寺 등의 세 개 사찰이 도성 내에 축조되었다. 하지만 이는 모두 태조 이성계의 의사가 적극적으로 반영된 결과이다. 1407년(태종 7)에 흥덕사興德寺가 세워진 이유도 국왕 태종이 태상왕이자 부왕인 태조의 뜻을 받아들였기 때문이다. 아무튼 앞서 고려 개경 내의 사찰 수에 비한다면 상당히 적다. 게다가 이러한 도성 내 사찰들은 백여 년 존속되다가 결국 15세기 초에 모두 사라졌다.

실상 정도전과 무학 간의 껄끄러움은 개인 대 개인의 관계에 그쳤다고 볼 수는 없다. 왕조 교체 이후 조선은 성리학 사회로 막 발을 내디디면서 기존의 번성했던 불교 사회의 구성원들을 제약하려 하였고, 유불 전환 역시 매우 껄끄럽게 행해지고 있었다. 많은 사람들의 반대에도 불구하고 개경에서 한경漢京(한양)으로의 천도가 행해졌고, 새 수도 공간을 유교적으로 구획하고자 하였던 유학자 관료들의 의도는 불교를 숭신했던 국왕의 사찰 건립으로 인해 조정되었다.

1398년(태조 7)에는 제1차 왕자의 난이 발생하면서 또 다른 변화들이 나타났다. 권력관계뿐만 아니라 한양의 모습도 달라졌다. 정종은 독자적인 정치체제를 구축하지 못해 옛 수도로 돌아가야만 했으며, "제택이 구름 위에 치솟고 여염이 가득 찼던" 한양은 점차 황폐해져 갔다. 한양으로 다시

삼봉로

천도한 시기는 1405년(태종 5)에 이르러서였다. 태종은 새로 이궁 창덕궁을 건설하여 거처를 옮겼고, 정궁 경복궁에서는 주로 사신 접대와 같은 의례를 치르도록 하였다. 또한 태종은 건국 초기의 수도 건설 사업을 확대하였다. 경회루를 건설하였고, 행랑을 확대 조성했으며, 용산강에 군자고軍資庫와 서강에 풍저창豊儲倉을 건립하였다. 더불어 황폐해진 건축물의 수리에 집중하였고, 성안의 민가를 기와집으로 바꾸는 프로젝트에도 착수하면서 수도로서의 모습을 갖추어 나갔다.

03

조선을 이끈 왕과 신하

세종로와 만리재로

- 서울 중심가의 상반된 두 길
- 해동의 '요순', 문명국 조선을 꿈꾸다
- 집현전의 산 역사, 최만리
- 훈민정음 창제의 정치적 맥락
- 최만리 반대 상소의 맥락
- 임금과 신하의 엇갈린 말년

제3강

조선을 이끈 왕과 신하

- 세종로와 만리재로

소순규 한양대학교 사학과 교수

서울 중심가의 상반된 두 길

천 년 이상 한국의 중심지였던 서울에는 숱한 길이 존재하고 길마다 각각의 이야기와 이미지가 스며들어 있지만, 세종로와 만리재로만큼 가까이 존재하지만 서로 상반된 이미지를 가진 곳도 드물어 보인다. 우선 세종로는 조선시대부터 육조거리가 조성되어 한 나라의 중심지였고, 이후 일제강점기에는 식민권력을 과시하는 장소였으며, 오늘날에는 발전되고 근대화된 한국을 상징하는 길이다. 반면 만리재로의 경우, 해방 이후 판자촌이 조성되면서 가난을 상징하는 곳이었다. 실제로 마포 지역에서 유년 시절을 보낸 필자의 부친에게 '만리동 고갯길'은 가난하고 배고픈 과거를 떠올리게 하는 주요 키워드이다.

이러한 두 길의 명칭은 조선의 4대 임금인 세종과 그의 신하였던 집현전 학사 최만리의 이름에서 따온 것이다. 일반인들에게 세종과 최만리는 훈

세종로(위)와 만리재로(아래)

민정음 창제와 관련된 에피소드로 널리 기억되고 있는데, '뜻을 전하고 싶은 어린 백성'들의 편에서 새로운 문자를 창제한 임금은 휘황찬란한 대로의 이름으로, 훈민정음 창제를 반대한 학자는 서민들의 생활공간이 된 길의 이름으로 기억되는 것이 얼핏 아이러니로 보이기도 한다.

그러나 훈민정음의 창제와 관련된 최만리의 반대 상소 이전까지 세종과 최만리는 25년간 함께 조정을 운영해 간 끈끈한 군신관계였다. 최만리는 세종이 만든 집현전의 최초 멤버이자, 자신의 관료 생활 거의 전부를 집현전에서 보낸 학자였으며, 세자인 문종의 사부이기도 하였다. 이 하나로도 세종이 얼마나 최만리를 신임하고 중용하였는지 알 수 있다. 최만리는 세종대 15명의 청백리 중 한 명이었다. 이런 점을 고려해볼 때 훈민정음과 관련된 둘 사이의 에피소드 하나만으로 둘의 관계를 가볍게 평가하기는 어려울 것이다. 둘의 관계를 이해하기 위해선 아주 오랜 기간 그들이 함께 꿈꾸고 실현하기 위해 노력했던 이상과 지향이 무엇인지를 파악할 필요가 있다. 아울러 훈민정음의 창제와 그에 대한 최만리의 반대 상소 또한 세간에 알려진 것처럼 그리 간단한 맥락은 아니었다.

이 글에서는 세종이 지향한 정치란 어떠한 맥락이었는지 살펴보고 아울러 훈민정음의 창제 맥락과 의도, 그 과정에서 불거진 세종과 최만리의 갈등을 다시 짚어보기로 한다. 백성들이 사용하기 편한 우리 문자를 창안하자는 세종의 선한 기획 의도에 대하여, '사대주의'에 찌든 최만리가 격렬하게 반대했다는 단순한 설명으로는 25년간을 동고동락한 군신 간의 의견 차이를 제대로 이해할 수 없을 것이다. 거기엔 임금과 신하 각각이 그리는 '조선, 그리고 조선의 왕'에 대한 구상의 차이가 내재하고 있었기 때문이다.

해동의 '요순', 문명국 조선을 꿈꾸다

세종의 사망을 전하는 조선왕조실록 기사에는 당대 사람들이 생전의 세종을 '해동요순海東堯舜'이라 불렀다는 내용이 기록되어 있다. 동아시아에서 요순은 가장 이상적인 군주의 표본인데, 재위하던 기간에 이미 이렇게 불렸다는 것은 당대 사람들도 세종이란 임금이 특별한 군주였다고 느끼고 있었음을 암시한다. 아울러 '해동요순'이란 말은 어떤 면에서 세종이 지향했던 바를 가장 잘 압축한 말이기도 하다.

한국인이라면 어려서부터 세종의 업적에 대해서는 상당히 많이 들어왔을 것이다. 국가의 통치제도를 정비하고, 명나라·일본·여진과의 대외관계를 안정시켰으며, 각종 문화사업에 착수하여 빛나는 성과를 거둔 것으로 알려져 있다. 또 압록강과 두만강을 경계로 한, 오늘날의 한국의 강역을 확정한 시기도 세종 때였다. 그리고 무엇보다 훈민정음을 창제한 사실이 가장 큰 업적으로 이야기되고 있다. 그리고 이러한 업적의 바탕에 유교 이념에 따른 정치, 백성을 위하는 민본정치가 자리하고 있었다고 이야기된다. 백성을 사랑하는 군주. 백성을 위해 침식을 잊어가며 학문에 몰두하고, 이를 바탕으로 훌륭한 정치를 행한 임금이 바로 오늘날 한국인들이 가지는 세종에 대한 이미지일 것이다. 이런 이미지에선 세종이 역사 속의 인물이 아닌, 신화 속의 인물로 느껴지기도 한다.

그렇다면 역사적 시각에서 세종이란 군주, 또 세종의 시대는 어떻게 이해할 수 있을까. 세종은 무엇보다 동아시아의 유교 문명을 '보편 문명'으로 이해하고, 이를 수용하기 위해 노력하였다. 인의예지신仁義禮智信과 충효忠孝의 가르침을 충실히 내면화한 개인들, 그리고 이들이 모여 만드는 '임금은 임금답고 신하는 신하다우며, 아버지는 아버지답고 아들은 아들다운' 사회. 덕이 높은 군주가 아랫사람들을 덕으로써 교화하고, 높은 학식과 덕을 지닌 관리들이 임금의 뜻을 받들어 정치를 행하는 나라. 외국의 사람들도 그 군주의 덕을 흠모하여 기꺼이 와서 신하가 되기를 청하고, 군주는 넓은 아량으로 외국에까지 교화를 전파하는 그런 나라. 즉 유교가 지향하는 가치들, 그리고 그 가치들이 구현되어 만들어진 사회와 국가가 세종의 정치가 지향하는 것이었다. 단순히 그러한 '가치'만을 추구하는 것이 아니라, 그러한 가치로 만들어졌다고 하는 정치의 외형을 완성하는 것이 세종이 구상하던 것이었다. 고대 성왕聖王들이 만들었다고 하는 각종 제도에 따라 현실의 정치와 사회를 운영해 가고자 한 것이다. 또 국가와 국가의 관계 역시 그러한 '모델'에 입각하여 풀어가고자 하였다. 내면(가치)과 외면(정치) 모두 아주 먼 과거에 만들어진 이상적인 모습을 구현한 사회, 그것이 세종이 원한 조선이었다.

그런데 이러한 '동아시아의 보편 문명'을 수용하는 문제에는 몇 가지 난점이 존재한다. 첫째, 이 문명은 중화, 즉 중국에서 만들어졌다. 중국의 사고에서 이러한 문명을 전파하고 보급하는 주체는 어디까지나 '중화의 천자'였다. 명나라의 제후국을 자처한 조선에는 이러한 중화 천자의 덕을 흠모하여 충실히 신하를 자처하는 것 외에는 특별한 역할이 주어지지 않았다. 둘째, 중화를 혈통적으로 계승한 명나라는, 세종이 보기에 과거 성스러운 군주들이 만든 통치제도의 정수를 정확히 이해하고 계승하여 덕스러운 정치를 펴는 주체로 보기는 어려웠다. 따라서 명나라에 대한 존중과 흠모만으로는 동아시아의 보편 문명을 충실히 구현하는 것이 불가능하였던 것이다. 아울러 중화에서 주장하는 세계의 질서 안에서 조선과 조선국왕은 단지 오랑캐의 수장일 뿐, 아무런 위치도 아니었다. 조선이란 국가를 통치하는 국왕의 입장에서 이러한 세계관은 받아들이기 어려울 뿐만 아니라 실질적인 통치 권력의 수립에서도 문제의 소지가 많은 것이었다.

이런 상황에서, 세종은 자신이 지향하는 바를 구현하기 위해 노력하였다. 그리고 그것은 일견 모순되어 보이는, 그러나 맥락 속에서 이해한다면 충분히 수긍할 만한 각종 시도와 노력으로 이어졌다. 우선 세종은 명나라에 대한 '지성사대至誠事大'를 강조했다. 단순하게 명나라에 대한 사대가 아니라, 조선이 지향하는 동아시아 보편 문명의 고향으로서의 '중화', 그리고 그 중화에 대한 혈통적 계승자로서의 명나라에 대한 사대였다. 중화가 중심이 되는 세계질서를 인정하겠다는 의미, 현실적으로는 가장 강력한 국력의 명나라를 세계의 중심으로서 받아들인다는 의미를 지닌다. 비단 언설뿐 아니라, 세종은 명나라와의 평화적인 사대관계 수립을 위해 실제로도 많은 공을 기울였다.

그러나 현존하는 명나라가 가장 '우수하고', 가장 '선진적인' 문명국이란 점에 대해서는 세종도 선뜻 동의하지 않았다. 현존하는 중화의 계승자가 동아시아 보편 문명을 충분히 계승하지 못하고 있다면, 그것은 누가 해야 할 일인가. 세종은 그 역할을 조선의 국왕이 해야 한다고 보았다. 조선은 비록 '오랑캐'이지만, 일찍부터 중화의 보편 문명을 받아들이고 계승 발전시킨 '소중화'이므로 이러한 역할을 자임할 수 있다고 본 것이다.

이러한 맥락에서 세종대의 각종 업적들을 반추해 보면, 세종의 이러한 의도를 더욱 분명히 읽어낼 수 있다. 우선 세종은 유교에서 강조하는 통치의 도구, 즉 예禮와 악樂의 정비에 심혈을 기울였다. 예가 사회 구성원들이 자신들의 직분을 다할 수 있게 하여 이상적인 사회가 운영될 수 있게 하는 도구였다면, 악은 이러한 다양하게 구분된 사람들을 감정적으로 융화시켜 사회통합을 이끌 수 있는 매개였다. 때문에 이러한 예와 악은 본래 중국의 천자만이 제작할 수 있는 것이었다. 그런데 세종은 제후국의 국왕임에도 이러한 예와 악의 정비에 착수하였다. 특히 음악을 정비하는 과정에서, 황해도 해주에서는 검은 기장이, 경기도 남양 고을에서는 옥이 발견되었는데, 이 검은 기장과 옥은 각각 관악기와 타악기를 정비하는 데 중요한 역할을 하는 것들이었다. 하필 세종이 음악 정비를 서두르는 그때 검은 기장과 옥이 발견되었다는 사실이 매우 공교롭지만, 이러한 발견을 통해 주장하고 싶은 것은 바로 세종의 음악 정비가 하늘의 뜻, 즉 '천명을 받아' 이루어진 것임을 강조하고 싶었던 것이다.

이 외에도 우리가 알고 있는 세종대의 많은 과학기술과 관련된 발명품들 역시 이러한 맥락에서 이해할 수 있다. 즉 계절, 기후, 시간 등 자연의 흐름을 파악하여 그 안에 내재된 천명을 읽어내는 것이 하늘의 아들인 천자의 역할이었다. 우리가 그간 과학기술 업적으로 알고 있던 많은 것들은 사실 이와 깊은 관계가 있던 것이다. 해시계와 물시계(시간), 간의대(천문), 측우기(기후), 칠정산내외편(달력) 등등은 모두 계절과 기후, 시간 등을 읽어낼 수 있는 도구들이었다. 세종은 조선이 자체적으로 하늘의 뜻을 관찰하고 탐지할 수 있는 능력을 가지고 있으며, 이러한 일을 행할 수 있는 존재로서 조선국왕을 상정하고 있었던 것이다.

앙부일구(좌)와 공주 충청감영 측우기(우)

관천대

세종대 이루어진 일본이나 여진과의 관계 역시 이러한 세종의 지향에서 읽어낼 수 있다. 주지하다시피 세종 즉위 직후 상왕인 태종의 주도로 대마도 정벌이 이루어진 바 있으며, 세종 중반에는 두 차례 여진 정벌이 이루어졌다. 왜구나 여진족의 침입에 대항하여 국토를 방위하기 위한 군사작전의 차원에서 이루어졌다는 것이 기존 연구의 주류적 설명 방식이었다. 그러나 이 역시 정벌을 전후한 맥락, 그리고 세종이 일본 및 여진과 맺으려 했던 관계까지 고려하면 그와는 다른 설명이 가능해진다.

앞서 언급한 것처럼, 조선은 동아시아 보편 문명 및 중국을 중심으로 한 세계질서를 수용하면서도 그 세계 안에서 소중화인 조선이 중심이 되는 작은 세계를 구상하였다. 그 조선 중심의 세계에 '조선 국왕의 덕을 흠모하여 모여드는 오랑캐'의 역할은 일본과 여진에게 부여된 것이었다. 세종이 구상한 세계 안에서 일본과 여진은 마치 조선이 명나라를 섬기는 것처럼 조선을 섬기는 존재들이 되어야 했다.

일본과 여진에 대한 정벌은 이러한 세종의 구상을 실현시키는 방법 중 하나였다. 실제로 대마도 정벌 이후 일본 각지의 호족들은 조선 조정에 사신을 보냈고, 조선 역시 이들 각각에게 물품과 교역 권한을 수여하였다. 그리고 대마도는 가장 많은 권한을 가진 존재로서, 조선과 통교하는 일본 내 많은 세력에 대한 중재자 역할을 수행하였다. 결국 일본 및 여진과의 관계 역시 세종의 지향점과 깊은 관계 속에서 구상되고 실천되었던 것이다. 물론 이러한 세종의 의도가 항상 성공했던 것만은 아니다. 두 차례의 여진 정벌을 통해서도 세종은 여진족과 만족스러운 관계 맺기에 실패하였고, 결국 북쪽에 장성을 축조하기에 이르렀던 것이다.

이처럼 세종대의 많은 업적은 세종의 구상 안에서 긴밀히 연결되어 있는 것이었다. 동아시아의 보편 문명을 수용하고 중화 중심의 세계질서 안

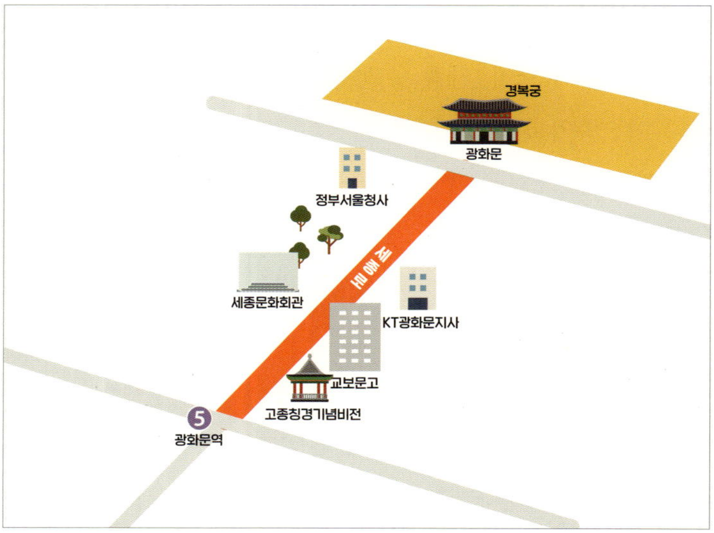

세종로

에 참여하면서도 소중화로서의 조선을 자각하고, 조선을 또 하나의 아중심亞中心으로 만들고자 했던 구상이었다. 그런데 이러한 구상을 실현시키기 위해선 매우 중요한 것이 필요했다. 그 필요가 바로 집현전을 만든 이유이기도 했다.

집현전의 산 역사, 최만리

중화가 아닌 조선이, 좀 더 직설적으로 표현한다면 '오랑캐'였던 조선이 '소중화'를 표방하기 위해선 무엇보다도 철저히 '중화'를 이해하고 연구할 필요가 있었다. 세종이 기획하고 구상한 여러 방면의 사업들은 이러한 이해를 바탕으로 추진되어야 할 필요가 있었다. 그리고 그 결과물들은 '중화'의 시각에서 보기에도 가장 중화 문명의 핵심을 잘 담고 있는 것이어야 했다. 세종은 동시대 명나라보다도 더욱 '중화' 문명의 핵심과 본질을 잘 구현하고자 했기 때문에, 어떤 의미에서 '중화'에 대한 연구와 이해는 오히려 중국을 능가하는 역량을 가질 필요가 있었다.

이 과정을 오롯이 세종 혼자 수행할 수는 없는 노릇이었다. 이 과정을 이해하고 도와줄 사람이 필요했고, 결국 집현전이란 기관의 창설로 이어졌다. 보통 집현전의 설립 이유를 학문과 고제 연구의 필요성이라고 언급하는데, 이때의 학문과 고제는 바로 세종이 이해하고 수용하고 지향하고자 하는 중화 문명의 핵심이었다. 비단 이것을 이해하는 데 그치는 것이 아니라, 그를 기반으로 시대의 맥락에 맞게 중화의 핵심을 현실화하고 구체화하기 위해서는 과거 중국 역사의 여러 시도들에 대한 이해와 평가도 필요한 것이었다. 집현전이 경전과 역사 등을 연구하는 이유 역시 바로 여기에 있었다.

따라서 집현전을 단순히 '학문 연구기관'이라고 표현한다면 위에서 말한 저간의 맥락을 정확히 옮기기 어렵다. 오히려 집현전은 세종의 정책을 종합적으로 지원하기 위한 정책연구소와 같은 성격을 가지고 있었다. 그리고 집현전에서 연구하는 학문은 정치나 현실과 떨어진 것이 아니라, 가장 정치적이고 가장 현실적인 학문이었다. 세법을 개정한다고 하면 집현전은 중국 고전에서 세법의 가장 중요한 핵심 이념이 무엇인지 추출하고, 아울러 중국 및 우리나라 역사에서 시행된 세법을 모두 비교 검토하여 법안의 방향을 결정하였다. 달력을 만들 때도 마찬가지로 중국 역대 역법의 특징들을 모두 검토하고, 나아가 아라비아 달력의 특징까지도 함께 검토하였다. 이러한 검토들은 새로운 기획의 핵심 이념, 방향성, 구체화의 방법까지 모두 아우르는 것이라 할 수 있었다.

집현전은 본래 장서를 보관하고 관리하는 기능을 수행하던 기구였는데, 세종이 왕위에 오른 이후인 1420년(세종 2) 강론과 국왕 자문에 대비하기 위한 학술 및 고제 연구기관으로 재탄생하였다. 처음 집현전의 기능이 대폭 확대될 당시에는 10명의 전임 관원을 임명하고, 정1품의 영사 2명, 정2품의 대제학 2명, 종2품의 제학 2명은 겸관으로 임명하였다. 따라서 우리가 집현전 학사라고 지칭하는 전임관은 정3품 부제학 이하의 관원들이었다. 이후 집현전 학사의 정원은 1422년(세종 4)에는 15명, 1426년(세종 8)에는 16명, 1435년(세종 17)에는 22명으로 계속 증가하였으며, 1436년(세종 18)에 20명으로 고정된 이후 줄곧 유지되었다.

최초로 집현전 학사로 임명된 사람 중 가장 하위직을 받은 이가 바로 오늘 이야기할 최만리였다. 최만리는 김돈과 함께 정7품 집현전 박사로 임명되면서 길고 긴 집현전 학사 생활을 시작하였다. 최만리는 고려시대 학문으로 유명한 최충의 후손으로, 태어난 해가 언제인지는 정확하게 전하지

과거 집현전이 있었던, 현재 경복궁 내의 수정전

않는다. 아버지와 조부가 모두 관직을 역임한 것으로 나오지만, 《고려사》나 조선왕조실록에서는 그 이름이 등장하지 않는다. 고려시대 명문 집안인 해주 최씨지만, 왕조 교체기에는 그의 가문이 크게 현달하지는 못한 것으로 보인다.

최만리는 1414년(태종 14) 식년 생원시에서 2등 3위로 급제하였는데, 전체 석차로는 8위에 해당하는 성적이었다. 이후 세종이 왕위에 오른 것을 축하하는 1419년(세종 1) 증광시 문과에 응시하였는데, 전체 3위의 성적으로 급제하였다. 생원시에 합격한 나이가 20~25세 정도라고 추정하면 그의 과거 합격 나이는 25~30세 정도로 추정된다. 조선시대 과거 합격자는 1~3등의 경우 바로 실직을 제수받고 4등 이하는 권지權知라고 부르는 일종의 인턴 생활을 거치게 되어 있었다. 최만리 역시 실직을 제수받았을 것으로 추정되지만 구체적인 관직은 알 수 없다. 다만 합격한 지 수개월 후, 그러니까 집현전 학사로 임명되기 직전 그의 관직은 정7품인 종부시 직장이었다.

과거에 합격한 지 1년 후부터 집현전 생활을 시작한 최만리는 이후 줄곧 집현전에서만 승진했다. 이는 세종의 정책이기도 하였는데, 세종은 집현전의 학자들이 다른 관직에 진출하지 못하도록 하여 연구에 매진하도록 장려하였다. 이에 따라 집현전 학자들에게는 다양한 특전도 뒤따랐는데, 승진 요건이 다른 관서에 비하여 매우 유리했을 뿐 아니라, 관품이 같은 경우에는 집현전 학자들이 동등 관품 관원 중 가장 상위에 서도록 대우하였다. 따라서 관직 생활의 초입부터 집현전 학자의 길을 걷게 된 최만리는 관직 생활 대부분의 기간을 집현전에서 보내게 되었다.

다만 최만리는 1431년(세종 13)부터 잠시 집현전을 떠나 있었는데, 바로 세자의 교육을 위해서였다. 본래 집현전은 학문 및 고제 연구뿐 아니라, 중국과의 외교문서 작성, 경연 참여 등 다양한 분야의 업무를 맡고 있었다. 그중 세자의 교육인 서연 역시 집현전의 주요 업무 중 하나였다. 최만리는 집현전 관원으로서 세자 교육에 참여하였는데, 1431년(세종 13)부터 서연관을 별개의 관서로 독립시키면서 종3품 좌보덕으로 임명되었던 것이다. 당시 세종의 발언에 따르면, 세자는 최만리·박중림 등과 강론할 때 어려운 부분도 주저하지 않고 물을 수 있었으며 그것은 서연관들과 오랜 시간을 함께 보내어 친하기 때문이라고 지적하고 있다. 최만리는 오랜 기간 동안 장차 왕위에 오르는 문종의 스승으로서 세자 교육을 전담하고 있었던 것이다.

최만리가 문종의 학문적 스승이었다는 점은 당대의 맥락에서는 매우 중요한 일이었을 것으로 여겨진다. 세종이 사망하자 대군 시절부터 세종을 가르쳤던 스승 이수는 황희·허조·신개 등과 더불어 종묘 배향 공신으로 선정되기도 하였다. 이수의 정치적 역할이 앞선 세 명에 비하여 매우 미약하다는 점을 고려하면 상당히 파격적인 결정이었다. 그런 시대적 분위기에서 문종의 학문적 스승이 최만리였다는 점은 세종의 상당한 신임이 있었다는 것을 의미하며, 아울러 세종 이후에도 출세의 길이 열려있다는 암시이기도 하였다. 실제로 문종은 자신이 왕위에 오른 이후 세자의 사부를 고를 때, 자신이 최만리와 박중림에게 배웠던 예를 그대로 준용할 것을 명하기도 하였으며, 특히 최만리를 세자 교육의 모범으로 칭송하기도 하였다. 세조 역시 최만리와 박중림의 세자 교육이 매우 훌륭했음을 신료들에게 회고하기도 하였다.

이처럼 최만리는 젊은 시절부터 세종의 야심찬 기획인 집현전에 참여하였고, 세종의 가장 큰 관심사 중 하나인 세자 교육을 거의 전담하다시피 하였다. 이후 1435년(세종 17) 서연관이 다시 집현전과 합해지게 되면서 집현전의 정원이 확대되었는데, 이때 최만리 역시 다시 집현전으로 돌아왔고, 이듬해인 1436(세종 18)년에는 종3품 집현전 직제학에 올랐다. 그리고 3년 후인 1439년(세종 21), 최만리는 마침내 집현전의 수장인 정3품 집현전 부제학의 지위에 올랐다. 집현전이 학문 기구로 개편될 당시 가장 하위 관원으로 참여한 이후 19년 만에 집현전의 수장 자리에 오른 것이다.

최만리는 관직 생활 대부분을 집현전에서 보낸 만큼, 조선왕조실록에 기록된 각종 정치적 현안에서는 그 존재가 쉽게 드러나지 않는다. 다만 그가 집현전 수장에 오를 즈음 집현전은 점차 정치 현안에 대한 발언을 강화하며 '언론기구화' 되던 시점이었고, 최만리 역시 집현전을 대표하여 몇몇 사안에 대하여 상소를 올리기도 하였다. 불교 행사에 대한 반대, 세자의 대리청정 반대, 공법貢法 수세에 대한 반대 상소 등이 이 시기 최만리가 올린 상소들이었다. 그러나 이 사안들은 조정 관료들 대부분이 반대하고 있던 안건들이었으므로, 최만리의 정치적 활동이 두드러지게 표현되었다고 보기는 어려운 것들이었다.

집현전에서 관직 생활을 이어오며 세종의 신임을 두텁게 받던 최만리가 세종과 결정적으로 대립하게 된 사건은 역시 훈민정음 제작에 대한 반대 상소였다. 이 상소로 최만리는 의금부에 하옥되었다가 이튿날 석방되었다. 그러나 더 이상 관직에 머무르지 않았고, 이듬해인 1445년(세종 27) 세상을 떠났다. 과연 훈민정음이 무엇이었길래 최만리는 격렬한 반대의견을 표명하고 관직을 버렸으며, 세종은 25년을 자신과 함께 동고동락한 최만리를 의금부에 하옥하는 결정을 내리게 되었을까. 이를 이해하기 위해선 훈민정음이란 문자가 어떠한 이유와 맥락에서 만들어진 것이었던가를 다시 고민해 볼 필요가 있다.

훈민정음 창제의 정치적 맥락

대한민국의 일반 시민들에게 세종의 가장 큰 업적을 꼽아보라고 한다면, 단연 훈민정음 창제를 들 것이다. 교과서적인 설명에 의하면, 훈민정음은 백성들에 대한 사랑이 남달랐던 세종이 교육을 받지 못한 백성들이 문자를 몰라 생활에 불편함을 겪는 것을 불쌍히 여겨 배우기 쉽고 표현하기 쉬운 글자를 고안하여 만들었다고 한다. 자음과 모음은 각각 소리를 낼 때 입과 혀의 모양을 본떠서 만들었으며, 아주 체계적이고 과학적인 문자란 점도 여러 차례의 교육을 통해 배웠을 것이다. 무엇보다 전 세계에서 현재 사용되는 문자 중 유일하게 정확한 창제 시점을 알 수 있고, 그 창제 원칙을 알 수 있는 문자라는 점 등이 함께 소개되며, 세계 유수 언어학자

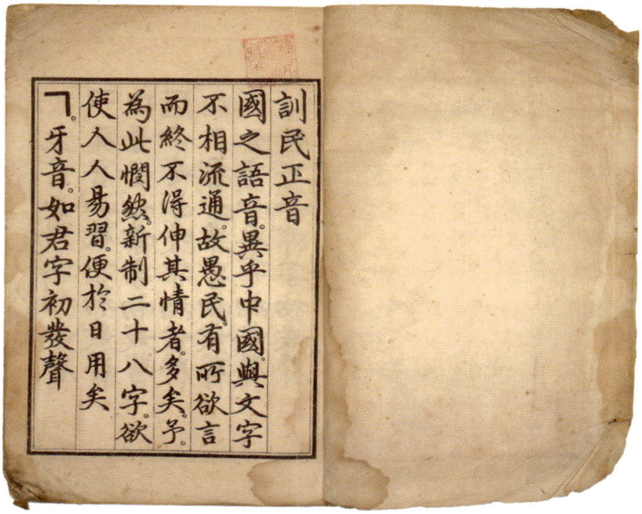

訓民正音
國之語音異乎中國與文字
不相流通故愚民有所欲言
而終不得伸其情者多矣予
為此憫然新制二十八字欲
使人人易習便於日用矣
ㄱ牙音如君字初發聲

훈민정음 해례본(영인본)

들의 훈민정음에 대한 찬사도 함께 소개되는 것이 보통이다. 이러한 교육을 받으며 한 번쯤은 가슴이 뿌듯해진 기억들이 있을 것이다.

그런데 훈민정음의 창제에 대해서는 이와 전혀 다른 시각도 존재한다. 훈민정음은 중국어를 정확하게 표기하기 위한 일종의 '발음기호'로 고안되었다는 것이다. 혹 이러한 설명을 들어보지 못한 사람이라면 인상이 확 찌푸려질 만한 일이다. 그렇다면 세종이, 일부 학자들이 이야기하는 것처럼 '사대주의자'였단 말인가? 대다수의 한국인들이 자랑스러워 마지않는 훈민정음의 창제가 중국어를 옮기기 위한 문자를 창제한 것에 불과하단 말인가? 결론부터 이야기하자면, 필자는 후자의 설명이 좀 더 당대의 맥락을 잘 파악한 것이라고 생각한다. 이제부터 그 이유와 맥락을 설명하고자 하니, 독자들은 조금만 인내심을 가지고 읽어주시길 바란다.

앞서 세종은 중국의 문명, 특히 유교 경전에 나타난 유학적 가치관과 이에 입각한 성왕聖王들의 정치를 '동아시아의 보편적 가치'로 설정하고 이를 조선에서 실현하고자 하였다고 설명하였다. 현실의 명나라에 대해선 이러한 보편 문명의 '혈통적 계승자'로서 존숭하였으나, 명나라가 보편적 가치를 제대로 구현하고 있는가에 대해서는 회의적이었다. 세종은 조선의 국왕으로서 조선을 또 하나의 중화, 즉 소중화로 설정하고 이 보편적 가치를 구현하는 주체로 다시 설정하고자 하였다.

그렇다면 '동아시아의 보편적 가치'란 무엇으로 이루어져 있는가? 바로 문자이다. 그리고 그 문자를 읽는 언어이다. 즉 중국어를 제대로 읽고, 이해하고, 표현하는 것. 그것은 세종이 지향한 가치를 제대로 이해하고 구현할 수 있음을 보여주는 가장 중요한 척도였다. 아울러 우리 조선이 중국에서 보낸 문서를 정확한 발음으로 읽고 이해할 능력이 있다는 것을 명나라에 보여주는 것은 조선이 '소중화'로서의 역량을 가졌음을 표현하는 데 핵심적인 것이었다. 언어가 가진 정치성은 오늘날의 예에서도 흔하게 확인할 수 있다. 영화나 드라마에서 상류층 신분의 사람들은 대부분 표준어를 구사하는 반면, 하층민들은 투박한 사투리를 구사하는 것으로 묘사된다. 필자가 들은 바에 의하면 1960~1980년대 군사정권 시절에는 정치적으로 성공하기 위하여 다른 지역 사람들이 일부러 경상도 사투리를 배웠다고 한다. 최근에는 한국어뿐 아니라 영어 교육도 일반화되어서, '영어를 할 수 있느냐'의 문제를 넘어서 어느 나라 어떤 지방의 발음이냐 등을 통해 그가 어떤 교육을 받은 어느 정도 수준의 사람인지 가늠하기도 한다. 이러한 언어가 가진 성질은 비단 교육 수준, 출신 지역뿐 아니라 성별, 연령 등과도 연동되는 문제이기도 하다.

세종이 즉위하던 당시, 중국은 원나라에서 명나라로 왕조가 교체된 지 얼마 지나지 않은 시점이었다. 명나라가 개국한 이후, 주원장은 언어가 가진 이러한 정치성을 간파하였다. 과거 중원지역 및 화북지역에서 통용되던 중국어와 주원장의 기반인 강남지역의 중국어는 발음과 성조 등에서 판이하게 달랐을 것이다. 중국보다 훨씬 영토가 좁은 오늘날 우리나라의 경우만 비추어보아도 쉽게 수긍이 갈 것이다. 일례로 주원장은 고려에서 온 사신 이색의 중국어를 '나하추가 쓰는 이상한 중국어'라고 표현하였는데, 나하추는 원나라 잔당 세력의 수장으로, 결국 주원장이 이색에게 한 말은 '시대가 바뀌었고 말 역시 바뀌었는데 이를 좇아가지 못한 늙은 학자'란 표현과 다른 것이 아니었다. 이러한 주원장의 표현은 여러 가지를 함축하는 것으로 볼 수 있다. 현실적으로는 명나라의 세계질서가 구축되었으니 조선은 명나라의 표준을 따라야 한다는 것을 고압적으로 드러낸 것일 수 있다. 이념적으로는 오랑캐인 조선(이색 당시에는 고려)이 중화인 명나라의 언어·문자까지 학습하고 체화할 수 있느냐를 힐문한 것이기도 하다.

명나라 초기 주원장이 일으킨 문자옥은 조선에도 큰 영향을 미쳤다. 문자옥이란 명나라 관료들이 주원장에게 올린 문서에 쓰인 표현을 트집 잡아 벌을 내린 사건이었는데, 조선에서 보낸 외교문서 역시 이러한 문자옥의 대상이 되었다. 이 과정에서 주원장은 외교문서를 작성한 사람을 명나라로 압송하란 명령을 내리기도 하였다. 조선에서는 외교문서의 형식을 몰라 저지른 것이라 해명하며 명나라에 문서 작성의 규범을 요청하기도 하였다. 즉, 명나라가 요구하는 표준에 따르는 것, 그것이 조선의 현실적인 안보 문제에서도 중요한 과제였던 것이다. 세종의 입장에서는, 동아시아 보편 문명을 지향하는 한편으로 그 세계관 안에서 조선의 지위를 '소중화'로 자리매김하기 위해서도, 현실적으로 명나라와의 외교 관계를 안정시키기 위해서도 바른 중국어 이해와 표현이 필수적이었던 셈이다. 훈민정음을 창제한 것은 중국어를 최대한 바르게 발음하기 위한 노력이었다고 할 수 있다.

다만 강조하고 싶은 것은, 세종의 이러한 노력이 '사대주의자'라는 단순한 표현으로 압축될 수 없다는 점이다. 오늘날 대한민국 시민은 누구나 인간의 자유, 평등, 인권을 지고의 가치로 받아들이고 있다. 즉, 이것은 인간과 사회 누구나 지향해야 할 보편 가치인 것이다. 그럼 이러한 보편 가치는 누가 만들었는가? 이러한 가치는 원래부터 존재했던 것이 아니라 근대화 과정에서 영국, 프랑스, 미국 등 서구 사회에서 개념화되고 구체화되었으며 제도적으로 실현된 것이다. 이것을 우리가 받아들였다고 할 때, 우리는 모두 친영, 친프랑스, 친미주의자라 할 수 있을까? '친'을 넘어서 서구에 대한 사대주의라 칭할 수 있을까? 마찬가지 입장에서 세종이 지향했던 것은 '중국에 대한 사대'가 아니라 중국에서 기원한, 당대의 맥락에서 보편적 가치라고 볼 수 있는 것들에 대한 수용과 계승, 발전이었다. 이것을 두고 '사대주의' 운운하는 것은 난센스에 가까운 일일 것이다. 개항기나 일제강점기 서구의 가치를 받아들이기 위하여 외국말을 배웠던 지식인들에게 '서구를 사대한 인물들'이라 부를 수 없는 것과 마찬가지인 것이다.

그렇다면 훈민정음 이전에는 중국어를 우리말로 표기하는 체계가 전혀 없었던 것일까? 그렇기도 하고 아니기도 하다. 즉 중국어를 우리말로 옮기는 과정에서 사용된 이두, 향찰 등의 표기체계가 존재하였다. 그러나 이들은 엄밀히 말하여 발음을 표기하는 문자가 아니라, 한자 일부를 우리식대로 읽은 것에 불과하였다. 예를 들어 우리나라 말에는 주격 혹은 목적격 조사 등이 존재한다. '~이'나 '~를'과 같이 쓰는 조사 말이다. 그런데 중국어에는 이러한 조사가 거의 사용되지 않는다. 이런 중국어를 한국어 어순에 맞게 이해할 때 이두 등이 쓰였다. 예를 들어 한자 '乙'을 한문 문맥에서의 쓰임과는 별도로 우리말 '~을/를'을 표현하기 위해 사용한다든지, '爲'자를 '하다'나 '하옵고' 등의 우리말 중 '하'자에 대응하는 글자로 사용한다든지 하는 것이다. 이러한 이두는 중국어 문맥의 독해를 우리 어순에 맞게 하는 데 유용하게 사용될지는 몰라도, 중국어 발음 자체를 표기하는 문자체계는 전혀 아니었다. 따라서 중국 한자음을 '소리'로 표현하는 글자는 우리 역사에서 훈민정음이 최초이자 유일한 문자라고 할 수 있다.

다른 한편으로, 중국어를 바르게 '소리 내는 것' 역시 매우 중요한 정치적 맥락을 담고 있다. 고대 중국 성왕聖王들의 정치는 주로 덕을 가진 자의 교화라고 표현되었다. 그런데 당시에는 문자 사용이 일반화된 사회가 아니므로, 이 가르침은 주로 말의 형태로 이루어졌다. 이를 유교 경전에서는 소리 성聲, 가르칠 교教를 합쳐 성교聲教라고 표현하였다. 즉 '말'을 통한 가르침이란 교화의 가장 핵심적이고 중요한, 상징적인 표현이었던 것이다. 조선과 중국은 사대관계였으나, 내치內治에 관한 것은 철저히 조선의 자치를 인정하였는데 이때 사용된 표현 역시 성교자유聲教自由란 표현이었다. 바른 소리를 낼 수 있다는 것은 바른 정치를 할 수 있다는 상징적·의례적 표현이었던 것이다.

위에서 살펴본 것처럼 훈민정음의 창제는 일차적으로는 한어漢語, 즉 중국어를 바르게 소리 내고 이해하며 나아가 올바른 중국어 사용을 위한 것이었다. 훈민정음이 창제된 이후 세종이 가장 먼저 착수했던 편찬작업이 운서韻書, 즉 문자를 발음하는 방법에 관한 책들이었다. 중국의 운서인 《홍무정운洪武正韻》을 주해하고, 아울러 중국어 한자를 우리말로 바르게 발음하는 《동국정운東國正韻》 등의 책을 편찬하였다. 훈민정음 서문에 등장하는 '듕귁'이란 표현과 같이, '中·國'과 같은 한자어를 어떻게 발음할 것인지에 대한 표준을 산정한 것이다.

그런데 앞에서 설명한 것처럼, 언어가 가진 정치성을 고려할 때 훈민정음은 단순히 한어를 바르게 발음하기 위해서만 만들어졌을까? 일차적으로 조선의 국왕은 조선을 통치하는 존재였다. 따라서 조선의 통치에는 '조선의 말'에 대한 국왕의 권위도 필요하였다. 중국처럼 심하지는 않다 하더라도 지방간의 언어가 다르고, 경우에 따라서는 한자어 발음 역시 차이가 난다면 '바른 정치'를 실현하기 어려울 것이다. 따라서 훈민정음은 한어 발음

《동국정운》

을 정확하게 하기 위한 것과 더불어, 조선의 언어를 바르게 표기하기 위한 목적 역시 가지고 있었다고 보아야 할 것이다. 특히 조선의 경우, 실질적으로 두 개의 언어가 사용되고 있었다. 지배층들의 공적·학술적 언어였던 한어 및 한문과, 지배층 및 피지배층 일반이 일상에서 사용하는 한국어가 동시에 공존하고 있었던 것이다.

훈민정음은 한어를 바르게 표기하고 이해하여 공적·학술적 언어의 영역을 표준화하는 한편으로 일상 언어의 표현까지 표준화할 수 있는 체계였다. 즉, 중국 고대 성왕들의 가르침을 조선 지방마다의 구성원들에게까지 바르게 퍼트릴 수 있는 문자 체계, 그것이 바로 훈민정음이었던 것이다. 따라서 우리가 익숙히 알고 있던 훈민정음의 창제 이유, 즉 '어린 백셩이 니르고져 홇베이셔도 마참네 제 뜨들 시러펴디 몯할' 상황을 개선하기 위한 노력 역시 완전히 무시할 필요는 없는 것이라 할 수 있다. 다만 그것이 '백성들을 사랑하여'라는 너무나 표면적이고 단순한 이해에 머물러서는 곤란하고, 앞서 설명한 복잡한 정치적 맥락 하에서 이루어졌다는 점을 기억할 필요가 있겠다.

최만리 반대 상소의 맥락

지금까지 세종이 훈민정음을 창제한 맥락을 다소 상세히 살펴보았다. 그렇다면 세종의 이러한 훈민정음 기획 의도에 반대한 최만리는 대체 무슨 이유에서였을까? 이미 앞의 내용을 이해하였다면, 훈민정음의 창제와 그에 대한 반대가 단순히 '자주성'과 '사대주의'의 충돌이 아니란 점은 충분히 이해하였을 것이다. 그렇다면 최만리의 반대는 어떠한 맥락에서 이루어진 것인지도 맥락화하여 이해할 필요가 있다.

우선 세종의 첫 번째 지향점, 유교 문명 즉 '동아시아 보편 문명'을 수용하자는 명제에 대해서는 최만리 역시 쌍수를 들어 환영하였을 것이다. 사실상 성리학을 공부하고 이를 바탕으로 과거시험에 합격한 관료들 대부분에게 이에 대해선 이론의 여지가 없었다. 중국 고대 요순시대의 정치, 공맹의 가르침을 근거로 새로운 사회와 나라를 건설하자는 세종의 꿈은 당대 관료들에게 엄청난 동기부여와 설레는 목표를 제시한 것이었다.

거기서 한 걸음 나아가, 혈통적 후계자인 명나라에게는 정치적인 사대를 취하되, 고대 성왕들의 예악문물을 우리 조선이 주체가 되어 제작해 보자는 세종의 꿈은 이들에게 어떻게 받아들여 졌을까? 여기서도 최만리는 세종의 꿈에 찬동하였을 가능성이 높다고 생각된다. 최만리가 정치적 현안에 대해 발언한 내용이 매우 소략하여 그의 구체적 언사에서 이를 확인할 수는 없지만, 그의 관력 자체가 세종의 이러한 지향에 매우 적극적으로 찬동하는 입장이었음을 대변한다.

앞서 말한 것처럼 최만리는 대부분의 관직 재임 기간을 집현전 학사로 지냈다. 최초 집현전의 기능 강화 때 가장 말단에서 시작하여 세종 재위 후반에는 집현전의 수장에까지 오른 인물이었다. 집현전은 세종의 정치적 지향을 뒷받침하기 위한 가장 핵심적인 기구였다. 만일 세종의 정치적 지향을 이해하지 못한 관료라면, 그렇게 오랜 기간 집현전에 머물고 종래에는 수장의 자리에까지 오를 수 있었을까?

주지하다시피 세종대 당시는 내로라하는 천재들이 쏟아진 시대였으며, 각각의 분야에서 능력을 갖춘 인재들이 즐비하던 시절이었다. 그런 시대에 집현전의 수장을 맡았던 최만리가 세종의 정치적 지향조차 이해하지 못한다고 보는 것은 타당한 결론은 아닌 듯하다. 아울러 세종의 장자인 문종의 사부였던 최만리였다. 세종이 자신도 이해하지 못한 관료를 자신의 후계자 교육을 전담할 사부로 임명할 리가 없다. 적어도 조선의 '소중화'란 꿈은 세종과 최만리가 공유하던 것이었다.

결정적으로 이 둘이 갈린 이유는 바로 '새로운 문자'란 것이 가지는 파급력이었다. 최만리의 반대 상소에 이러한 구절이 등장한다. "몽고, 서하, 여진, 일본, 서번 등이 각각 그 글자가 있으나 이들은 모두 이적夷狄이옵니다." 최만리가 보기에 새로운 문자를 만든다는 것은 스스로 중화의 영역에서 벗어나는 일이었던 것이다. 지금까지 중화의 수용, '소중화' 건설의 꿈을 공유하던 세종이, 돌연 새로운 문자를 만들어 스스로 몽고, 서하, 여진, 일본, 서번 등과 같은 오랑캐의 길로 접어든다는 것이 최만리로서는 받아들일 수 없었던 것이다. 한 걸음 나아가, 앞서 언급한 이적들은 모두 중화가 중심이 되는 세계질서를 깨뜨리거나 중화의 세계질서 안에 순순히 포함되지 않았던 존재들이다. 주지하다시피 몽고와 여진은 한족의 왕조를 무너뜨린 정복 왕조를 건설하였고, 서하와 일본, 서번 등은 한족의 왕조들

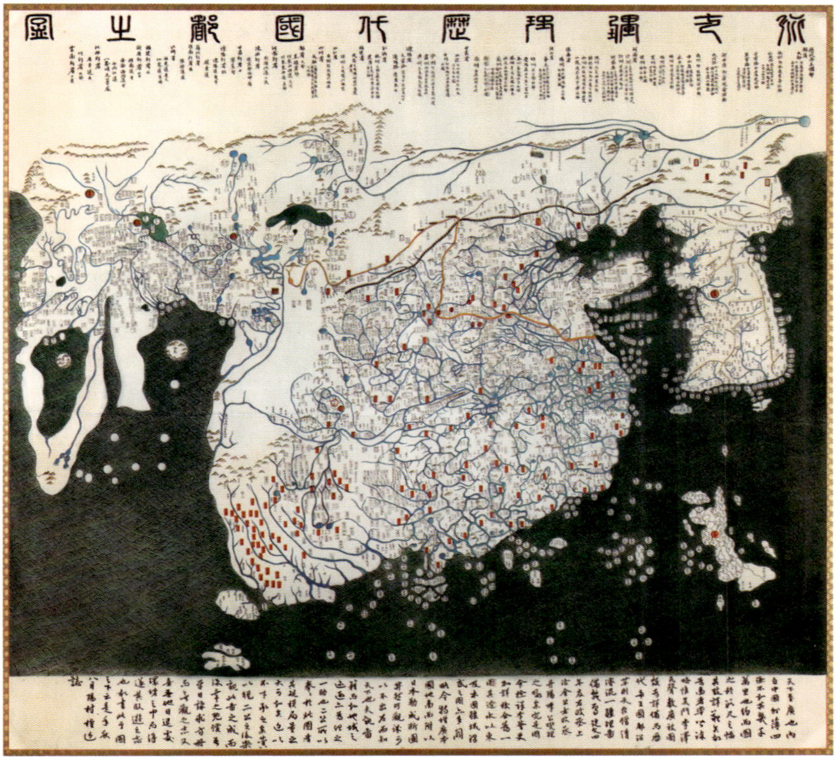

〈혼일강리역대국도지도〉

과 무력적으로 충돌하거나 조공 관계에 포섭되는 것을 거부하였다. 즉 최만리가 예로 든 오랑캐들은 모두 중화 중심의 질서를 부정하거나 때에 따라서는 중화 중심의 질서를 전복한 존재들이었던 것이다.

물론 세종과 함께 20여 년을 조정에서 복무한 최만리가 세종의 훈민정음 창제를 '스스로 오랑캐가 되겠다'란 선언으로 받아들이지는 않았을 것이다. 그러나 최만리가 걱정한 것은 조선이 중화를 대체하는 무엇인가가 되겠다는 야심을 품는 것이었다. 아주 쉽게 도식화해 이야기하자면 첫 번째 단계가 동아시아 보편 문명인 유교 문명을 수용하는 것이고, 다음 단계가 일방적인 수용의 단계를 넘어 '소중화'로서 스스로 예악과 문물을 창조해낼 수 있는 것이며, 마지막 단계는 과거의 중화를 부정하고 조선이 새로운 중화임을 표방하는 것이었다. 최만리는 첫 번째와 두 번째 단계의 기획에는 기꺼이 동참할 의사가 있으나, 그 이상은 위험하다고 판단한 것으로 보인다.

'소중화'로서의 조선과 중화를 대체할 욕심을 가질 조선. 이 양자 사이의 거리는 생각보다 먼 것이 아니었다. 앞서 언급한 것처럼, 세종대에는 이미 중국의 천자가 행할 만한 숱한 기획을 구체화시킨 바 있었다. 그러나 현실적인 대외관계에서 명나라를 종주국으로 받듦으로써 현실의 중화 질서에 참여하고, 그 구성원임을 대내외적으로 표방하고 있었다. 그러면서도 한편으로는 조선을 중심으로, 여진과 일본 등을 그 울타리로 설정하는 '동심원 안의 작은 동심원'적인 국제질서를 기획 및 실행하고 있었다. 최만리를 비롯한 양반 관료들의 눈에는 '큰 동심원'의 구성원으로서의 조선과 '작은 동심원'의 중심으로서의 조선은 언제든 균형이 깨어질 여지가 있는 것으로 보일 수 있었다.

그리고 새로운 문자의 창제란 조선이 더 이상 '작은 동심원'의 중심으로 만족하는 것이 아니라 큰 동심원을 대체하기 위한 욕구의 표현으로도 비쳤을 것이다. 훈민정음 제작의 반대 상소 첫머리부터 몽고, 서하, 일본 등의 '오랑캐'들을 언급한 것은 바로 이러한 걱정과 우려를 표명한 것이었다. 아주 단순화하여 표현하자면, 최만리가 보기에 세종은 황제가 되려 하고 있었다. 이에 대해 세종은 훈민정음의 창제가 결코 중화 질서의 탈피가 아니란 점을 강조하고 있었다.

최만리와의 문답에서 세종은 "훈민정음으로 《삼강행실도》를 번역하여 반포하면 민간의 어리석은 남녀가 모두 쉽게 깨달을 것이다."라고 이야기하였다. 세종에게 훈민정음은 중화를 제대로 수용하고, '소중화'를 구현하며, 이러한 교화를 조선의 구석구석까지 펼치기 위한 수단이었다. 그러나 최만리는 이에 굴하지 않았다. 세종의 대답을 일종의 '변명'으로 이해한 최만리는 끝까지 반대를 굽히지 않았고, 결국 세종은 최만리를 비롯하여 집현전 학사 7명을 의금부에 하옥하였다가 이튿날 석방하였다. 세종과 최만리, 그리고 집현전 학사들이 함께 꾸던 꿈은 실현이 가까운 지점에 이르러 '어디까지가 우리의 꿈인가, 어디에서 멈추어야 하는가'의 입장에서 결정적으로 갈리고 말았던 것이다.

임금과 신하의 엇갈린 말년

조선왕조실록에서 훈민정음에 반대하는 최만리가 상소를 올리고 세종과 문답을 주고받다가 의금부에 하옥되는 장면은, 최만리가 직접 등장하는 마지막 장면이다. 최만리는 이후 관직을 버리고 집으로 돌아갔으며, 그 이듬해인 1445년(세종 27) 세상을 떠났다. 관직을 버리고 집으로 돌아와 사망할 때까지 최만리는 어떤 생각이었을까? 함께 같은 목표를 향해 매진하던 세종의 변심(?)을 원망하였을까? 아니면 뒤늦게라도 세종의 의도를 알아내고 수긍하였을까? 현재 남은 자료로는 최만리의 마지막 심정을 파악할 방법이 없다.

최만리가 관직을 버리고 돌아간 이후에도, 세종은 자신의 지향을 향해 열심히 달려나갔다. 특히 세종이 말년에 가장 신경을 쓴 것은 여진과의 관계였다. 세종대 중반 두 차례 정벌을 통해서도 조선과 여진의 관계는 세종의 기획대로 흘러가지 않았고, 결국 세종은 압록강과 두만강 일대에 장성을 쌓는 일에 돌입하였다. 근 10여 년에 걸친 대역사였는데, 이 과정을 진두지휘한 것이 바로 황보인과 김종서였다. 세종과 문종 사후, 정승의 자리에 올라 수양대군과 대립했던 바로 그들이다. 그들은 세종의 지향점에서 중요한 부분인 여진관계 업무를 수행하고 세종의 신임을 얻어 정승의 지위에까지 오를 수 있었다.

그러나 최만리가 사망한 이후 세종 역시 과거와는 다소 다른 행보를 보였다. 불교에 귀의한 것이 대표적이다. 부인인 소헌왕후와 사랑하는 두 왕자의 잇단 죽음은 세종으로 하여금 인간적인 고뇌를 불러일으키게 한 것으로 보이고, 결국 개인의 안정을 찾지 못한 세종은 불교란 종교에 기대었던 것이다. 물론 이 과정에서도 개인적인 불교 신앙과는 별개로 자신이 지향하고 추진했던 정책은 연속되었다. 그리고 1450년(세종 32) 2월, 세종은 마침내 32년간의 재위를 뒤로하고 사망하였다.

세종이 정치적으로 지향했던 사고는 이후 세조, 성종대에도 상당한 영향을 미쳤다. 15세기 조선을 이해할 때, 일방적인 대명사대란 개념은 당대

만리재로

맥락에 존재하지 않았다. '소중화'로서의 지향과 자신감은 때로는 명나라와의 대립적인 사고를 보여주었다. 그러나 현실적인 명나라 중심의 질서 역시 전면적으로 부정하지 않았다. 우리가 보통 '실리적 사대'라고 부르는 이러한 외교는 국제관계뿐 아니라 조선이 지향하고자 하는 사고관 전체를 이해할 때 비로소 분명하게 실상을 이해할 수 있는 것이다.

이처럼 훈민정음의 창제에는 단순한 문자의 창제란 점을 넘어, 당시 사람들의 지향과 가치관이 담겨 있었다. 이를 추진하던 국왕과, 이를 반대하던 신료 모두 언어와 문자가 가진 정치성과 힘을 뼈저리게 체감하고 있었다. 또 이들이 언급한 '사대'란 것 역시 모두 층위를 달리하는 현실적이면서도 이념적인 여러 문제들을 포함하고 있는 것이었다. 조선이 지향해야 할 문명의 방향에 대해서 꿈을 공유했던, 그러나 정도의 차이에 있어서는 시각차가 존재했던 임금과 신료 사이의 치열한 갈등. 오늘날 이러한 갈등을, 우리의 입장에서 너무 선정적으로 단순화하고 있는 것은 아닐까. 한번쯤 반문해 볼 만한 일이다.

HYUNDAI DEPART
THE HYUNDAI
LOUIS VUITTON

04

한명회와 압구정

압구정로

- 압구정의 어제와 오늘
- 정변을 통한 정치적 성공
- 국왕 유고의 버팀목 역할
- 대명 관계에서의 헌신과 정치적 위상
- 한명회의 정자 압구정
- 압구정 문화 향유하기

제4강

한명회와 압구정

- 압구정로

강제훈 고려대학교 한국사학과 교수

압구정의 어제와 오늘

한강의 남쪽에서 강을 따라 달리는 도로는 올림픽대로로 지칭되는 자동차 전용도로이다. 이 도로의 남쪽에도 거주지를 양편에 두고 한강을 따라 흐르는 또 다른 도로가 있는데, 이 도로는 인근에 사는 사람들의 숨결을 담아 구간별로 제 나름의 이름을 갖고 있다. 영동대교에서 한남대교에 이르는 올림픽대로 구간에 해당하는 남쪽의 도로 명칭이 압구정로이다. 이 도로가 위치한 압구정동은 조선 초기의 권신이며 척신이었던 한명회가 세운 정자 압구정狎鷗亭에서 그 이름이 유래되었다. 이 지역이 1963년 성동구로 편입되면서 압구정동이 되었고, 1975년 강남구가 신설된 이래로 강남구에 소속되어 있다. 압구정동은 재벌기업 현대에서 대규모의 아파트 단지를 조성하고, 이곳에 경제적으로 풍요를 누리는 계층이 대거 유입되면서 신흥 부자 동네로 명성을 떨치게 되는데, 압구정로는 바로 압구정동 현

압구정로에 자리한 현대백화점

대아파트 앞을 지나는 도로이다.

최근에 압구정동에 오래 거주한 사람들에게 동명의 유래에 대해 아는지 물었다. 한명회의 압구정에서 유래했다고 알고 있었는데, 어떻게 알게 되었는가라는 추가 질문에 대체로 답이 비슷했다. 1994년 방영된 KBS 드라마 〈한명회〉였다. 동명이나 도로명에 그리 큰 관심이 없다가, 드라마가 방영되면서 한명회로부터 시작된 유래를 알게 되었다는 것이었다. 연령대가 낮은 경우에는 학교의 지역사회 학습을 통해 압구정과 한명회를 알게 되었다는 대답이 있었다. 어떻든 압구정로, 동의 유래로 '한명회'를 지목하고 있었다.

'압구정'은 정자 이름이다. 정선이 이를 소재로 그린 17세기의 풍경화가 전해지고 있고, 이 일대의 공터에서 갑신정변의 참여자들이 군사 훈련을 전개했다고도 한다. 17세기 유형원이 지은 사찬 지리지 《동국여지지東國輿

地志》에서는, 이 무렵 압구정이 본체는 사라졌고 공터만 남았다고 적고 있다. 압구정이라는 표제에 '한명회가 두모포 남단에 세운 정자이고, 명나라 예겸倪謙이 기명을 지었다.'는 기록에 덧붙인 내용이다. 압구정이 한명회가 세운 정자이고, 현재의 도로와 동 이름은 이에서 유래했다는 것인데, 딱 여기까지이다. 거의 모든 사람이 그 이상의 호기심을 보이지는 않는다. 그래서, 왜, 지금은 있지도 않은 정자가 지명이 되어야 하는지는 모른다. 그리 관심이 있지도 않다.

무엇을 기억하는가 하는 철학적인 문제까지는 아니더라도, 한명회는 기억할 만한 인물인가? 압구정은 또 기릴만한 이름인가? 바쁜 오늘의 일상은 이런 질문이 사치스러운 듯, 압구정로 일대는 거의 스물네 시간 만성정체에 허덕이며, 탁한 대기로 숨쉬기조차 버거운 공간이다. 주변은 50년 가까이 된 낡은 아파트의 겉모습에도 불구하고 여전히 성공한 사람들의 주거타운이고, 이 낡은 사각형 아파트의 한 칸 한 칸은 감당하기 어려운 몸값을 자랑한다. 그리고 도로 일대를 가득 채워 성형외과가 성업 중인데, 인근 국가에서까지 외모를 세탁하기 위해 이곳을 찾는 것으로 유명하다. 돈이 문제일 뿐! 하늘이 주신 외모를 여기서는 인위적으로 얼마든지 탈바꿈할 수 있다. 명품 파는 것으로 유명한 갤러리아백화점에서 매출 1위를 다투는 현대백화점까지, 잘 나가는 백화점을 사이에 두고, 한국의 최고라 인정받고자 하는 온갖 명인들이 각자의 요리 비법이 사업적으로도 통하는지 치열하게 경쟁하고 있다. 한때 패션의 중심이었던 이곳은 그 명성을 옛 기억으로 간직하고 있지만, 여전히 압구정은 화려한 외관과 치장으로 새롭게 요란하다. 이런 압구정은 사실 처음부터 그랬는지도 모르겠다.

정변을 통한 정치적 성공

한명회는 계유정난의 주인공 중 한 명이었다. 그의 삶은 이 정치적 사건을 계기로 180도 전환되었다. 38세의 나이에 겨우겨우 음직으로 태조 이성계의 사저私邸였던 경덕궁敬德宮 직直을 얻었던 미미한 인물이, 이를 통해서 조선의 핵심적인 공신이며 정책전문가로 처지가 일신되었다. 그러나 그의 관직 생활이 이 정치적 사건으로 모두 설명되는 것은 아니다. 그는 이후 세 차례 더 1등 공신의 지위에 올랐고, 그에 걸맞게 그 자신이 조선사회 기성 질서의 일부가 되었다.

그에 대해서는 칠삭둥이임이 강조되지만, 서거정이 찬한 그의 신도비명神道碑銘에는 무리 중에서 두드러지게 얼굴이 잘 생기고 키가 컸으며, 아래 관직에 있을 때는 호걸과 어울린 인물로 적고 있다. 실제로 그가 세조에게 여러 무인을 소개한 정황 등을 고려할 때, 힘을 쓰는 인물들을 심복시킬 수 있는 리더십을 발휘하였고, 그에 어울리게 당당한 체구와 번듯한 이목구비를 갖춘 사람이었다. 세조와의 첫 만남에서 그의 마음을 사로잡았던 것으로 보아 또한 그럴 만한 성품과 화술도 갖추었던 것으로 판단된다.

신도비명과 졸기에서 한명회의 공적 생활은 비슷한 내용으로 기록되어 있다. 정치적으로 계유정난과 단종복위 사건의 진압, 남이 사건과 성종 즉위의 공적 등은 1등의 공으로 당연히 기재되어 있다. 그러나 이외에도 체찰사로서의 지방 근무 경험과 수렴청정기의 보필, 명나라로의 사행길 등이 아울러 언급되고 있는데, 이러한 일련의 행보는 왕조의 질서가 형성되는 과정에서 그가 했던 중요한 역할의 비중을 시사하는 것이다.

세조가 세상을 떠난 후 차기 왕위의 계승은 간단치 않은 문제였다. 왕위를 계승한 예종과 성종은 모두 한명회의 사위였다. 예종은 세조의 차자였으나 장남이 사망한 후 세자의 지위에 올랐고, 무난하게 왕위를 이을 수

〈세조 어진〉

있었다. 남이 사건은 이때 발발한 것이었다. 이 사건은 정치적으로 볼 때, 세조 말년 이시애 난을 진압하면서 떠오르던 신흥 무장 세력을 제거한 것이었다. 종친으로서 막강한 힘을 키우던 구성군은 성종이 즉위하면서 바로 제거되었다. 그러므로 세조 사후 왕위계승 과정에서 한명회 등의 훈신과 경쟁 관계에 있던 여타 정치세력은 단계적으로 거세되었던 것이다. 척신이며 훈신으로서 한명회는 정치적 투쟁에서 끝까지 승자로 남았다. 성종의 재위 초반 그는 재상의 지위로서 승정원에 머물면서 정사를 보좌하는 원상院相의 한 명이었고, 정희왕후의 수렴청정을 사실상 이끄는 실력자이자 왕실의 보필자 역할을 감당하였다.

그는 흔히 정치투쟁의 책략가이며 모사로서 알려져 있는데, 그에 못지않게 체찰사體察使로서 오랫동안 지방에 머물렀던 전문 관료로서의 모습도 갖추고 있다. 그는 세조의 재위 14년 동안 14차례 체찰사로 지방에 파견되었다. 그는 하삼도下三道에 파견되기도 하였지만, 주로 양계와 황해 및 강원도 등의 북방 4도에서 근무하였다. 그의 체찰사 임무는 일시적인 것이 아니었다. 그는 1회 파견에 평균 90일 정도를 파견 지역에서 체류하였고, 1463년(세조 9)의 경우에는 무려 326일을 현지에 머물기도 하였다.

김종서·이징옥이 정치적 갈등 과정에서 숙청되면서 야기되었던 북방의 위기 상황과 단종복위 사건으로 술렁이던 지방의 동요를 한명회가 파견되어 진정시키는 역할을 담당하였다. 통상 책략가들이 중앙 무대를 지키면서 정치적 공작에 전념하는 것과는 다른 면모였다. 더구나 이 지역에서 북방의 여진족을 제압하면서 군사 동원 체제를 정비해야 하는 간단치 않은 임무를 수행했다는 점에서 그는 국방 문제의 실무적 전문가로서도 대단한 수완을 발휘했다고 할 수 있다.

그는 이 지역의 수령 발탁에서부터 군제의 정비와 무력을 동원한 여진 압박까지 거의 모든 일을 처리했고, 이에 대한 세조의 전폭적인 지지를 받았다. 1468년(세조 14) 함경도에서 이시애의 난이 발발했을 때, 서울에 있던 한명회가 투옥되었던 것은 이곳에서 그의 존재가 차지하던 비중을 역설적으로 시사하는 것이었다. 어떻든 김종서 등 북방 전문가를 제거하면서 정권을 잡았던 세조대에 북방 여진이 큰 문제가 되지 않았던 데는 한명회의 북방 4도에서의 고군분투가 나름의 기능을 발휘한 것으로 이해된다.

국왕 유고와 버팀목 역할

예종 때의 한명회는 과거의 국구國舅였다. 한명회의 딸과 손자는 예종이 국왕에 즉위하기 이전에 사망하였고, 다시 외척으로서의 지위를 가질 가능성은 없었다. 한명회는 왕실의 지친과 혼인 관계를 맺기는 하였다. 1467년(세조 13) 정월 의경세자의 둘째 아들인 자을산군者乙山君과 둘째 딸을 혼인시켰다. 자을산군의 모친인 수빈粹嬪은 이 해 10월 생사를 넘나드는 중병을 앓았고, 한명회는 자신의 영향력이 미치는 장사치 허계지의 집에서 수빈의 간호를 주선하기도 하였다. 이 무렵 한명회는 이시애의 난으로 정계의 핵심에서 멀어진 상태였다. 예종의 나이가 20세가 되지 않은 시점이었고 이미 아들도 있었기 때문에 자을산군의 왕위 등극은 생각하기 어려웠다. 그러나 예종이 갑작스럽게 사망하고, 왕위는 전격적으로 자을산군에게 계승되었다. 세조비 정희왕후는 왕실의 어른으로서 청정聽政을 단행하게 되었다.

청정은 소수의 공신과 정희왕후의 친인척이 요직에 포진한 상태에서 이루어진 것이었고, 그에 따른 부작용도 적지 않았다. 그럼에도 어린 국왕이 즉위한 상태에서 극심한 정치적 갈등 없이 성종의 왕권이 안정될 수 있는 배경이 된 것도 사실이다. 이런 점에서 정희왕후의 청정은 왕권을 보호하고 성종의 위상을 강화한 것으로 이해할 수 있다. 한명회는 정희왕후의 청정 기간에 원상으로 있었고, 겸판병조兼判兵曹로 무관의 인사권을 장악하고 있었다. 성종의 집권 초기 왕권의 버팀목으로서 기능하였다. 그는 1471년(성종 2) 좌리공신佐理功臣이 지정될 때, 1등 공신이 되었을 뿐만 아니라 다수의 친인척과 측근 인물을 공신에 포진시켰다. 한명회는 정희왕후 집안과 중첩되는 혼인 관계로 연결되어 있었고, 인수왕후와도 성종을 통해 인척으로 연결되어 있었다.

왕실과 밀접한 척족으로서의 한명회가 가진 정치적 입장은 성종의 친부親父 추존 과정에서 적나라하게 드러난다. 성종의 친부는 1456년(세조 2) 세자로서 사망하였다. 당시의 세자빈 수빈은 미망인으로 생존하였고, 성종대에 막강한 영향력을 행사하는 막후의 실력자가 된다. 성종의 친부 의경

광릉

세자懿敬世子에 대한 추존은 그를 종묘에 부묘하고 덕종德宗이라는 묘호를 올리는 것으로 일단락되지만, 그 과정에는 복잡한 정치적 사안이 개입되어 있었다.

12세에 즉위한 국왕은 정희왕후의 대리청정과 원상의 집단적 옹호를 존립의 근거로 삼고 있었다. 그러나 예종의 친자인 제안대군이 있었고, 친모형인 월산군도 종법상 왕위 계승이 가능하였다. 종친 중에 공신과 영의정을 거친 구성군과 같은 출중한 인물도 있었다. 성종의 왕권이 명분상으로도 확고해질 정치적인 필요성이 대두되었다. 그 작업은 성종의 친부인 의경세자의 지위를 조정하는 형태로 나타났다. 성종 원년 논의 사항은 의경세자를 왕으로 추숭하고 세자빈이었던 수빈을 왕비로 승격시키는 것이었다. 또 예종이 세자빈으로 맞이하였던 한명회의 딸 장순빈章順嬪을 왕비로 소급하여 추봉하고 예종을 종묘에 부묘할 때 함께 부묘하기로 논의하였다. 논의 결과 의경세자는 의경왕懿敬王으로, 수빈은 인수왕비仁粹王妃로 그

칭호가 결정되었고, 장순빈은 장순왕후로 승격하여 부묘하기로 하였다.

성종의 친모로서 인수왕비는 세조의 맏며느리였지만, 왕위를 실제로 계승하였던 예종의 인혜왕비에 비해 서열은 낮은 상태였다. 왕비의 지위를 인정받게 된다면, 이러한 서열 관계는 조정될 필요가 있었다. 또 남편인 의경왕이 종묘에 부묘되지 못할 경우 그의 왕비로서의 지위는 완전하지 못한 것이었다. 한명회의 딸을 장순왕후로 추숭함으로써 예종비 인혜왕비仁惠王妃는 계비로서의 지위를 갖게 되었다. 이는 맏며느리인 인수왕비의 지위를 한층 강화시키는 배경이 되었고, 향후 인수왕비를 우위의 서열에 위치시킬 수 있는 중요한 명분이 되기도 하였다.

조선에 의해 왕의 지위가 선언된 의경왕에 대해 중국에 고명誥命을 요청할지에 대한 검토도 있었지만, 고려 때도 이런 경우 요청하지 않았다는 점을 들어 요청하지 않기로 하였다. 또한 의경왕의 신주를 종묘에 부묘하지는 않고, 별도의 묘를 세워 장자인 월산대군이 제사를 받들도록 하였다. 의경세자를 의경왕으로 추숭한 것이 국가적인 차원의 조처가 아니라 국왕의 사친에 대한 개인적인 효의 차원에서 이루어진 사안으로 한정지었던 것이다. 그럼에도 1471년(성종 2년) 의경왕의 추숭과 인수왕비의 책봉이 공식적으로 이루어진 후 예종비와 인수왕비의 서차는 다시 논의되었다. 처음 수빈을 인수왕비로 추숭하기로 결정하였을 때, 신숙주는 형제의 서열에 따라 세조의 첫째 며느리인 인수왕비를 예종비인 왕대비보다 상위 서열로 할 것을 주장하였다. 신숙주의 이런 주장이 그 시점에서는 수용되지 않았다. 그러나 1471년 11월 예종이 장순왕후와 함께 종묘에 부묘된 후, 결국 1472년(성종 3년) 청정 중인 대왕대비의 지시로 인수왕비를 상위로 하는 서열을 확정하였다.

1471년(성종 2) 의경왕에 대한 명의 인정을 요청하는 문제에 대해 반대 여론이 우세했지만, 한명회는 의경왕 사안이 정통의 문제는 아니고 사은

종묘

私恩이지만, 그럼에도 주청이 필요하다는 주장을 개진하였다. 여전히 명에 대한 의경왕의 책봉 요청은 반대가 우세했고, 신숙주도 반대 의견에 동조하고 있었다. 의경왕의 사묘私廟가 완성된 후, 1474년(성종 5년) 국왕은 의경왕에 대한 지위 인정을 명에 요청하고 싶다는 의사를 밝히고, 대신들의 의견을 구하였다. 여전히 반대 의견이 우세했지만, 한명회는 찬성하는 주장을 제시하였고, 신숙주도 이 시점에서는 한명회와 의견을 같이하고 있었다. 이들의 의견을 수용하여 의경왕 지위를 명에 인정해줄 것을 요청하기로 결정하였다. 주청의 방식에 대해서 신숙주와 다시 논의하였다.

이제 의경왕懿敬王의 추봉追封을 주청奏請하는 사안은 중대합니다. 만약 인준을 받지 못한다면, 왕호王號를 일컫기가 어려우니, 요청하지 않으면 그만이겠으나, 한다면 반드시 승인을 얻어야 합니다. 만일 성절사聖節使가 가는 편에 붙여서 주청한다면 중국 조정에서 절실하지 않게 여길 것이니, 마땅히 삼공三公 중 한 사람을 보내어 중국 조정으로 하여금 주청이 지극한 정성에서 나온 것임을 알게 해야 할 것입니다. 지금 한명회는 발에 병이 났으니, …(중략)… 신이 가기를 청합니다.

인용문에서 보이는 것처럼 주청 요청은 잘못하면 이제까지 진행된 의경왕의 왕호 부여가 모두 무산될 수 있는 심각한 사안으로 이해되고 있었다. 이 논의를 통해서 성종은 신숙주의 주장을 수용하여 이 문제를 정승이 사신으로 가서 해결해야 할 중차대한 문제로 처리하기로 결정하였다. 이에 대해서는 여전히 찬성하지 않는 의견이 우세하였는데, 특히 임사홍이 대표한 예문관은 강렬한 반대 상소를 제기하였다. 이에 대해 신숙주와 한명회가 주도하여 이들에 대한 처벌을 주장하였고, 성종은 이를 무마하는 선에서 논의를 정리하였다. 이런 상황은 반대의견을 묵살하기 위한 정치적 고려에 의해 만들어진 것으로 생각된다.

〈신숙주 초상〉

신숙주의 정치적 판단에 의해 김질을 주청사로 파견하기로 하였고, 그를 우의정으로 승진 임명하여 주문사의 격을 통상적인 사신보다 한층 상향 조정하였다. 1475년(성종 6) 정월 김질과 부사 이계손은 명에서 의경왕을 회간왕으로, 인수왕비를 회간왕비로 책봉하는 고명을 갖고 귀국하였다. 명으로부터의 고명이 승인되자 다음 단계로 의경왕을 종묘에 책봉하는 문제가 제기되었다. 명으로부터 조선 국왕의 지위를 인정받고 회간왕으로 시호도 받았기 때문에 당연히 종묘에 부묘해야 한다는 주장이었다. 지금처럼 의경왕을 별묘에서 모실 경우 회간왕비로 책봉된 인수대비를 종묘에 부묘할 수 없다는 문제점도 지적되었다.

애초 의경왕에 대한 국왕 지위 인정을 중국 측에 요청하는 문제를 반대했던 다수의 관원은 성종이 예종에 대해서 이미 죽은 아버지 '황고皇考'로 지칭하였으므로 의경왕을 큰아버지인 '백고伯考'로 불러야 하는 문제, 종묘에 신주를 모실 공간이 부족하여 의경왕의 부묘祔廟에 따라 정종의 신주를 종묘에서 옮겨야 하는 문제에 대한 심각한 논란을 벌였다. 1475년(성종 6) 논의 과정에서 이파는 의경왕을 '백고'가 아닌 '황고'로 일컬을 것을 주장하기도 하였고, 일부 관원은 이에 동조하기도 하였다. 결국 이 사안은 대비와 성종의 결정으로 성종의 사친인 의경세자에게 덕종德宗으로 묘호를 올리고 백고를 지칭하면서 종묘에 부묘하는 것으로 일단락되었고, 성종의 왕권은 예종뿐 아니라 덕종의 지위 계승자로서의 정치적 상징도 갖게 되었다. 성종이 친부 의경왕을 덕종으로 추숭하여 종묘에 부묘한 후 불과 4일 뒤에 정희왕후의 청정이 철회되었는데, 이는 성종의 왕권이 명분상으로도 확고한 기반 위에 섰기 때문이었다.

정리하면, 성종은 예종의 입후立後 형식으로 왕위를 계승하였지만, 예종에게 아들이 있었다는 사실로 종법적 지위가 애매하였다. 친부의 추숭 작업은 성종 왕권의 명분상의 약점을 보완하는 작업이었고, 현실적으로 인수왕비의 서열과 향후 종묘에서의 지위를 결정하는 과정이었다. 한명회의 딸을 왕비로 추숭함으로써 인혜왕비를 계비로 지위를 조정하였고, 이어서 인수왕비의 인혜왕비에 대한 서열상의 우위를 결정하였다. 성종 친부의 조선 내부의 추숭 작업과 그 결과를 명으로부터 추인받는 과정에서 한명회가 실질적으로 사안을 주도하였다. 한명회의 정치적 이익과 왕실의 종법적 지위 강화 의도가 상호 일치하는 결론에 도달한 것이었다.

대명 관계에서의 헌신과 정치적 위상

성종의 치세 초기에 한명회의 정치적 입지가 안정적인 것만은 아니었다. 그는 대간의 집중적인 견제 대상이었고, 그러한 도전을 받을 때, 정희왕후는 한명회를 위한 확실한 방패막이의 역할을 수행하였다. 성종비 공혜왕후의 사망은 한명회의 정치적 입지에 불리한 요소였다. 1474년(성종 5) 한명회의 딸이자 왕비였던 공혜왕후가 후사 없이 사망하였다. 한명회로서는 예종비에 이어 왕비로 선택되었던 자신의 두 번째 딸을 잃었고, 차기 왕위 계승자가 될 수 있는 후손을 얻을 수도 없었다. 실망스럽고 낙담되는 상황이었겠지만, 한명회는 이런 개인 신상의 변화로 위축되거나 좌절하는 성향의 인물은 아니었다. 그럼에도 왕비의 사망으로 한명회는 성종에게 전처의 부친이 되었고, 인척으로 국왕과 연결된 관계망이 약화되었던 것도 엄연한 현실이었다.

정희왕후의 청정은 친인척을 배경으로 시행되고 있었고, 한명회는 겸판병조로 초기 성종 왕권의 기반이기도 하였다. 성종 초기 정치 운영의 구조는 정희왕후의 청정을 전제로 구성된 것이었다. 그런데 정희왕후의 청정을 철회하고 성종의 친정이 시행되면서 한명회는 한바탕 곡절을 경험하였다. 정희왕후는 1476년(성종 7) 정월 청정의 철회를 원상에게 통지하였는데, 원상의 일원이었던 한명회는 이에 대한 적극적인 반대 의견을 피력하였다. 한명회의 반대에도 결국 정희왕후의 청정은 철회되었고, 성종의 친정이 시작되었다. 이에 따라 한명회는 친정에 대한 반대 의사를 표현한 신하로 곤란한 처지가 되었다. 유자광은 한명회의 처벌을 강력하게 주장하는 2차에 걸친 상소를 올렸고, 대간의 강경한 처벌 건의가 이어졌다. 결국 한명회는 좌의정에서 면직되었다. 한명회가 물러난 후 원상의 혁파가 건의되었고, 약 보름 뒤에 드디어 원상의 혁파가 결정되었다. 대간의 집중적인 공격 대상이 된 한명회는 1477년(성종 8) 군기시軍器寺의 제조提調에서도 물러나야 했다. 이러한 일련의 조처는 한명회의 정치적 영향력과 세력이 약화되는 과정이었다. 그러나 한명회는 그대로 자신의 영향력이 약화되는 것을 방치하지 않고 새로운 방안을 모색하였다.

성종의 친정이 시작된 후 한명회의 정치적 입지는 명과의 관계에서 확보되었다. 당시 조선은 명과 구축된 긴밀한 우호 관계를 강화 지속하려는 노력을 기울이고 있었는데, 한명회는 이에 편승하여 자신의 정치적 지위를 유지하고자 하였다. 한명회는 네 차례나 명나라에 사신으로 파견되었다. 한명회의 사행은 정조사正朝使나 성절사聖節使와 같은 정례적인 것이 아니었다. 명과의 관계에서 특별한 현안이 있을 때, 이의 처리를 위해 명에 파견되었다.

첫 사행이 이루어진 것은 1457년(세조 3)이었다. 그 1년 전에 단종복위 사건이 있었는데, 이에 대한 뒤처리가 진행되는 와중에 왕세자가 병사하고 이어 단종도 사망하였다. 정치적으로 매우 혼란한 상황이 전개되었기 때문에, 차기 왕위 계승자를 확정하는 일은 정치적 상징성이 큰 일이었다. 서둘러 세조는 차자인 해양대군을 왕세자로 책봉하였고, 명으로부터 이를 추인받고자 하였다. 왕세자 책봉은 세조 즉위 직후에 바로 이루어졌지만, 명으로부터 세자 고명을 요청한 것은 1456년(세조 2) 4월이었다. 이때 고명사로 파견된 사람이 한확이었고, 한확은 세자의 장인이기도 하였다. 한확은 임무를 수행하고 귀국하던 도중 사망하였다. 이런 우여곡절을 거쳐 명의 고명을 받은 세자가 이듬해 사망했기 때문에, 경위를 설명해야 하는 정치적 부담을 안고 있었다. 한명회가 이 역할을 감당하기 위해 1457년(세조 3) 11월 명으로 출발하였다. 명은 해양대군을 왕세자로 책봉하였고, 이후 세조는 한명회의 딸을 세자빈으로 맞이하여 한명회를 차기 국왕 예정자의 장인이 되도록 하였다.

1475년(성종 6) 한명회의 두 번째 사행 목적은 바로 의경왕과 인수왕비에 대한 고명을 보내준 명에 대한 감사의 뜻을 표하는 것이었다. 이 사안 자체가 조선과 성종 입장에서 매우 민감한 사안이었기 때문에 한명회는 좌의정으로 명나라 사행 길에 올랐다. 이때의 사행을 통해 한명회는 명나라 조정의 문사에게서 압구정을 읊은 시축詩軸을 받아오기까지 하였다.

한명회의 세 번째와 네 번째 사행은 1480년(성종 11)과 1483년(성종 14)에 이루어지는데, 이는 이제까지와는 달리 자신의 정치적 생명과 연결 지은 것이었다. 명에서는 조선 출신의 환관사신宦官使臣을 종종 파견하였는데, 성종 대에는 이에 더하여 독특한 현상이 전개되었다. 성종의 치세기는 명의 헌종憲宗 통치 시기와 중복되는데, 이때 조선 출신의 궁인宮人 한씨韓氏가 명나라 궁중에서 막강한 영향력을 행사하였다. 한씨는 한확의 여동생으로 1428년(세종 10) 명 선종宣宗의 후궁으로 뽑혀가서, 성종 시기까지 생존하였

송나라(좌)와 명나라(우) 시기 여성복식

명나라 헌종대에 유입된 조선의 여성복식

고, 황제에 즉위한 헌종을 양육한 공로를 인정받아 명나라 궁정에서 여사女師의 직위를 지닌 인물이었다. 궁인 한씨는 성종의 모후인 인수대비와 고모와 조카 관계였고, 조국에 대한 그리움도 있어 조선의 다양한 물품을 개인적으로 요청하기도 하였다. 그러나 이러한 개인적 요청으로 이 시기의 조선 사행은 통상적인 조공 물품에 한씨가 요청한 물품을 준비하는 적지 않은 부담을 추가로 지게 되었다.

한씨가 요청하는 사항은 정동鄭同을 통해서 전달되었는데, 정동은 한씨가 뽑혀갈 때 수행했던 화자火者로 한씨의 세력을 등에 업고 조선에서 자신의 사익을 추구하기도 한 환관사신이었다. 정동은 1469년(예종 1)에 조선에 다녀간 후 1480년(성종 11), 1481년, 1483년 등 세 차례에 걸쳐 조선에 파견되었다. 한명회는 정동과 친밀한 교분을 쌓고 이를 배경으로 자신의 정치적 영향력을 유지 내지 강화할 의사가 있었던 것으로 판단된다.

정동은 한명회와의 친분을 조선과 명의 외교 관계에 개입시키는 시도를 하였다. 정동은 조선측 사행을 통해 통상적인 공물 외에도 궁인 한씨에 대한 물건을 요구하면서 한명회가 직접 가져오기를 희망한다는 의사를 전달하였다. 물론 한명회의 방문 요청이 곧바로 수용되지는 않았지만, 조선과 명의 외교 관계에서 정동과 한명회의 긴밀한 협조가 이루어지고 있음은 분명하게 드러나고 있었다.

이 무렵 명과 건주위 여진 사이의 관계가 급속히 악화되어 무력 충돌로 이어졌다. 1476년(성종 7) 10월경부터 둘 사이의 갈등을 접한 조선은 1478년(성종 9) 명의 요청에 협조하여 어유소가 이끄는 지원 병력을 파견하였다. 어유소의 군대는 압록강이 결빙結氷되지 않았다는 이유로 도강하지 못하고 파진罷陣하여 회군하고 말았다. 그러나 한명회는 파진을 반대하였고, 재기병을 주장하였다. 명과의 우호적 관계 유지에 최대한의 관심을 피력한 성종은 결국 한명회의 주장을 수용하여 윤필상이 지휘하는 군대의 재파병을 결정하였다. 윤필상의 압록강 도강과 회군은 커다란 군사적 성과 없이 종료되었지만, 조선의 입장에서는 명과의 우호 관계가 한층 강화되는 결과를 가져왔다. 한명회는 이 과정에서 자신의 공로를 십분 인정받을 수 있었다.

1479년(성종 10) 조선의 협조에 대한 명의 감사를 담은 사행에 정동이 정사로 파견되었다. 조선에서는 당시 무기의 원료로 중국이 무역을 금지하던 궁각弓角의 교역과 왕비의 책봉 등 현안이 있었는데, 정동은 이에 대한 사절로 한명회를 직접 요청하면서 자신이 북경에서 한명회를 대접하고 싶다는 의사를 피력하였고, 이런 요청이 수용되어 한명회는 명에 사신으로 가게 되었다.

1480년(성종 11) 있었던 이 세 번째 사행은 명과의 미묘한 정치적 사안을 담고 있었다. 성종이 국왕이 되기 전 혼인하였던 한명회의 딸은 1474년(성종 5) 사망하였다. 1476년(성종 7) 숙의 윤씨를 비어있던 중전의 자리에 앉히기로 하였고, 중전으로 책봉된 윤씨는 3개월여 만에 원자를 출산했다. 윤씨 왕비는 이듬해 2월 명에서 왕비임을 인정하는 고명誥命을 보냈는데, 3월에는 폐비가 논의될 만큼 성종과 왕비의 사이가 급속하게 악화되었다. 결국 1479년(성종 10) 여러 관원들의 반대에도 불구하고 폐비를 결정하였다. 명의 고명을 받은 왕비를 2년여 만에 폐출하였는데, 대외적으로 폐출의 이유가 분명하지 않았기 때문에 새로운 왕비를 세워서 다시 명에 고명을 요청하는 문제는 간단치가 않았다.

한명회는 성종에게 새로 맞은 왕비의 책봉 문제를 논의하면서, 이어 폐비 소생 원자元子의 왕세자 책봉 문제도 거론하였다. 한명회는 이 해 12월 명으로의 사행 길에 올랐는데, 명 헌종의 측근 환관인 정동과의 친분을 배경으로 명에서 환대받았고, 자신의 임무도 무사히 수행하였다.

1481년(성종 12) 정동은 왕비 고명을 갖고 조선에 다시 파견되었다. 이때 정동은 한명회의 압구정 정자를 방문하기를 희망하였다. 한명회는 국왕에게 장막을 요청하였고, 이러한 요청이 묵살되자 압구정에서의 환영 행사를 할 수 없다며 자신의 불만을 표출하였다. 성종은 이러한 한명회의 태도를 불경죄로 이해하였고, 대간은 이에 대해 집중적인 문제 제기를 하였다. 이 일로 한명회는 파직되었다. 한명회는 정동을 대접하는 사안이 국가적인 비중이 있는 중대사로 이해하였던 것으로 추정되고, 성종은 한명회와 정동 사이의 사적인 친밀을 배경으로 한 접촉과 전횡을 차단할 필요를 느꼈을 것으로 판단된다.

이런 우여곡절에도 불구하고 한명회는 여전히 명과의 관계를 통해 자신의 정치적 영향력을 유지하였다. 한명회는 12월에 다시 복직이 결정되었고, 1483년(성종 14) 세자의 책봉을 요청하는 사절로 다시 명에 파견될 수 있었다. 1482년(성종 13) 원자의 생모를 사시賜死하도록 결정하면서, 원자의 지위가 모호해졌다. 이듬해 당시 8세였던 원자의 세자 책봉이 서둘러 진행되었는데, 이미 논의 초기에 명에 파견할 사신으로 한명회가 결정되었다. 한명회는 물론 이 문제를 성공적으로 수행하였다. 그러나 정국에는 새로운 변수가 돌출하였다.

한명회가 사행 중이던 1483년(성종 14) 4월 정희왕후가 사망하였다. 2월에 출발했던 한명회는 6월에 복명하였는데, 이 시점은 정희왕후의 발인과 장례 절차가 진행되는 때였다. 한명회의 사행에서의 성과는 주목될 겨를이 없었다. 7월에 정동이 다시 왕세자 책봉 사절로 조선에 파견되었는데, 8월에 명에서 궁인 한씨의 사망 소식이 전해졌고, 서둘러 귀국하던 정동도 귀국길에 사망하였다. 정동의 사망 소식이 전해진 5일 뒤에 한명회는 사직 상소를 올렸다. 물론 사직은 반려되었지만, 그의 사직은 국내외 정치적 후원 세력의 갑작스러운 사망으로 한명회 자신이 받은 충격이 작지 않았음을 보여주는 것이다. 이때 한명회는 만68세로 70세를 바라보는 나이였고, 건강도 급속히 악화하였다. 한명회는 1487년(성종 18)까지 생존하면서 국척이자 원로로서 대접을 받기는 하지만, 그의 정치적 생명은 사실상 이 시점에서 종료되는 것으로 생각된다.

한명회의 정자 압구정

한명회는 1457년(세조 3) 첫 번째 사행에서 조선에 사신으로 왔던 예겸倪謙에게 자신의 정자에 적합한 기명記名을 부탁하였고, 예겸은 이를 수락하여 정자 이름을 압구狎鷗로 정하고 장문의 기문을 작성하였다. 이어 1475년(성종 6)의 사행에서는 한명회의 청으로 명 조정의 문사들이 이를 주제로 시축을 만들어 준 것이었다.

겸재 정선의 〈압구정도〉

압구정이 만들어진 시점은 명확하지 않다. 서거정이 쓴 신도비명에 '만년에 … 성 남쪽에 정자를 짓고 편액을 압구정狎鷗亭이라고 하였으며, 늙음을 고하고 사직을 청하고자 하였다.'라고 언급한 바가 있다. 압구정이라는 이름이 조작하려는 기심機心을 버리고 기러기와 노닐겠다는 마음을 담았다는 점에서 서거정의 언급은 그럴듯해 보인다. 그러나 이는 한명회를 미화하려는 의도로 사실을 곡해한 것이다.

〈압구정기〉를 작성한 명나라의 예겸은 1457년(세조 3) 겨울에 한명회가 중국에 사신으로 왔다가 자신에게 정자의 이름을 청하여서 압구정으로 정해준 사실을 기록하고 있다. 1453년 한명회가 38세에 계유정난에 참여하였고, 이로부터 5년 지난 42세에 중국 사행에 나선 것인데, 이 무렵은 한명회가 한창 우뚝 솟구치는 시점이라고 할 수 있다. 1456년 6월 단종복위 사건이 발생하였다. 이듬해 9월에 세자가 병으로 사망하였고, 11월에 한명회는 새 세자의 책봉을 요청하는 사안으로 중국 사행에 나섰다. 그리고 이 사행에서 예겸을 만나 정자의 이름을 청하였다는 것이다.

1453년 10월에는 계유정난을 일으켰다. 1455년 윤6월 세조의 즉위가 이루어졌는데, 바로 다음 해에 단종복위 시도가 발생하였고, 이어 어수선한 정국 상황이 이어졌다. 이런 와중에 세자가 병사하였고, 해양대군이 세자의 자리를 이어받으면서 중국에 이를 승인해 달라는 요청을 하게 되었다. 불과 몇 년 사이지만, 이 기간에 조선의 정국과 사회는 불안정한 분위기가 계속 이어졌다. 압구정은 이런 어수선한 상황에서 세워진 셈이다. 한명회가 첫 중국 사행 시점에서 이미 압구정을 건축했다는 기록을 신뢰한다면, 압구정은 정난으로 실권자의 대열에 선 한명회가 곧바로 정자를 세운 것이다. 정난에 참여할 시점에 이미 40을 바라보는 나이였고 나름대로 품었던 뜻을 실현했으므로 일선에서 물러나 조용한 일상을 영위할 뜻이 있었던 것일까?

예겸은 저명한 중국의 관원이었다. 조선이 시문이 능한 나라였기 때문에 중국에서 문신을 보낼 때는 시를 짓는 관인을 선별하여 파견하였다. 예겸은 1439년 중국 문과 3등 합격자였고, 일명 탐화探花라 칭해지는 갑과 합격자는 중국이 문관 사신을 파견할 때 통상 선택하는 대상이었다. 예겸은

1449년(세종 31) 12월 조선에 사신으로 와서 경제景帝의 등극을 알렸다. 당시 명은 오이라트와의 전쟁에서 영종英宗이 포로로 잡히는 참패를 겪었고, 그 여파로 경제가 등극하였다. 조선의 세종과 세자(문종)는 당시 병환을 이유로 예겸 일행을 직접 맞이하지 못했다. 수양대군이 이들을 맞았고, 정인지, 신숙주 등이 예겸과 시를 나눈 창화집이 작성되기도 하였다. 명에서는 조선에 군사적 도움을 기대하기도 하였지만, 조선에서는 에둘러 이를 거절하였다. 당시 한명회가 예겸을 개인적으로 만날 처지는 아니었을 것이지만, 한명회의 첫 사행에서 예겸에게 정자의 이름과 기記를 지어 받을 수 있었던 데는 이때의 인연이 어떤 식으로든 작용했을 것으로 판단된다.

예겸은 장문의 〈압구정기〉를 지으면서 송나라 한기韓琦가 압구정을 지은 전래를 끌어온다. 큰 공을 세웠던 젊은 재상이 천수를 누렸는데, 정치 일선에서 물러나 기러기와 가까이 지내고자 압구정을 세웠다는 것이다. 어떻든 한명회는 세자의 책봉을 요청하는 사명을 달성하였고, 개인적으로는 예겸에게서 정자명 '압구정'과 그 이름의 사연을 적은 〈압구정기〉를 받아 귀국하였다. 이 시점까지 압구정은 한명회 개인의 정자였다. 국가적인 차원에서 주목받는 장소는 아니었다.

압구정은 두모포豆毛浦 건너편에 세워진 정자로, 두모포는 한강의 내륙 수운을 통해 서울로 각종의 물자가 유입되는 통로였다. 뿐만 아니라 이 일대는 경치가 볼만하여 동호東湖라는 별칭이 있었다. 서울로 유입되는 물류의 핵심 장소였던 이곳을 경관으로 주목한 것이 한명회 이전부터였는지는 뚜렷하지 않다. 그러나 이곳은 중국 사신의 유람 코스에 포함되었던 것으로 보아 천도를 통해 서울이 자리 잡은 이후 일대의 경관이 나름의 방식으로 소비되기는 했을 것이다. 한명회는 강 건너 언덕에 정자를 세웠고, 이후 두모포 일대는 정자를 세워 경치를 즐기는 서울의 명소 중 한 곳이 되었다.

1475년(성종 6) 한명회는 두 번째 명 사행에 나섰다. 성종의 친부에게 왕호를 올리기로 하였는데, 명으로부터 이에 대한 고명誥命을 받는 데 성공하였다. 한명회는 이에 대한 사은사로 출사한 것이다. 그런데 이 사행을 통해 한명회는 중국의 문사 관인들로부터 압구정을 읊는 수십 편의 시를 얻어 시축을 작성하였다. 물론 사행은 성공하였고, 조선에서도 관인들이 앞다투어 압구정을 노래했는데, 성종도 이에 참여하였다. 한명회의 압구정은 동아시아의 유명한 명소가 되었다. 중국의 사신이 와서도 압구정의 잔치에 참여하는 것이 당연한 일정이 될 정도였다. 물론 이 때문에 사달이 나기도 하였다. 조선 출신 사신 정동이 왔을 때, 정동은 성종의 잔치보다 한명회의 압구정 잔치를 더 기대하였다. 한명회는 국왕이 사용하는 용봉차일龍鳳遮日을 빌려서 압구정의 건물 사이에 사용하려 하였다. 국왕 성종은 임의로 움직이는 한명회에 불 같이 화를 내었고, 이는 한명회 개인의 정치적 위축으로 이어져서 말년의 한명회가 몰락하는 계기가 되었다.

중국의 문인들은 한명회의 정자에 왜 시문을 덧붙이려 하였을까? 여기에도 이유가 있었다. 명의 헌종은 우여곡절 끝에 황제에 등극할 수 있었다. 치세 초기에 건주위 여진과 마찰이 있었고, 군사적 정벌을 단행했으나 뚜렷한 성과를 얻지 못했다. 1467년 이시애 난의 정벌에 참여했던 강순과 남이의 군대는 명의 협조 요청으로 압록강 일대의 건주 여진을 공략하였다. 이 일대의 대표적 추장이었던 이만주와 그의 아들 및 손자가 이 공략으로 죽음을 맞았다. 명으로서는 뜻밖의 전과를 얻게 되었다. 세조는 명에 고분고분한 군주는 아니었지만, 이 일로 명에 협조하는 최고의 조선 국왕으로 기억되었다. 이만주가 제거되었지만, 여당의 준동이 이어졌고, 한동안 건주위 지역은 명과 조선 양측의 부담으로 남게 된다. 명으로서는 조선의 협조가 최선의 방책으로 판단되었다. 이런 시점에서 한명회가 명에 출사하였다.

한명회를 통한 조선의 요청은 성종의 친부에게 왕호王號를 내려달라는 것이었고, 명으로서는 하등의 부담이 없는 사안이었다. 명이 이 요청을 흔

쾌히 수락한 데는 여러 설명 요소가 있지만, 당시의 군사적 협조 기대가 가장 큰 배경이었다고 할 수 있다. 한명회는 조선에서 막강한 영향력을 가진 재상이었고, 명에도 여러 연줄이 작동하는 인물이었다. 명의 조신들이 앞다투어 압구정을 예찬한 것은 국가적 이해와도 얽힌 나름의 이유가 있었던 셈이다. 한명회의 사행은 성공적이었고, 개인적으로 당대의 명사들이 참여한 방대한 시축詩軸을 얻어 귀국할 수 있었다. 조선에서도 이에 부응하여 너도나도 예찬시를 작성하였고, 국왕 성종도 이에 참여하였다.

압구정이라는 이름에는 정치 일선에서 물러나 한가한 삶을 추구하라는 예겸의 충고가 담겨 있지만, 당시 조선의 상황과 한명회의 처지가 이를 따를 형편이 아니었다. 압구정을 노래한 중국과 조선의 수십여 편의 시는 《동문선》, 《신증동국여지승람》 등에 나누어 수록되었는데, 당시 최고로 평가된 것은 최경지崔敬止의 시였다.

임금이 하루에 세 번이나 은근히 불러 보아 총애가 흐뭇하니,	三接殷勤寵渥優
정자는 있으나 와서 놀 틈이 없구나.	有亭無計得來遊
가슴 가운데 기심만 끊어졌다면,	胸中自有機心靜
벼슬 바다 앞에서도 갈매기를 친압할 수 있으련만.	宦海前頭可狎鷗

이 시는 《연려실기술》에도 수록되었는데, 한명회가 이 시만은 압구정 벽에 걸기를 거부했었다는 일화를 함께 기록하고 있다. 시에 담긴 조롱이 한명회로서 불편했음은 굳이 언급할 필요가 없겠다.

1487년(성종 18) 한명회의 죽음을 기록한 졸기에는 장문의 내용에 이어 사관의 논평을 끝에 덧붙이고 있다. 당시에 그가 어떻게 이해되었는지 적절히 평가할 뿐 아니라 오늘의 시각에서도 한 인물의 생평을 요약해볼 수 있는 잘 절제된 내용이다.

> "한명회는 젊어서 유학儒學을 업으로 삼아 '학문을' 이루지 못하고, 충순위忠順衛에 속하여서, 뜻을 얻지 못하고 불우하게 지내다가, 권남權擥과 더불어 문경교刎頸交를 맺고, 권남을 통하여 세조가 잠저에 있을 때에 알아줌을 만나, 큰 계책을 도와 이루었는데, 그 공이 제일을 차지하였다. 10년 사이에 벼슬이 정승에 이르렀고, 마음속에 항상 국무國務를 잊지 아니하고, 품은 바가 있으면 반드시 아뢰어, 건설한 것도 많았다. 그러므로 권세가 매우 성하여, 추부趨附하는 자가 많았고, 빈객이 문에 가득하였으나, 응접하기를 게을리하지 아니하여, 한 시대의 재상들이 그 문에서 많이 나왔으며, 조관으로서 채찍을 잡는 자까지 있기에 이르렀다. 성격이 번잡한 것을 좋아하고 과대하기를 기뻐하며, 재물을 탐하고 색을 즐겨서, 전민田民과 보화寶貨 등의 뇌물이 잇달았고, 집을 널리 점유하고 희첩姬妾을 많이 두어, 그 호부豪富함이 일시에 떨쳤다. 여러 번 사신으로 명나라의 서울에 갔었는데, 늙은 환자 정동鄭同에게 아부하여, 많이 가지고 간 뇌물로써 사사로이 황제에게 바쳤으나, 부사副使가 감히 말리지 못하였다. 말년에 권세가 이미 떠나자, 빈객이 이르지 않으니, 초연히 적막한 탄식을 하곤 하였다. 비록 여러 번 간관諫官이 논박하는 바가 있었으나, 소박하고 솔직하여 다른 뜻이 없었기 때문에 그 훈명勳名을 보전할 수 있었다."

압구정 문화 향유하기

압구정은 조선시대를 일관하여 두모포 일대 한강의 수려한 경관과 어울려서 조선의 상층부가 향유한 고급문화를 상징하였다. 이 일대는 중국 사신이 왔을 때도 안내하여 경치를 즐기고 유흥하는 공간으로 소비되었다. 이러한 역사적 행위와 기억의 시작이 한명회의 압구정이었다. 압구정은 정치 일선에서 물러나 한가로움을 즐기고자 하는 소망을 담은 이름이었지

압구정로

만, 조선에서의 실체는 이와는 한참 거리가 있었다. 한명회는 계유정난이라는 쿠데타의 주역으로 극적으로 조선의 정치 전면에 등장하였고, 이후 파란만장한 정치 여정을 겪은 인물이었다. 압구정은 한명회의 면모를 요약하여 드러내는 상징처럼 이해되었다.

한명회는 세조의 배향공신이었다. 종묘가 국가 존속의 상징으로 존재하는 한 한명회는 조선이 기억할 공신의 지위를 확보하였다. 그의 업적과 헌신이 넉넉히 이러할 만하지만, 한편으로 사치와 탐욕이 그의 단점으로 명확히 지적되고 기억되었다. 압구정은 그 이름이 의미하는 바와는 반대로 한명회의 화려함과 사치스러움을 드러내는 공간이었다. 한때 이곳은 국왕의 잔치보다 더 멋있고 흥겨운 연회가 설행되는 조선 최고의 놀이 공간이었다. 정선이 한강 일대의 명승을 화폭에 담을 때, 압구정 역시 소재가 되었다. 조선시대를 일관하여 두모포 일대의 명승을 대표하는 상징이기도 하였다.

영월 장릉(위)과 배식단(아래)

한명회와 반대편에 섰던 정치세력이 한둘이 아니지만, 단종복위를 시도했던 주역들은 대표적인 반대 세력이었다. 종묘의 배향공신으로 기려진 한명회에 대비하여 이들은 영월 단종의 무덤, 장릉의 한쪽 구석에 배식단을 두어 기억되었다. 계유정난과 단종복위 시도, 금성대군 사건 등 숱한 정치적 사건에서 명멸한 반대 세력은 모두 배식단에 모아졌다. 안타까움을 담아 기억된 이들의 존재는 유교적 가치인 충과 공의公義의 관점에서 상징이 되었다. 대한민국에서도 한때 이들의 존재는 사육신로, 충신로 등으로 기억장치가 마련되었지만, 이제는 노량진로로 개칭되어 기억의 뒤편으로 물러나 있다. 이곳에 자리 잡은 '사육신묘'도 역사적 실체보다는 기억 공간으로서의 의미가 더 크고, 그 공간에서 기억되어야 할 존재에 대한 사회적 합의도 간단치 않았는데, 그 논의조차 이제는 진부하게 느껴지는 세상이 되었다.

한명회가 교육의 대상으로 삼을 위인의 모습일지는 모르겠으나, 그와 관련된 압구정은 그 자체로 정치색을 띠고 있지 않다는 점에서, 중립적 상징성을 담아 여전히 호흡하는 문화 공간으로서의 위상을 유지하고 있다. 약간은 아이러니하게도, 이 공간은 현재 화려함, 꾸밈, 부유함 등과 연결되어 있는데, 조선시대를 일관한 압구정 공간의 면면과 모습을 그대로 이어가고 있는 셈이다. 역사의 실체로서 한명회나 압구정을, 존재했던 모습으로 기억하기에는, 아니 그 많고 많은 사연을 담은 이 독특했던 인물과 그의 공간을 역사적 실체로서 회자하기에, 오늘의 압구정 일대는 너무 화려하고 분주하여, 이를 반추하여 기억할 여유가, 혹은 그럴 생각이 추호도 없어 보인다.

50

05

훌륭한 모자의 표본

사임당로와 율곡로

- 지폐의 미학
- 율곡로, 신사임당길, 사임당로
- 어머니인가 예술가인가
- 화회문기에 나타난 이이 남매들의 모습
- 이이에 대한 다양한 모습들
- 조선 후기에 재해석된 이이와 신사임당
- 현재도 반복되는 신사임당과 이이의 이미지 변화

제5강

훌륭한 모자의 표본

- 사임당로와 율곡로

이경동 공주대학교 백제문화연구소 연구교수

지폐의 미학

대한민국의 지폐에는 특이한 점이 있다. 우선 지폐에 등장하는 인물들이 모두 조선시대에 살던 사람이라는 것이다. 주화까지 확대해본다면, 100원짜리 동전에 새겨진 이순신까지 모두 조선시대를 대표하는 인물이다. 인물을 제외하고 무궁화(1원), 거북선(5원), 다보탑(10원), 학(500원)으로 구성되어 있으니 우리나라 돈에 포함되기 위해서는 가장 먼저 조선시대에 살아야 하는 것이 1순위인지도 모르겠다.

다른 한편으로 이들은 모두 '공부'로 유명했던 인물들이다. 시대 순서대로 세종대왕, 이황, 신사임당, 이이에 이르기까지 당시 공부로 둘째가면 서러운 사람들이다. 입시와 관련된 학원들이나 교재 등에서도 이들의 이름을 쉽게 찾아볼 수 있다. 그만큼 한국은 옛날부터 공부를 중시한 문화를 가졌는지도 모르겠다. 우스갯소리로 우리나라에서는 공부를 잘해야 지폐에 들어갈 수 있다는 말이 전혀 허언虛言은 아닌 듯하다.

오천원권과 오만원권 지폐

신사임당과 이이는 지폐에 등장하는 인물 중에서는 유일하게 어머니와 자식이 동시에 수록된 사례에 해당한다. 아마 전 세계적으로도 이와 같이 모자母子가 함께 지폐의 모델이 된 사례는 찾아보기 힘들지 않나 싶다.

5천원권에는 앞면에 이이와 함께 이이가 태어난 오죽헌(몽룡실)이 그려져 있고, 뒷면에는 신사임당의 초충도 2점이 그려져 있다. 정치가이자 학자로서 명성을 쌓은 이이와 함께 절대적인 영향을 끼친 '어머니' 신사임당이 5천원권 곳곳에 스며들어 있음을 알 수 있다.

5만원권의 모델인 신사임당은 '어머니'보다는 '예술가'로서의 모습이 더 중심적으로 표현되어 있다. 앞면은 신사임당과 함께 그녀가 그렸다고 알려진 〈묵포도도〉, 〈초충도 수병〉이 배치되어 있고, 뒷면에는 어몽룡魚夢龍의 〈월매도〉와 이정李霆의 〈풍죽도〉가 배치되어 있다. 아마도 신사임당의 예술가적 모습을 강조하기 위해 그녀의 작품과 함께 당대를 대표하는 다른 화가의 작품을 함께 수록한 것으로 보인다.

많은 사람들에게 신사임당은 좋은 어머니의 표상으로 이해되었고, 이이는 그 어머니의 심정을 잘 헤아리는 신동으로 알려져 있다. 그리고 이이는 그의 생애부터 이후에 이르기까지 조선 사회에 강력한 영향을 끼쳤던 인물로 남게 되었다. 이와 더불어 신사임당은 어머니와 함께 예술가로서의 명성도 가졌다. 어머니이면서도 예술가라는 커리어우먼의 모습을 동시에 보였던 신사임당이 더 눈길이 가는 이유는 왜일까.

율곡로, 신사임당길, 사임당로

율곡로는 경복궁 앞 동십자각이 위치한 경복궁 사거리에서 출발하여 안국역~창덕궁~원남동~한양도성박물관~흥인지문~청계천으로 이어지는 약 3.1km의 도로이다. 1966년 서울특별시 승격 20주년을 맞이하여 기념 가로를 명명하면서 이 길을 율곡로로 부르게 되었다고 한다. 율곡로라는 이름에 걸맞게 이 길에는 조선시대와 관련된 다양한 흔적이 남겨져 있다. 조선의 법궁法宮에 해당하는 경복궁·창덕궁·창경궁과 조선 왕실의 의례 공간인 종묘가 율곡로를 중심으로 위아래로 배치되어 있으며, 외국인 관광객들의 필수 코스인 인사동과 북촌 한옥마을도 쉽게 접근할 수 있다. 이이는 자신의 생애를 대사동大寺洞에서 마무리했는데, 대사동이 곧 현재의 인사동이기도 하다.

율곡로 전경(원남로 사거리 일대)

1966년 서울특별시 승격 20주년 기념가로 명명식

창덕궁을 지나면 긴 터널이 우리를 맞이한다. 종묘와 창덕궁·창경궁 사이의 단절된 구간을 복원하고 2022년부터 터널을 조성했는데, 이 터널도 '율곡터널'로 불린다. 율곡터널을 지나면 나오는 원남동에는 수도 서울의 다양한 노포들이 존재하고 있으며, 이 원남동을 지나면 한양도성박물관이 우리를 맞이한다. 잠시 들러 한양도성의 역사와 문화를 느낄 수 있는 박물관이며, 바로 아래에 있는 흥인지문을 통해 조선시대 수도 한양의 위상을 느낄 수 있다. 율곡로의 끝자락에는 청계천을 중심으로 한 쇼핑센터가 존재한다. 율곡로의 마지막에서 번화한 수도 서울의 모습을 느낄 수 있다.

흥인지문과 청계천을 중심으로 펼쳐진 상권은 이미 조선시대부터 형성되었다. 도성의 내외부에 다양한 상점들이 분포되면서 도시에 활기를 불어넣어 주었다. 아마도 신사임당과 이이도 그들이 살아있을 적에 이 길을 걸어봤을 것이다. 지금의 우리와 그때 두 사람은 이 길을 걸으며 무슨 생각을 했을지 궁금해진다.

신사임당로는 동해고속도로의 강릉 톨게이트를 빠져나오면 마주치게 되는 송양초등학교를 시작으로 경포호까지 이어지는 길이 약 16.2km에 달하는 도로이다. 신사임당의 이름이 당당히 붙여져 있는 만큼 신사임당과 관련한 다양한 흔적들을 이 길을 통해 확인할 수 있다. 우선 대표적인 것이 오죽헌이다. 오죽헌은 신사임당의 생가이자 이이가 출생한 곳이기도 하다. 지금도 오죽헌을 방문하면 고즈넉한 분위기에 매료되기도 하는데, 강릉이 해안에 위치한 도시인지 알 수도 없을 정도로 고요하고 평온하다. 오죽헌 내에는 이이가 태어났다는 몽룡실夢龍室이 있으며, 천연기념물로 지정된 율곡매栗谷梅가 오죽헌의 분위기를 북돋운다. 오죽헌 인근에서는 한옥 숙박시설을 비롯한 다양한 먹거리들을 쉽게 찾아볼 수 있다.

오죽헌을 지나 신사임당로를 따라가면 경포호와 경포대를 만날 수 있다. 경포호는 관동 8경의 하나로 호수 주위의 소나무숲과 호수가 장관을

강릉 오죽헌 전경(위)과 율곡매(아래)

이룬다. 경포대는 경포호를 바라보며 조성된 2층 누각 건물이다. 1326년(고려 충숙왕 13)에 건립되었다고 한다. 경포대에 올라 경포호를 바라보면 경포호의 전체적인 경관을 파노라마처럼 감상할 수 있다.

강릉에 가서 경포호에 있다 보면 세상을 잊고 사색에 잠기게 된다. 바다와 호수를 함께 감상할 수 있는 곳으로 매력적인 공간이다. 아마도 이이는 시끄러운 조정을 잊고 잠시 사색에 잠기는 것을 희망하지 않았을까.

사임당로는 강남역 5번출구를 나오면 만나게 되는 첫 번째 사거리에서 시작하여 서울교육대학교를 지나는 약 1.8km에 달하는 직선 도로이다. 1984년부터 이 길을 사임당로로 명명했다고 한다. 신사임당과 직접적인 관련은 없지만 아마도 초등교육의 산실인 서울교육대학교와 이이를 비롯한 자녀들을 훌륭하게 키운 신사임당을 연관시켜 사임당로로 삼은 것으로 추정된다. 신사임당은 자녀들에게 유교 경전 학습 등 다양한 형태의 교육을 직접하였다는 점에서 교육의 아이콘으로 알려져 있다. 자신이 가진 지식을 바탕으로 지식의 전달과 함께 예절학습 또한 병행했다. 신사임당에게 이 길이 어떤 의미로 다가올지 궁금하다.

사임당로

어머니인가 예술가인가

이이의 어머니에 대한 기억은 이이가 직접 작성했다고 알려진 행장行狀을 통해서 확인할 수 있다. 행장은 사람이 죽은 뒤에 그 사람의 평생 행적을 기록한 글이다. 대체로 사망한 사람과 가장 가까운 인물이거나, 문장가로서 사자死者 가족의 부탁으로 작성하는 경우가 일반적이다. 신사임당의 행장은 이이가 직접 작성했는데, 이이의 문집인 《율곡전서栗谷全書》에는 〈선비행장先妣行狀〉 즉 '돌아가신 어머니의 행장'이라는 이름으로 수록되어 있다. 그 내용을 일부 발췌하면 다음과 같다.

> 어머니는 서울로 돌아오신 뒤에 수진방壽進坊에 살았는데, 연로하신 할머니를 대신하여 어머니가 주부로서 집안 살림을 도맡아 하셨다. 아버지께서는 성품이 활달하여 작은 일에 얽매이지 않아 집안 살림을 돌보지 않으셔서 살림이 넉넉하지 못하였다. 어머니께서 살림을 규모 있게 하여 웃어른을 봉양하고 아랫사람을 보살필

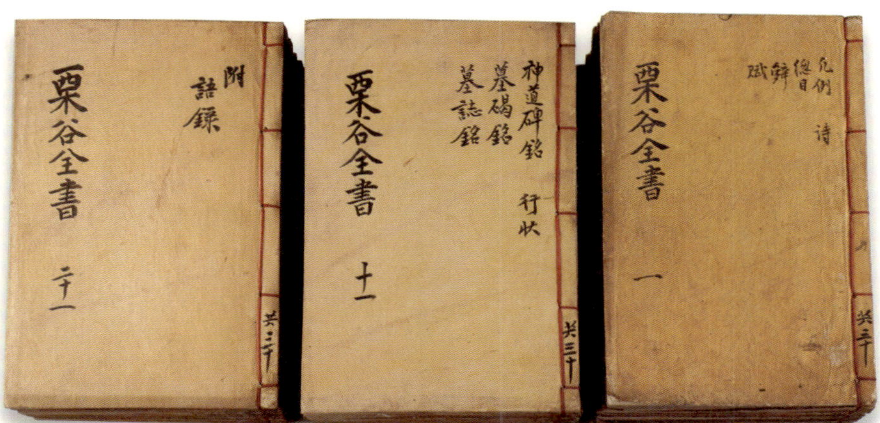

《율곡전서》

수 있었다. 집안 살림을 하면서 혼자 마음대로 처리하시는 일 없이 모든 일을 늘 할머니와 상의하셨다. 할머님 앞에서는 첩이나 여종을 꾸짖으시지 않으셨고, 그들을 대할 때도 말씨나 표정을 온화하게 하셨다. 혹 아버지께서 실수를 하시면 반드시 바로잡아 주셨고, 자녀들에게 허물이 있으면 곧바로 꾸짖었다. 거느리는 아랫사람들이 잘못을 저지르면 엄하게 꾸짖으시니, 모두 어머니를 공경하고 받들기를 기쁜 마음으로 하였다.

위 내용에서 이이가 바라본 어머니의 모습은 '웃어른을 봉양하고 아랫사람을 잘 보살피는' 모범적인 어머니, 아내, 며느리이다. 집안의 살림을 도맡아 처리하였으며, 항상 온화한 말투로 사람을 대하였다. 내용으로 미루어보면, 어린 시절 이이 집안의 살림살이는 넉넉하지는 않았던 것으로 보이는데, 그럼에도 불구하고 짜임새 있는 살림 운영이 이이에게는 인상이 깊었던 듯싶다.

그런데 이 내용에서 흥미로운 사실은 아버지 이원수와 어머니의 관계다. 집안 사정이 여유롭지 못했던 것은 아버지 이원수가 '성품이 활달하여 작은 일에 얽매이지 않아 집안 살림을 돌보지 않았던' 때문이라고 했다. 즉 관료로서 활동한다거나 그 외에 집안을 건사할 생계 활동을 하지 않았음을 짐작할 수 있다. 그런데 이와 관련하여 주목할 점은 '아버지께서 실수를 하시면 반드시 바로잡아 주셨고'라는 대목이다. 신사임당은 자기 남편의 하는 일에 무조건 순종적인 성격은 아니었던 듯싶다. 이원수가 잘못한 일이 있으면 반드시 바로잡아 주었다는 표현에서 남편의 잘못을 눈감아주거나 방관하지는 않았음을 알 수 있다. 직접 잘못을 지적하고 고치도록 유도하였다는 점에서 어쩌면 신사임당은 남편인 이원수에게는 무서운 부인이었을지도 모르겠다.

다른 한편 〈선비행장〉에는 어머니나 아내의 모습이 아닌 신사임당의 또 다른 모습이 서술되어 있다.

> 나의 어머니[慈堂]의 휘는 모某로 진사 신공申公의 둘째 딸이다. 어렸을 때에 경전經典을 통했고 글을 잘 지었으며, 글씨도 잘 썼다. …(중략)… 나의 어머니는 평소에 글씨나 그림 그리는 걸 매우 좋아하셨다. 7세 때에 안견安堅의 그림을 본으로 삼아 산수도山水圖를 그렸는데, 매우 정밀하였다. 특히 포도를 그렸는데 세상에 시늉을 낼 수 있는 사람이 없다. 그리고 그 그림을 모사模寫한 병풍이나 족자가 세상에 많이 전하고 있다.

이이는 아마도 평소에 어머니가 글씨를 쓰거나 그림 그리는 것을 종종 보았던 것으로 보인다. 또 어릴 때부터 부친 신명화에 의해 가학家學으로 경서經書를 배웠던 것으로 추정된다. 신명화는 아들딸을 가리지 않고 유교 공부를 시켰으며, 그 과정에서 신사임당은 유교적 지식을 쌓았던 것으로 보인다. 이후 신사임당은 유년기 이이의 공부를 가르치기도 했다. 그리고 상당히 예술적인 감각이 탁월했다. 어떤 면에서 신사임당의 화가로서의 활동은 병풍이나 족자 형태로 전해진다는 것으로 보아 가계에 보탬이 되는 활동을 하였을 것으로 이해된다. 이이의 눈에는 어머니 신사임당이 전부였지만, 그의 시선에서도 어머니의 예술가로서의 모습은 인상 깊지 않았나 싶다.

이이가 기억하는 신사임당의 모습에서도 확인되는 바와 같이, 그녀는 그림에 대한 상당한 소질이 있었다. 신사임당이 그렸거나 신사임당의 그림을 모사해서 전하는 것이 약 80여 점 존재하는데, 필법이나 구도 등에서 탁월한 점을 확인할 수 있다.

조선시대라는 공간에서 여성의 그림이 당대에 유명했다는 사실은 상당히 예외적인 현상이기도 했다. 화가로서 알려진 조선시대 인물 중에서 신사임당을 제외하고 여성으로 알려진 인물이 거의 없다는 점에서 이러한 사실을 단적으로 확인할 수 있다. 그녀가 단순히 이이의 어머니이기 때문에 그녀가 그린 그림이 유명해졌다는 해석은 타당하지 못하다. 신사임당의 사망 당시 이이는 15세에 불과했던 청소년에 불과했기 때문이다. 예술가 신씨申氏는 그녀 스스로 성취한 명칭이다.

신사임당이 그림을 잘 그렸다는 점은 이이와 관련한 다양한 기록들에서 확인할 수 있다. 이이의 시장諡狀, 신도비명神道碑銘, 묘표墓表, 묘지명墓誌銘 등에서 신사임당에 대한 평가들을 확인할 수 있는데, 모두 이이의 인자한 어머니로서의 평가와 함께 그림을 잘 그렸던 점을 기술하고 있다. 신사임당의 그림 솜씨는 당대에 지속적으로 회자되었던 듯하다. 대표적으로 어숙권魚叔權의 《패관잡기稗官雜記》에서는 다음과 같은 평가가 확인된다.

> 지금 동양東陽 신씨申氏가 있는데, 어려서부터 그림을 잘 그렸는데, 포도葡萄와 산수山水는 한때에 절묘하여 평하는 사람들이, '안견安堅 다음 간다.' 하였다. 아, 어찌 부인의 필치筆致라 해서 소홀히 해서야 되겠으며, 또 어찌 부인이 마땅히 할 일이 아니라 하여 책망할 것인가.

어숙권이 16세기 전반에 활동한 인물임을 고려하면, 당시 신사임당과 그녀의 그림 솜씨는 상당히 널리 알려져 있었던 듯하다. 특히 포도화나 산수화에 있어서 조선 전기의 대표적 화가인 안견에 필적할 정도라는 평가는 그 이상의 극찬이 없을 정도라고 여겨진다.

현재 가장 널리 알려진 신사임당의 작품은 국립중앙박물관에 소장되어 있는 〈초충도草蟲圖〉이다. 본래 이양원李陽元의 집에 소장되어 있던 것으로, 몇 차례 소장자가 변경된 후 최종적으로 국립중앙박물관에 소장되면서 누구든지 마음만 먹으면 박물관에 가서 쉽게 신사임당의 작품을 감상할 수 있게 되었다.

전 신사임당필 〈초충도〉

8폭 병풍으로 구성된 〈초충도〉는 각 폭마다 2종 이상의 식물과 곤충·동물이 묘사되어 있다. 각 화면별로 중앙에 두세 종의 식물을 배치하고, 그 주위에 우리가 흔히 볼 수 있는 벌레나 동물을 배치하는 단순하면서도 간결한 구도를 취하고 있다. 그림은 자연미와 함께 좌우배치 및 음양陰陽의 질서정연한 형태이다. 〈초충도〉를 통해 주목되는 사실은 풀 한 포기, 벌레 한 마리와 같은 평범한 대상에게도 세심한 사랑의 마음을 전하는 신사임당의 마음을 느낄 수 있다는 점이다. 이와 함께 그림에서 드러나는 섬세

전 신사임당필 〈화접도〉

함, 고급스러운 색감을 통해 보는 사람으로 하여금 편안함을 느끼게 해준다. 물론 이러한 표현들이 〈초충도〉의 모든 것을 설명할 수는 없지만 그림에서 느껴지는 신사임당의 향기는 매우 청아하다.

〈초충도〉로 대표되는 신사임당의 작품은 이외에도 다양하게 존재한다. 산수화, 포도도, 화접도花蝶圖 등이 그것이다. 이런 작품들은 당대의 문사들에게도 강렬한 인상을 남겼던 것으로 추정되는데, 실제로 여러 사람의 감상평이 전해지고 있다. 먼저 소세양蘇世讓의 〈동양 신씨의 산수도[東陽申氏山水畫簇]〉를 보자.

개울이 굽이굽이 흐르고 산은 첩첩인데 　　百折溪流千疊山

바위 곁의 나무는 늙고 길이 구불구불하다 巖廻木老路紆盤
숲속 아지랑이 자욱한 가운데로 樹林霧靄空濛裏
안개 사라지는 사이로 돛대가 언뜻 보이네 帆影煙雲滅沒間
해 지는데 나무다리로 신선이 지나가고 落日板橋仙子過
솔 아래 집에 바둑 드는 스님이 한가로이 있네 圍棋松屋野僧閑
꽃다운 마음이 저절로 신과 부합하여 芳心自與神爲契
묘한 생각과 기이한 생각을 따를 자가 없구나 妙思奇蹤未易攀

다음은 정사룡鄭士龍의 〈신씨의 산수도를 보고 짓다[題申氏山水圖]〉라는 시이다.

산봉우리 어지럽고 신선의 골짜기 열리자 亂嶂開仙洞
쓰러질 듯한 누대가 돌언덕에 기대고 있네 殘臺倚石丘
지름길 희미해도 백련사로 통하고 逕微通白社
조수가 급하니 어부가 피곤하네 潮急困黃頭
산림에 은거함이 실로 남은 빚이거늘, 小隱眞餘債
헛된 이름을 아직 놓지 못했구나. 浮名未放休
멀리 펼쳐진 풍경에 눈이 환해지니 眼明平遠趣
가을이 든 황제皇帝의 정호鼎湖인 듯하구나 依約鼎湖秋
백로가 날개 떨쳐 바위 폭포 오르고 振鷺跳巖瀑
종소리가 돌문에 은은하게 울리네 華鯨殷石門
오래전에 풍악楓岳을 떠났는데 昔年楓岳去
함께 쉬다보니 해가 저물녘이라 朋息正陽昏
유창한 말솜씨는 더욱 성해지고 揮麈談彌勝
화롯불을 붙이니 아직 따뜻하도다 挑灰火尙溫

신사임당필 〈산수도〉

지금에서야 깊은 깨달음을 얻으니 祇今深省發
들려오는 빗소리가 동이로 퍼붓는 듯하다 疑聽雨翻盆

소세양과 정사룡의 여성화가 신씨에 대한 작품 평이다. 이와 같은 평가는 신사임당이 여성이라는 한계에도 불구하고 당대에 이미 수준 높은 평가를 받았음을 보여준다. 이러한 예술가로서의 신사임당에서는 어머니로서의 모습보다는 당당한 직업여성으로서의 면모가 돋보인다.

화회문기에 나타난 이이 남매들의 모습

율곡 이이와 관련한 자료들이 다양하게 남아있지만, 그중에 특이한 것이 있다. 바로 〈이이남매화회문기李珥男妹和會文記〉로, 부모인 이원수와 신사임당의 사후 이이의 형제자매들이 모여 유산을 분배한 내용을 담은 문서이다. 이 자료는 이이 가문의 유산 분배에 관한 내용을 구체적으로 알 수 있게 한다는 점, 그리고 조선 전기 가족들의 유산 상속에 대한 중요한 자료적 가치가 있다는 점이 인정되어 보물로 지정되었다. 현재는 건국대학교 박물관에서 소장 중이다.

조선시대의 상속은 허여許與와 화회和會로 구분된다. 허여는 부모가 주체

〈이이남매화회문기(李珥男妹和會文記)〉

이며, 화회는 상속인인 자녀가 주체가 된다. 특히 화회는 3년상이 끝난 다음에 시행되었으며, 이때 작성된 상속문서인 분재기分財記를 화회문기和會文記라고 한다. 〈이이남매화회문기〉는 이이의 형제자매 4남 3녀와 서모庶母 권씨權氏에게 배당한 토지 및 노비 등의 내역을 구체적으로 적고 있다. 작성 시점이 1566년(명종 21)임을 고려하면, 부친인 이원수가 사망한 후 화회문기가 작성된 것을 알 수 있다.

이이가 살던 시기의 상속 규정은 1485년(성종 16)부터 시행된《경국대전經國大典》에 명시되어 있다. 해당 규정에 의하면, 자녀들은 균분상속均分相續을 원칙으로 한다. 다만 점차적으로 성리학적 종법질서가 정착됨에 따라 16세기부터는 장자상속長子相續을 위주로 상속 운영이 변화되기도 한다.

〈이이남매화회문기〉에는 우선 아들딸 구별 없이 출생 순으로 기재되어 있다. 또한 봉사奉祀, 즉 조상 제사와 관련한 재산을 별도로 마련하고, 나머지 토지와 노비를 분배하였다. 토지는 파주·이천·고양·여주 등에 분포되어 있으며, 대부분의 토지는 파주 율곡에 집중되어 있다. 남매들은 논에 해당하는 답畓과 밭에 해당하는 전田으로 구분하여 분배하였다. 토지는 토질이나 위치 등에 영향을 받기 때문에 상속받은 면적이 다소 차이가 있으나, 대략 남매간의 협의를 통해 대등하게 상속받았을 것으로 추정된다. 노비는 위로부터 3명에게는 각 16명씩, 그다음의 4명에게는 15명씩 분배하였다. 이는 15명씩 노비를 분배하고, 남은 3명의 노비는 위에서 차례대로 1명씩 배정하도록 하는《경국대전》의 규정을 따른 것으로 보인다.

《경국대전》의 규정을 그대로 따른 것인지 아니면 이이 집안의 자체 운영방식인지는 확인하기 어렵지만, 기본적으로 이이의 집안에서 나타난 특징은 아들과 딸을 구분하지 않았다는 사실과 분배에 있어서 균분均分을 지향했다는 점이다. 또 제사 운영에 있어서 윤회봉사輪廻奉祀와 같은 불교식 제례를 중단하고, 유교식 제례의 안정적 운영을 위해 봉사를 위한 재산을 별도로 설정하였다. 이러한 점은 이이 및 그의 남매들이 가졌던 가족에 대한 인식을 확인할 수 있게 한다. 모든 자녀들이 동등한 권리를 가지면서도 부모를 기억하는 제례의 지속성을 담보함으로써 가족 간의 화합을 추구하고자 했던 것이다.

이와 함께 본래 상속 대상에 포함되지는 않지만, 서모 권씨에게도 전답과 노비를 분배하였다. 규정상 재산을 분배할 의무는 없기 때문에 이것이 이원수의 유언에 의한 것인지 아니면 이이의 자매들이 권씨에게 배려를 해준 것인지는 알 수 없다.

이이에 대한 다양한 모습들

16세기는 조선 사회 전반에 걸친 변혁과 변화의 시기였다. 정치는 훈구勳舊에서 사림士林으로 주도권이 옮겨갔으며, 사상인 성리학은 보편적인 지배이념으로 자리 잡기 시작하였다. 정치와 사상의 변화와 더불어 당시 사회 및 경제 전반에 걸쳐서 다양한 문제점이 발생했다. 백성들에게 현물세인 공물貢物과 같은 세금을 과중하게 부과하였으며, 인력이 동원되는 군역과 부역은 장부에도 맞지 않고 나라에서 규정한 범위를 초과하여 부담하게 했다. 도저히 견딜 수 없었던 백성들 일부는 자신이 살던 고향을 떠나거나 권력자의 노비가 되는 길을 택했다. 백성들의 고통스러운 상황은 정부에서도 인지했지만 별다른 조치가 시행되지 않고 있었다. 또 16세기 끝자락에는 임진왜란이 발생하면서 사회 전반에 대한 대격변이 일어났다. 이러한 시대적 상황에서 이이는 자신의 존재감을 발휘하였다.

이이의 명성은 과거시험 과정에서부터 알려지기 시작했다. 무려 9번 장원급제를 했다는 이유로 '구도장원공九度壯元公'이라는 별명이 붙었다. 벼슬을 시작할 때부터 이이의 천재성이 입증되었던 셈이다. 이러한 명성과 함께 이이는 관직의 엘리트 코스를 차차 밟아갔다. 홍문관, 승정원, 이조, 병조 등 조정의 핵심 부서를 거치며 관료로서의 경험을 축적해 갔다. 이러한 과정에서 정치가로 성장한 이이의 모습은 아주 상식적이라고 할 수 있다. 이이가 정치의 핵심적 인물로 부상한 것은 다름 아닌 을사사화乙巳士禍와 관련하여 억울하게 죽은 이들을 신원伸冤하고, 부당하게 공훈功勳을 받은 이들의 공적을 철회하는 운동을 주도한 사건을 통해서였다. 조정 안팎에서 활발하게 추진된 이 운동은 결과적으로 삭훈削勳과 신원으로 결론지어졌다는 측면에서 일종의 역사 바로 세우기 운동의 하나였다. 이이는 홍문관원으로 상소의 작성을 주도하는 등의 활동을 통해 해당 운동의 주역으로 자리 잡았다.

조정에서 사림의 대표 인물로 자리 잡기 시작한 이이는 정치세력이 동인東人과 서인西人으로 분화되는 과정에서 서인의 대표 인물로 규정되었다. 사실, 이이는 애초에 자신이 특정 붕당에 속하기를 희망하지 않았다. 그러나 동인이 점점 조정 내에 세력을 형성하게 되면서 서인을 대변하는 사례가 점차 증가하였고, 서인에 정철을 비롯하여 자신과 친분이 있던 인물들이 속하게 되면서 점차 서인으로 규정되었다. 아마 이이가 다시 살아온다면 본인을 서인이라고 평가하는 것에 대해 상당한 불만을 가질지도 모르겠다.

이이는 정치가뿐만 아니라 경세가로서의 모습을 보이기도 했다. 조정에서 활동하며 자신이 직접 경험한 조선의 현실을 그냥 보고 있을 수는 없었을 것으로 여겨진다. 이이는 현실에 대한 문제점을 해결하기 위해 상소를 올리거나 국왕인 선조를 만나는 경연 석상에서 지속적으로 사회 개혁에 대한 언급을 하였다. 이이는 당시의 조선 사회를 중쇠中衰로 규정했다. 이러면서 주장한 것이 바로 '경장更張'이다. 경장의 본뜻은 거문고를 오래 쓰다 보면 줄이 해지기 때문에 이를 다시 고쳐맨다는 의미인데, 이것을 중국 한대漢代의 동중서董仲舒가 정치개혁의 아젠다로 활용하면서 이후 보편화되었던 개념이다. 이이는 중쇠인 현 조선을 경장하여 새로운 형태의 사회를 건설하여야 한다고 주장했던 것이다. 이이의 이런 경세론을 보여주는 대표적인 기록이 〈동호문답東湖問答〉, 〈만언봉사萬言封事〉, 《성학집요聖學輯要》 등이다.

이이의 경세론은 대부분 민생 경제가 핵심을 이루고 있었다. 공물이 과도하게 백성에게 부담되는 것을 방지하기 위해 현물이 아닌 쌀로 납부하도록 하거나, 군역을 실제 장부에 부합하게 조정하도록 하는 것, 지역별로 불균등한 세금의 비율을 합리적으로 조정하기 위해 군현을 통합하는 것 등이 그것이다. 이이는 기본적으로 안민安民, 즉 백성이 편안하게 살아야 국가 운영이 잘 될 수 있다고 보았다. 안민이 전제되지 않고서는 교화敎化를 비롯한 여타 정책들은 무용지물이라고 보았다. 당시 많은 지식인들이 향촌 사회에 향약鄕約을 실시하자고 주장했음에도 불구하고 이이가 향약 시행을 반대했던 것은 교화를 할 만큼 사회가 안정되지 않았다고 보았기 때문이다.

민생 경제와 관련한 내용과 더불어 이이는 국왕과 관료의 자질에 대해서도 문제 의식을 가졌었다. 국왕은 끊임없는 자기 수양과 안목, 그리고 비판에 대해 열려있는 자세가 있어야 한다는 점을 강조하였다. 관료들도 무사안일주의나 관료주의에 매몰되지 않고, 정책입안자로서 소명의식을 가지고 복무해야 한다고 생각했다. 새로 관리가 입사하면 선배들에게 당해야 하는 신고식 같은 면신례免新禮를 폐지해야 한다거나, 조정에서 일할 때 자신의 끼니는 스스로 마련하도록 해야 한다는 주장을 펴기도 했는데, 이는 관료란 특권을 누리는 자가 아니라 먼저 봉사를 해야 한다는 기본적인 관점에서 출발한 생각의 표출이었다.

동서고금을 막론하고 지금 자신의 삶이 편안하면 무엇인가를 바꾸자는 견해가 듣기 싫어지는 법이다. 이이의 주장에 대해 국왕인 선조를 비롯하여 대부분의 관료들은 이를 주의 깊게 살피지 않았다. 오히려 이러한 개혁안들에 대해 이이에게 핀잔을 주는 경우가 일반적이었다. 일부 내용은 이이의 견해를 채택하기도 했지만, 그마저도 이이가 사망한 이후 대부분 번복되었다. 대표적인 사례가 십만양병설十萬養兵說이다. 십만양병설의 진위 여부에 대해서는 설왕설래가 있지만, 북서쪽에서 발생한 야인野人 니탕개泥湯介의 난亂 이후 병조판서였던 이이로서는 국방력 강화와 관련한 언급이 있었을 것이다. 이이의 양병 주장이 제기된 후 10여 년이 지나서 임진왜란이 발생했다. 이이가 시대를 지나치게 앞서간 것인지, 아니면 실제로 그 견해들이 시대상을 반영하지 못한 것인지는 다음 세대를 통해 확인될 필요가 있었다.

이이에 대한 평가의 하나로, 성리학에 대한 높은 식견을 바탕으로 독창적인 이론을 제시했다는 이해가 있다. 이이는 특히 퇴계 이황과 짝을 이루며 '퇴율退栗'이라는 평가를 받기도 한다. 이기론理氣論이나 사단칠정론四端七情論 등 현대인이 이해하기에는 난해한 성리학적 철학 논변이 바로 이이를 둘러싼 가장 대표적인 평가이기도 하다.

결론부터 말하자면, 이이를 주기론자主氣論者라고 하거나 이황의 학설과 배치되는 학설을 주장한 인물이라고 평가하는 분석들은 타당하지 않다고 본다. 조선시대의 어떤 지식인이든 성리학, 즉 인간의 본성本性과 이치理致를 연구하지 않은 사람은 없었다. 형이상으로서의 이理와 형이하로서의 기氣의 관계를 분석하는 데 있어서 두 개념의 운동성에 대한 입장 차이는 존재하지만, 그것이 마치 한 측면만을 강조한 것처럼 규정하는 것은 불합리한 측면이 있다. 이의 연장선에서, 이이가 이황의 학설을 정면 반박했다고 하는 것도 생각해 볼 여지가 있다. 이이는 지속적으로 이황과 서간 및 대면을 통해 성리설을 토론했다. 그리고 항상 이황에 대해 '선생' 칭호를 붙였다. 이황의 성리학 이해와 이이의 성리학 이해가 다소 차이가 있는 것을 대립적인 관점에서만 바라보는 것은 옳은 것일까?

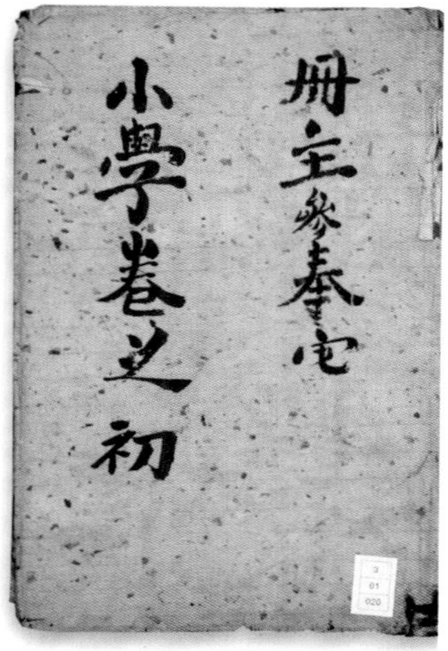
《소학제가집주》

세상이 이해하는 성리학자 이이에 대한 이해를 잠깐 한편에 놔두고, 그가 이룩한 성리학과 관련된 업적에 대해서 살펴보자. 우선 이이는 《소학》과 관련된 주석서를 통합하여 《소학제가집주小學諸家集註》를 편성했다. 《소학》은 대체로 아동용 필독서라고 알려져 있지만, 사실 성리학과 관련된 서적들의 정수精髓를 뽑아 편집한 텍스트라는 점에서 그렇게 단순하게 평가할 성질의 책은 아니다. 특히 조선 전기 많은 성리학자들은 《소학》을 강조했다. 《소학》은 대체로 성리학과 관련된 실천적 방법들이 제시되어 있기 때문에 초학자들의 경우 반드시 읽어야 하는 책이기도 했다. 문묘에 종사된 김굉필金宏弼을 '소학동자小學童子'라고 부르거나 훈구에서 사림을 비판할 때 항상 따라다니는 '소학의 무리'라는 표현은 《소학》의 위상을 상징적으로 보여준다. 그런데 이 책의 주석을 집대성한 인물이 이이라는 사실은 성리학 이해의 출발선상에서 이이에 의해 정리된 성리학을 마주하게 된다는 것을 의미한다.

이이는 또 선조의 명에 의해 《논어》, 《맹자》, 《대학》, 《중용》의 사서四書를 우리말로 번역한 언해諺解를 작성했다. 흔히 《율곡선생사서언해栗谷先生四書諺解》라고 불린다. 유교 경전은 한자로 이루어진 책이라는 점에서 이것을 한글로 언해한 것은 일반인에게까지 성리학에 대한 이해를 확장시켜줌을 의미한다. 이 역시 이이에 의해서 구현되었다.

이이는 초급자를 위한 실천서인 《격몽요결擊蒙要訣》, 국왕의 수신修身과 치국治國에 대한 지침서인 《성학집요聖學輯要》도 지었다. 《격몽요결》은 중국을 기준으로 작성된 당시의 예법서를 조선 현실에 맞게 재구성한 것이며, 《성학집요》는 국왕으로서의 자질과 실천을 위해서는 어떠한 방법이 요구되는지에 대한 구체적인 내용을 수록한 책이다. 두 저술은 그의 사후에 정부와 민간에서 동시에 간행되면서 사회 전반에 영향을 끼쳤다. 이외에도 이이가 성리학과 관련하여 남긴 편지나 단편들이 지속적으로 사회 전반에 유통되었고, 그의 사상을 잇는 무리들은 스스로를 '율곡학파'라고 부르며 성리학 연구를 심화시켜 갔다. 이들은 이기론理氣論 이외에도 예학禮學을 비롯하여 성리학과 관련한 다양한 주제들에 관심을 가졌다. 18세기 조선 사상계의 핵심 논제로 인성人性과 물성物性이 같은지 다른지에 대한 논의인 호락논쟁湖洛論爭 또한 율곡학파 내부에서 발생한 것이었다. 19세기에는 이이의 성리설들을 모아 《이자성리서李子性理書》라는 책이 간행되기도 하였다.

이이의 다양한 저술들과 후대에 끼친 영향력을 고려해본다면, 이이가

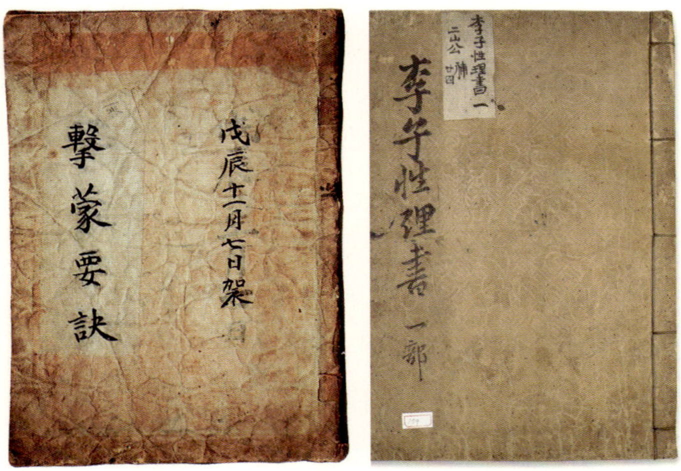

《격몽요결(좌)》과 《이자성리서(우)》

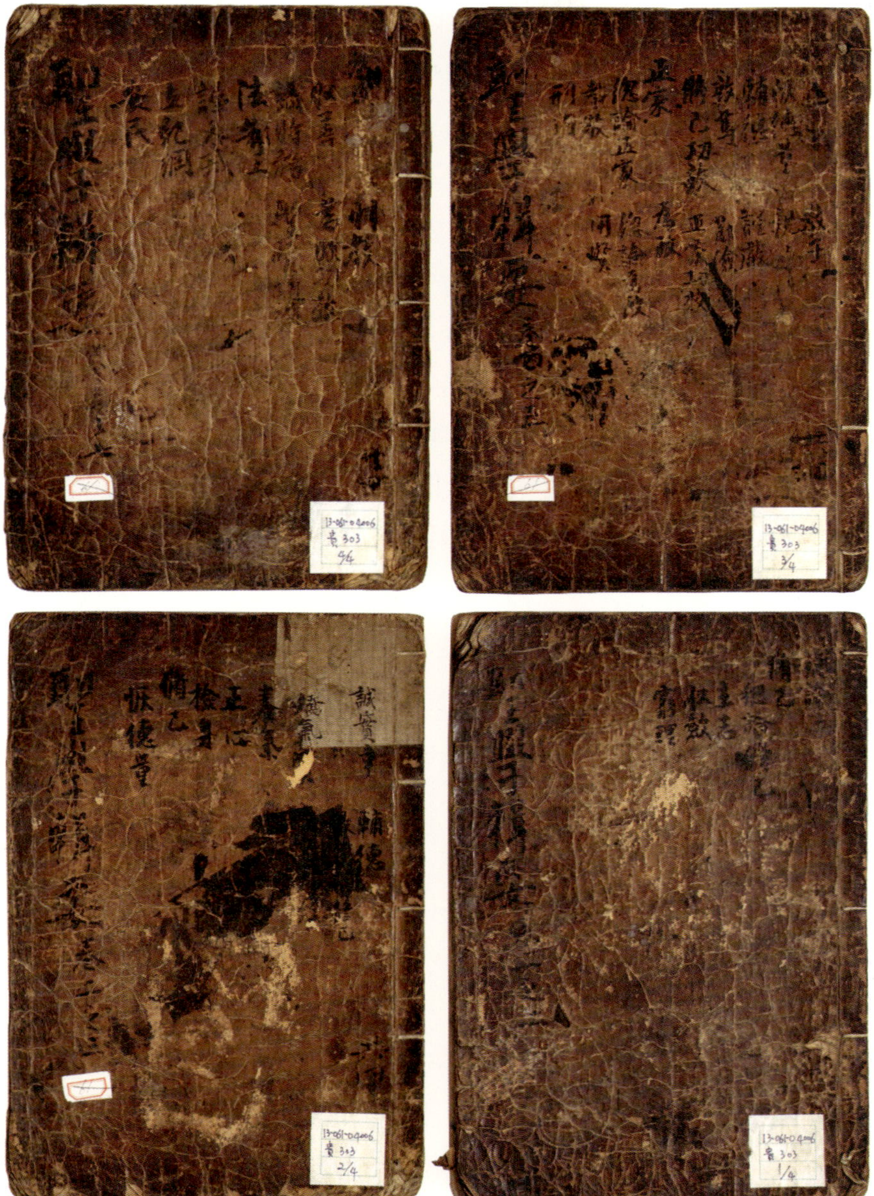

《성학집요》

성리학자라는 사실은 의심할 여지가 없다고 생각된다. 그러나 이이와 이황을 대척점으로 이해하는 구분은 재고할 필요가 있으며, 이이 스스로도 동의하지 않을 것이다. 《소학》과 사서에서 출발한 이이의 성리학 견해들은 《격몽요결》, 《성학집요》를 포함한 다양한 저술들에서 확인할 수 있으며, 그의 사상은 조선 후기 전반에 걸쳐 그의 계승자들에 의해 심화되어 갔다. 성리학자로서 이이는 16세기에 존재했지만, 그의 성리학 이해는 조선 후기 전반에 걸쳐 지속적인 영향을 끼쳤던 것이다.

한편, 이이를 경세가로 이해하는 것은 두말할 나위가 없다. 정치적 활동을 오랫동안 했던 이이에게 '경세經世'는 매우 익숙한 표현이라고 생각된다. 실제로 조정에서 제안된 다양한 개혁안들은 당대에 이슈를 장악했으며, 일부는 시행되기도 했다. 조정에서 당대의 경세로 어떤 인물이 있는지 묻는 선조의 질문에 대해 유희춘 등 당시의 거유巨儒들은 망설이지 않고 이이를 지목했다.

그러나 이이의 경세론은 당시에 반드시 긍정적 평가를 받았던 것만은 아니다. 오랫동안 이이와 관료 생활을 같이했던 김우옹조차 이이가 선조에게 지나치게 현안에만 집중토록 하는 것을 지적하기도 했다. 또 정인홍의 경우는 이이를 송나라 왕안석王安石과 동일한 인물로 규정하며 평가절하하기도 했다. 조선시대 사람들에게 왕안석은 지나치게 급진적인 개혁으로 인해 국정을 그르친 인물로 규정되는 것이 일반적이었다. 그런 인물과 이이를 동일시한다는 것은 이이가 주장한 경세책들에 대한 부정적 평가가 반영되어 있음을 보여준다.

그럼에도 불구하고 경세가로서의 이이의 이미지는 그의 사후 훨씬 더 강화되었다. 이와 관련하여 가장 핵심적인 사항은, 그의 견해들이 그의 학문적·사상적 계보를 잇는 서인에 의해 국정 운영의 현장에서 언급되면서부터였다. 특히, 서인이 정치의 핵심으로 부상한 인조반정 이후에는 조정

율곡로

에서 이이의 노출 빈도가 잦았다. 조선 후기의 대표적인 개혁정책인 대동법大同法, 균역법均役法, 노비종모법奴婢從母法 등 굵직굵직한 정책들에서 이이는 반복적으로 노출되었다. 당시 서인들은 자신의 견해를 제시할 때 이것이 이이가 제안한 것임을 강조하였다. 이이의 견해는 곧 정론正論이며, 이에 기반한 개혁안은 정당성을 얻을 수 있었다. 다른 한편으로 이이 경세론이 조선 후기 사회에서 언급되고 시행되었다는 사실은 그의 탁월한 식견을 보여줌과 동시에, 그 시기까지도 이이가 고민했던 사회적 문제들이 해결되지 못했음을 나타내주고 있기도 하다.

이이의 개혁론은 비단 서인계뿐만 아니라 다른 학파의 지식인들에게까지도 다양한 영향을 끼쳤다. 대표적인 인물이 유형원이다. 유형원은 부친이 북인이었으나 자신인 남인으로 활동한, 북인계 남인 인물이었다. 따라서 학문적·정치적 대척점에 있던 서인의 종장宗匠인 이이의 학문을 수용한 것은 상당히 이례적이라고 할 수 있다. 17세기의 대표적인 개혁론자였던 유형원은 그의 저서 《반계수록磻溪隧錄》에서 높은 빈도로 이이의 견해를 인용했다. 인용할 뿐만 아니라 이이가 지향했던 개혁안들이 유형원의 견해를 통해 되살아나기도 했는데, 특히 재정, 군사, 교육 등에서 계승 양상을 확인할 수 있다. 이러한 점은 이이의 개혁론이 학파라는 범위를 넘어 사회 전반적으로 공유되었음을 보여준다.

18세기의 대표적 재야지식인이던 성호星湖 이익李瀷이 "국조國朝 이래로 시무時務를 알았던 사람을 손꼽아 보아도 이이와 유형원 두 분이 있을 뿐이다."라고 언급한 데에서도 경세론자로서의 이이의 위상을 짐작해 볼 수 있다. 이익은 남인계 지식인이었지만, 경세학에 있어서는 이이의 위상을 무시할 수 없었다. 그만큼 이이의 경세론이 조선 후기 사회에 보편화되면서 확산되어 갔음을 알 수 있다.

조선 후기에 재해석된 이이와 신사임당

이이 사후, 그에게 수학한 인물들을 중심으로 학문을 계승하려는 노력이 이루어졌다. 대체로 이들은 정기적인 모임을 갖거나, 이이의 문집을 간행하고 서원을 건립하는 등의 활동을 통해 점차 학파로서 성장할 수 있는 여건을 갖추어 나갈 수 있었다. 당시 활동했던 대표적인 인물로 김장생, 이귀, 박여룡 등이 있었다.

특히 김장생은 이이의 적전嫡傳으로 평가되면서 점차 이이의 학맥을 잇는 인물로 인식되었다. 김장생 또한 이이의 학문을 기반으로 성리설이나 예학 등에서 자신의 학문체계를 형성해 갔다. 김장생의 제자였던 송준길, 송시열 등은 17세기 조선사회의 학문을 주도해가며 점차 이이를 계승한 학파가 형성되는 계기를 마련하였다.

이이의 위상을 강화하기 위한 노력의 하나로는 문묘종사文廟從祀 운동을 들 수 있다. 문묘文廟란 성균관과 향교에 위치한 공자를 배향하는 사우祠宇인 대성전大成殿을 의미하는데, 여기에 동국東國 즉 우리나라의 대표적인 유학자들을 함께 배향하였다. 문묘 배향은 임의적으로 시행할 수 없으며, 국가의 공인을 통해 완료되었다. 문묘에 배향하는 것을 문묘종사라고 하는데, 문묘에 종사된다는 것은 해당 인물이 국가 차원에서 공인된 유학자라는 것을 인정함과 동시에 해당 인물의 학문을 계승하는 집단의 학문적·정치적 정당성을 부여해준다는 점에서 매우 중요한 의미를 지니고 있었다.

이이에 대한 문묘종사 추진은 인조반정 이후에 이루어졌다. 이는 서인이 정치적 주도권을 잡게 되었던 것이 주요 원인이었는데, 실제로 60~70여 년이 지난 숙종대에야 이루어졌다. 서인이 정치적 주도권을 잡게 되었음에도 불구하고 이와 같이 오랜 시간이 지나서야 이이가 문묘에 종사된 것은 바로 정치적인 것이 가장 큰 원인이라고 할 수 있지만, 핵심적인 것은 이이가 문묘에 종사될 만큼의 인물인가에 대한 끊임없는 논쟁 때문이었다. 이 중에서도 가장 핵심적인 것이 바로 이이가 신사임당 사후 금강산에 들어가 불교에 심취했던 사실이다.

이이가 살아있을 당시에도 이이의 입산에 대해서는 널리 알려져 있었던 듯하다. '의암義庵'이라는 이름으로 금강산에 체류했으며, 이에 대해서는 출산 이후에도 이이 스스로 몇 차례 자신의 과오를 인정하기도 했다. 또 이이가 실제로 체발剃髮, 즉 머리털을 깎았었다는 증언도 있었다. 이러한 점에서 이이가 과연 문묘에 종사될 인물인가에 대해 끊임없는 논란이 이어졌던 것이다. 지나치게 급진적인 개혁정책이나 동서분당의 과정에서 편당偏黨 태도를 보인 지점 등도 함께 거론되었으나, 불교에 잠시 머물렀던 인물을 공자와 함께 문묘에 배향할 수 있는가가 핵심적인 논쟁점이었다.

이이의 학문적·정치적 계승자였던 서인들은 이 문제에 대해 주희朱熹도 과거에 잠시 불교에 심취했던 사실을 언급하며 흠결이 될 수 없다고 주장하였다. 그럼에도 불구하고 이 논란은 지속적으로 제기되었으며, 그 강도가 점차 강화되었다. 특히 17세기 중반 예송논쟁을 비롯한 서인과 남인 간의 갈등이 본격화되며 이이의 잘못된 행위로 입산의 사실이 강조되었다. 어머니를 잃은 슬픔을 참지 못해 금강산에 들어간 행위가 결과적으로는 문묘종사 자격의 결격사유로 대두되었던 것이다.

그런데 흥미로운 사실은 점차 시간이 지나가면서 이이의 입산이 곧 정학正學인 성리학을 널리 전파시키는 행위로 변화되기 시작했다는 점이다. '의암'의 '의義'는 성리학의 사단四端에 해당하는 인의예지仁義禮智의 하나로 표현된 것이며, 실제 입산한 이유도 어머니에 대한 슬픔과 더불어 불교의 오류를 변론하기 위한 목적이라는 것이다. 이는 17세기 후반 박세채의 견해에서 확인할 수 있다. 그가 쓴 〈율곡 선생께서 입산하실 때 일을 기록하다[記栗谷先生入山時事]〉의 일부만 읽어보자.

> 율곡 선생이 입산하였을 때의 일은 …(중략)… 당시 외조모 이부인李夫人께서 강릉에 계셔서 이에 찬성공贊成公께 가서 뵙기를 청하고 …(중략)… 마침 풍악楓岳으로 가는 승려를 만나 이로 인하여 함께 가서 조금 숙원宿願을 펴려고 하였다. 이르렀을 적에 생불生佛이라고 불리는 한 노승이 있었는데 가르침을 받는 승도僧徒가 수백 인이었다. 선생께서 옆에서 들어보니 그가 하는 말에는 억지로 해석하는 것이 많았다. 이에 그 노승에게 이르기를, "그대의 말에 옳지 않은 부분이 있다."라고 하고, 이어서 수 구句에 점을 찍고 모두 본문에 따라 해설하니, 노승이 갑자기 내려와 절하며 말하기를, "이 사람은 참으로 생불이다."라고 하였다. 이로부터 승도가 선생을 모시는 것이 특별하여, 서로 다투어 견여肩輿에다 선생을 태워서 승경을 탐방시키기를 원하였는데 선생이 또한 다른 이를 수고롭게 한다고 하여서 이를 사양하였다. …(후략)….

이 글에 따르면, 이이의 금강산 입산은 어머니에 대한 슬픔을 잊고자 하는 것이 아니었다. 우연함과 우연함 속에 정학正學의 관점에서 불교를 변파하는, 아주 훌륭한 인물이 되었다. 이러한 관점을 수용한다면, 이이는 더 이상 결격사유가 있는 인물이 아니고 오히려 정학의 상징적인 인물이 될 수 있었다.

문묘종사 추진과 더불어 율곡학파 내부에서는 점차로 학파의 종장인 이이에 대한 현창 사업을 지속하였다. 이이의 견해가 담긴 저술을 묶어 《율곡집栗谷集》으로 간행하는 한편, 《성학집요》, 《격몽요결》 등도 간행하면서 종장의 학문을 전국적으로 전파하는 데 주력했다. 이와 더불어 전국에 이이를 배향하는 서원을 건립하였다. 이이가 체류했던 해주에는 소현서원紹賢書院이, 이이의 묘소가 있는 파주에는 자운서원紫雲書院이 건립되었으며, 이 외에도 전국에 걸쳐 수십 개의 서원을 건립하였다.

이와 함께 점차 이황과 대등한 인물로 이이를 규정하기 시작하였다. 송준길은 조선의 도가 폐해지지 않은 이유로 '이황과 이이의 공로'임을 언급했고, 송시열은 '이황과 이이는 공자孔子의 17문도門徒와 같다'는 언급 등을 통해 이이가 이황과 필적할 만한 인물이라는 것을 드러내기 시작했다. 이황이 가진 영향력을 감안해 본다면, 이와 같은 규정들에서는 점차 이이를 이황과 대등한 인물로 현창하고, 이황의 퇴계학파와 대등한 율곡학파를 정립하려는 지향을 확인해 볼 수 있다.

이황과 이이가 대등하다는 관점은 한발 더 나아가 이이의 성리설이 이황의 그것보다 월등하다는 관점으로 확대되었다. 점차 이황이 제시한 학설의 오류를 강조하고, 이것을 이이가 수정하였다는 방향으로 전개되어 갔다. 이 과정에서 '사도취율捨陶取栗'이라는 표현도 등장한다. 즉 이황의 학설을 버리고 이이의 학설을 취한다는 뜻인데, 이러한 개념들이 점차 학파 내부에서 형성되었다. 물론, 이러한 견해들은 이이가 원했던 것은 아니었을 것이다.

특히 송시열은 이이에 대한 학문적 위상을 강화하는 방향으로 이해를 심화시켜 나갔다. 송시열은 동방의 이학理學이 이이 이후부터 밝아졌다고 인식했으며, 이이를 '정주程朱의 정맥正脈' 혹은 '동방東方의 주자朱子'로 규정하였다. 송시열이 추진했던 가장 가시적인 사업은 주희의 무이정사와 이이의 은병정사를 동일시하는 것이었다.

무이정사는 무이산에 위치한 주희의 강학처였고, 은병정사는 해주 석담에 위치한 이이의 강학처였다. 송시열은 '주희=이이'라는 인식을 강화하기 위해 무이정사와 은병정사를 대등하게 인식했다. 이이를 동방의 주자로 인식하고, 그가 강학했던 은병정사를 주희의 무이정사와 동일시하려는 율곡학파의 입장이 반영된 것이었다. 율곡학파에서는 두 대상을 주제로 한 시문을 비롯한 다양한 문학작품을 남기면서 자신들의 이미지를 강화해갔다.

동방의 주자로서 이이를 규정하는 과정은 조선 성리학을 율곡학파 중심으로 재편하려는 의도였다. 송시열 사후에도 율곡학파에서는 이이를 '동방의 주자'라고 표현하거나, 이이에 대해 '전체대용全體大用의 학문이 주자 이후 1인'이라는 표현을 사용하기 시작하였다. 이러한 과정에서 이이에 대한 인식은 점차 고정되어 갔다.

이이를 '동방주자'로 구현하기 위한 송시열의 구상은 이이의 모친인 신사임당이라는 인물에게도 영향을 끼쳤다. '동방주자'를 낳은 어머니이며 그에 걸맞은 자격이 있다는 점이 강조되었다. 특히 신사임당은 송나라의 대표적인 학자였던 정호程顥·정이程頤 형제의 어머니인 후부인候夫人과 동일시되었다. 이 과정에서 예술가 '신씨申氏' 혹은 '신부인申夫人'보다는 '율곡 선생의 어머니'라는 표현이 더 일반적으로 활용되었다. 이 과정에서 화가로서의 활동은 점차 훌륭한 어머니로서의 자격을 갖는 사례로 전화되었다. 이에 따라 점차 예술가로서의 신사임당의 모습은 이이의 어머니라는 인식의 보조적 존재가 되었다. 송시열이 1659년에 쓴 〈사임당이 그린 난 그림에 대한 발문[師任堂畵蘭跋]〉을 보자.

> 손을 놀려 표현된 것이 혼연하여 자연을 이루니 사람의 힘으로는 이 같을 수 없다. 하물며 오행의 정수를 얻고 원기를 융화하여 진정한 조화를 이룸에랴. 율곡 선생을 낳으심이 당연하다. …(중략)… 일찍이 듣건대 율곡 선생이 겨우 말을 시작하였을 때 스스로 '자식이 어버이를 섬기는 그림'과 '장공예張公藝와 아홉 세대가 함께 사는 그림'을 그리고 단정하게 앉아 묵묵히 바라보았다고 한다. 만일 그 그림들이 다행히 보존되어 지금 이 그림 아래에 놓였다면, 사람들은 신부인과 율곡 선생이 그 어머니에 그 아들인 것은 참으로 본말이 그러했음을 알았을 터이니, 저 후부인의 집안만이 아름다운 이야기를 독차지하지는 못했을 것이다.

송시열의 관점에서, 신사임당은 이이의 어머니로서 손색없는 인물임을 보여준다. 더욱이 이정二程의 어머니인 후부인과도 필적할만한 인물이었다. 이와 같은 시각은 이후에도 지속되거나 혹은 더욱 강조되는 경향을 확인할 수 있다. 대표적인 시선이 18세기 노론의 핵심 인사였던 김진규가 작성한 〈초충도〉와 관련한 평가였다. 그는 신사임당을 '화가', '부덕婦德의 소유자', '훌륭한 어머니'라는 세 가지 측면에 주목하였다. 물론 그중에서도 김진규가 주목한 것이 '훌륭한 어머니'라는 점은 두말할 필요가 없다.

다음은 김진규가 1709년에 쓴 〈사임당 초충도 뒤에 붙이다[題師任堂草蟲圖後]〉의 일부이다.

> 이것은 내가 일찍이 옛 서적들을 살펴본 바, 이른바 여자의 일이란 베 짜고 길쌈하는 데 그칠 뿐 그림 그리는 따위의 일은 하지 않았다. 그런데 부인의 기예가 이와 같은 것은 어찌 여자 교육을 등한시한 것이겠는가? 진실로 타고난 재주가 총명하여

여기에까지 온 것이리라. 옛사람이 이르되 '그림과 시는 서로 통하는 것이라.' 하였다. …(중략)… 또 여자가 지은 것으로 〈초충草蟲〉 편이 있는데, 이 그림이 바로 그것을 그려낸 것이니, 어찌 베 짜고 길쌈하는 일 외의 일이라고 업신여길 수 있겠는가?

신사임당은 당시로서는 도저히 따라오기 힘든 예술적 경지에 오른 인물이자, 초충草蟲과 같이 성리학적 가치관에 입각한 그림들을 그린 '동방주자' 어머니로서의 합당한 자격을 갖춘 인물로 묘사되었다. 이러한 점은 신사임당이 그렸다고 알려진 작품들에도 영향을 끼쳤다. 풀, 벌레, 꽃, 과일, 물고기, 대나무, 매화 등과 같이 성리학의 가치와 밀접한 관련을 맺는 주제들을 중심으로 작품이 중시되기 시작하였다. 반면, 산수화나 그림 내에 승려가 등장하는 그림들은 신사임당의 작품이 아닌 것으로 평가되었다. 이러한 점은 이이를 동방의 주자로 구현하고자 했던 양상이 신사임당의 인식에까지 확장되어가는 모습을 보여준다.

현재도 반복되는 신사임당과 이이의 이미지 변화

우리에게 신사임당과 이이는 훌륭한 모자의 표상으로 인식되고 있다. 그만큼 한국을 대표하는 전형적인 모자상이 아닐까 한다. 또한 두 인물은 어머니와 아들이라는 것과 함께 각기 독창적인 인물상을 그려내며 현재까지 우리들의 가슴속에 살아 숨 쉬고 있다.

20세기 이후 현재까지, 신사임당은 '현모賢母' 즉 어진 어머니에서 점차 '예술가'로서의 모습이 강조되는 양상으로 이미지가 변화하고 있다. 우선 식민지시기에는 어진 어머니인 현모와 좋은 아내인 양처良妻로 상징되

1978년에 상영된
〈율곡과 신사임당〉 영화 포스터

던 신사임당이 일본 제국주의의 의도에 따라 군국軍國의 어머니로 표상되었고, 전쟁 홍보나 병사 동원의 과정에서 활용되었다. 이러한 모습은 광복 이후 국가주의와 결합되어 국가에 대한 충성과 현모양처의 대명사가 된 신사임당이 여성들이 닮아야 할 모범적인 인물로 인식되기도 했다.

최근에는 이러한 신사임당의 이미지가 예술인, 현실에 과감히 맞선 여성으로 변모하고 있다. 화가이자 선구적 여성, 경사와 역사서에 능통한 박학다식한 인물, 슈퍼우먼으로서의 모습 등이 더 눈에 들어온다. 아마도 이러한 인식의 근저에는 여성운동을 포함한 시대의 변화상이 반영되어 있기도 하겠지만, 다른 한편으로 그것은 신사임당의 또 다른 모습이기도 하다.

이원수, 신사임당 묘소(위)와 이이 묘소(아래)

이와 같은 신사임당의 이미지가 반영된 사례로는 2017년 SBS에서 방영한 드라마 〈사임당, 빛의 일기〉가 대표적이다. 드라마여서 일종의 픽션을 전제로 하긴 했지만, 이 드라마에서 신사임당은 더 이상 이이의 어머니에 머무르지 않고 당당한 예술가이자 독립적 여성의 모습으로 그려지고 있다.

이이는 교육과 관련하여 '신동'과 '천재'로 사람들의 머릿속에 각인되어 있다. 십만양병설과 같은 경우는 시대를 앞서간 선구자, 선각자로서의 이미지와 결합되어 있다. 한국의 전투력 증강 계획을 위해 1974년부터 운영된 '율곡사업', 세종대왕함을 이어서 진수된 이지스 구축함 '이이율곡함'은 이이에 대한 이런 이미지가 어떻게 현실에 반영되어 있는지 잘 보여준다. 이와 더불어 교육과 관련한 사업이나 기관 등에 이이의 호를 딴 '율곡 ○○○'이 있는 것은 우리에게 낯선 그림은 아닐 것이다.

북한에서도 이이에 대한 견해들이 반복적으로 제기되는 것이 확인된다. 아마도 성리학자 중에서 거의 유일하게 긍정적으로 평가받는 인물이 아닐까 한다. 십만양병설이나 그가 제시했던 개혁론들을 천리마 운동이나 핵무기 개발 등을 합리화하는 견해들에서 반복적으로 등장한다. 특히 핵 개발이 진정 이이가 원하는 양병養兵이었는지는 의문의 여지가 있지만, 이이는 현재에도 생생하게 살아있는 인물인가 보다.

지폐에서도 알 수 있듯이 신사임당과 이이, 이이와 신사임당은 떼려야 뗄 수 없는 관계에 있다. 두 사람 모두 시대를 앞서간 선구자, 선각자적 이미지가 존재한다. 또 그 어머니에 그 자식이라는 표현이 적절할 정도로 두 인물이 가진 시대적 상징성이 매우 높다. 이제는 어머니와 아들이 아닌 시대의 아이콘, 시대의 선각자라는 표현이 더 어울리는 인물일지도 모르겠다. 앞으로 신사임당과 이이는 어떻게 평가될까? 아마도 미래 시대의 고민 속에서 또 다른 해석이 나오게 될 것이다.

한방보양식
충무로 닭 한마리
emart 24
이마트
편의점
담배
HAROOBEER
Alcohol
cass
충무로 닭 한마리

06

나라를 지킨 영웅들

서애로와 충무로

- 류성룡 집터에서 이순신 생가까지
- "임금께서 우리 땅을 단 한 걸음이라도 떠나신다면…"
- 《징비록》에 새긴 유비무환의 교훈
- 백의종군에도 굴하지 않은 이순신
- 《난중일기》를 읽다

제6강

나라를 지킨 영웅들

- 서애로와 충무로

정해은 한국학중앙연구원 책임연구원

류성룡 집터에서 이순신 생가까지

서애로는 류성룡柳成龍의 집터를 기념하는 지명이며, 충무로는 이순신李舜臣의 생가를 기념하는 지명이다. '서애西厓'는 류성룡의 호이고, '충무忠武'는 이순신의 시호諡號다.

서울역사편찬원에서 펴낸《서울지명사전》에 따르면, 서애로는 서울특별시 중구 충무로5가 55-1번지에서 필동3가 78-2번지에 이르는 830m의 길이다. 여기서 멀지 않은 곳에 류성룡이 살던 집터가 있었는데 1998년에 이를 기념하여 붙인 이름이다. 충무로는 중구 충무로1가 21번지에서 충무로5가 8번지에 이르는 1,750m의 길이다. 1946년 10월에 일제식 명칭을 바꾸면서 이 길에서 비교적 가까운 곳에 있는 이순신의 탄생지를 기념하여 제정했다.

류성룡의 집터를 찾아가는 길은 충무로역 1번출구에서 시작하면 쉽다.

류성룡이 어린 시절 살던 집터

필동 서애길 가는 길 안내판

1번출구에서 나와 2~3분 정도 직진하면 SK주유소(퇴계로점)가 나오는데 주유소의 앞쪽 화단에 '류성룡 집터'를 알리는 표지석이 있다(1989년 10월 설치). SK주유소를 끼고 오른쪽으로 돌면 바로 '필동 서애로 가는 길' 안내판이 나온다.

이 표지석에서 이순신의 생가터로 추정되는 신도빌딩(서울 중구 을지로18길 19)까지 걸어가려면 대략 20~30분 내외가 소요된다. 먼저 류성룡의 집터에서 다시 충무로역 1번출구 방향으로 되돌아서 쭉 걸어가면 1번출구를 지나 3번출구가 나온다. 3번출구에서 횡단보도를 건너면 7번출구가 나온다. 이곳에서 10여 분 정도를 직진하면 매일경제신문사와 남산센트럴뷰스위트를 지나 명보사거리가 나온다. 이 사거리에서 횡단보도를 직진으로 건너면 명보아트홀(신영균예술문화재단)이 있는데 아트홀 앞에 '충무공 이순신 생가터'를 알리는 표지석이 있다(1985년 10월 설치). 원래 생가터는 이곳에서 조금 떨어진 골목 안에 있으나 사람들이 볼 수 있도록 큰길에 설치했다고 한다.

이순신은 건천동에서 태어났는데, 여러 학자의 고증으로 신도빌딩 자리로 추정되고 있다. 곧 오늘날 중구 을지로3가에서 4가 사이라 할 수 있다. 명보아트홀에서 신도빌딩까지는 걸어서 5분 정도 걸린다. '충무공 이순신 생가터' 표지석을 바라보고 왼쪽 길로 올라가면 멀리 건물과 건물을 연결한 고가다리가 보인다. 그 다리까지 걸어가면 '인현지하쇼핑센터'가 나온다. 거기서 왼쪽으로 돌아서 직진하면 PJ호텔 지하주차장 입구를 지나 '산수갑산'이라는 음식점이 나온다. 바로 그 골목이므로 왼쪽으로 꺾어서 골목 안으로 들어가면 그 끝에 신도빌딩이 자리하고 있다. 거기에는 다음과 같은 안내판이 있다.

"많은 역사학자들의 고증을 통해 충무공 이순신 생가터를 이곳으로 추정하여, 2017년 4월 28일 이 안내판을 설치합니다."

4월 28일은 이순신 탄신일이다. 길을 익히고 난 뒤 신도빌딩에서 다시 류성룡의 집터까지 걸어보니 처음보다 훨씬 가깝게 느껴졌고, 만약 지름길로

이순신 생가터

서애로

다녔다면 더 가까울 거리였다. 이 거리만큼이나 두 사람의 사이도 가까웠다. 두 사람이 인연을 맺은 시기는 정확하지 않으나 대략 1554년(명종 9) 이후로 추정된다.

류성룡이 태어난 곳은 경상도 의성현 사촌리의 외갓집이며, 고향은 안동 하회마을이다. 이런 류성룡이 서울과 인연을 맺은 해가 1554년으로 13세 무렵이었다. 류성룡이 살던 곳은 먹절골 곧 묵사동墨寺洞으로 알려져 있는데, 지금의 서울시 중구 묵정동이다. 당시 과거시험을 처음 치르는 사람은 사학四學에서 《중용》과 《대학》을 익혀야 했으므로 류성룡도 사학에서 공부하기 위해 상경했던 것이다.

《홍길동》의 저자인 허균은 본인의 친가가 건천동에 있었다면서 이 마을의 저명한 인물로 이순신과 류성룡, 원균, 본인의 형인 허봉을 꼽았다. 허균이 이순신과 류성룡 모두 건천동의 인물로 파악할 만큼 건천동과 먹절골은 가까운 동네였다고 보인다.

나의 친가는 건천동에 있었다. 청녕공주 저택의 뒤로 본방교까지 겨우 서른네 집인데, 이곳에서 국조 이래로 유명한 사람이 많이 나왔다. …(중략)… 근세에는 서애 류성룡과 나의 형 및 덕풍군 이순신, 원성군 원균이 한 시대다. 서애는 국가를 중흥시킨 공이 있고, 원·이 두 장수는 나라를 구원한 공이 있으니 이때 와서 인재 배출이 왕성했다.

- 허균, 《성소부부고》 중에서

류성룡은 이순신보다 세 살 위였다. 류성룡은 이순신을 어린 시절부터 알고 지냈다. 류성룡의 회고에 따르면, 이순신은 어렸을 때 영특하고 씩씩하여 무엇에도 구애받지 않았으며 야무진 성격이었던 것 같다. "아이들과 놀 때 나무를 깎아 활과 화살을 만들어 마을에서 놀면서 자기 마음에 맞지 않는 사람이 지나가면 그 사람의 눈에 대고 활을 쏘려 했기 때문에 나이 많은 어른들도 이를 꺼려 그의 집 문 앞을 지나다니지 못했다."(《징비록》)

이후에도 어린 시절의 인연은 지속되었다. 1591년(선조 24) 봄에 황윤길과 김성일 등 통신사 일행이 일본에 다녀온 뒤 황윤길은 일본이 침략할 우려가 있다고 보고했다. 조선 조정은 명에 사신을 보내 일본이 명을 노리고 있다는 정보를 알리는 동시에 성곽을 쌓고 무기와 병력을 점검하는 등 전쟁 대비를 했다. 선조는 비변사에 실력 있는 무장들을 천거하라는 명도 내렸다. 이때 류성룡이 이순신을 추천했다. 류성룡은 선조에게 이순신을 추천한 이유에 대해 "신의 집이 이순신과 같은 동네에 있었으므로 이순신의 사람됨을 깊이 알고 있습니다."(《선조실록》)라고 하였다. 한 동네 사람이어서 어려서부터 잘 알았는데 성격이 강직하고 직무를 잘 수행할 사람으로 판단했다는 것이다.

평소 류성룡은 이순신이 실력에 비해 중용되지 못하는 점을 안타까워했다. 이순신이 무과에 급제한 지 13년 만에 전라도의 정읍 현감(종6품)이 되자 류성룡은 "누구도 그를 추천하지 않아서 무과에 급제한 뒤 10여 년 만

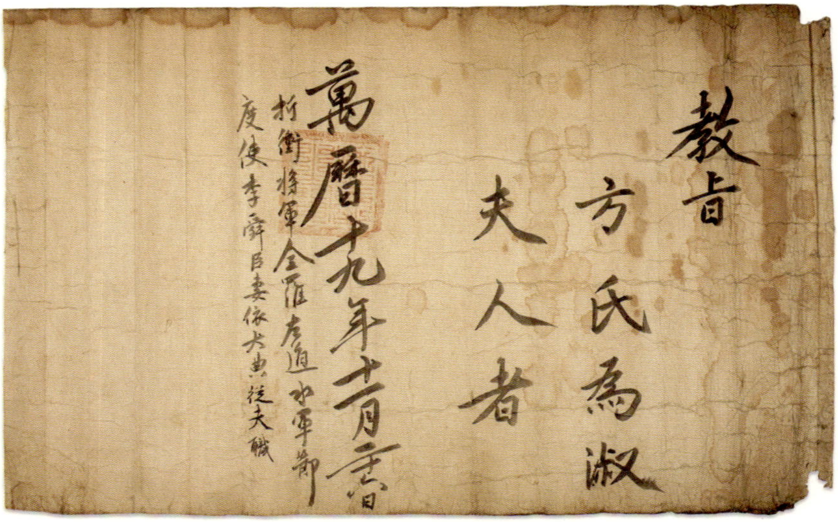

敎旨
方氏爲淑
夫人者
萬曆十九年十一月 日
折衝將軍全羅左道水軍節
度使李舜臣妻依大典從夫職

〈이순신 관련 고문서 – 이순신처 방씨 고신교지(李舜臣妻 方氏 告身敎旨)〉

에 겨우 정읍 현감에 올랐을 뿐이다."(《징비록》)라고 했다.

류성룡의 이 말처럼 조정에서 이순신을 끌어주는 사람은 없었다. 끌어주기는커녕 그의 등용을 반대하기 일쑤였다. 1590년 7월에 선조는 정읍 현감 이순신을 평안도의 고산리진 첨사(종3품)로 임명했으나 대간들의 반대로 철회했고, 다시 8월에 평안도의 만포진 첨사로 임명했다가 다시 대간들의 반대로 철회했다.

이듬해인 1591년 2월에 선조는 이순신을 전라도의 진도 군수(종4품)로 임명했다가 부임하기도 전에 가리포 첨사에 제수했고, 가리포 첨사에 부임하기 전에 다시 전라좌도 수군절도사(정3품 당상)로 임명했다. 급박한 대외 정세를 반영한 조치였다.

이순신이 전라좌도 수군절도사가 되자 사간원에서 또다시 임용을 취소해야 한다고 주장했다. 아무리 인재가 모자란다 해도 현감으로서 아직 군수에 부임하지도 않은 사람을 좌수사로 올리는 것은 관직의 남용이라는 이유였다. 하지만 이번에는 선조가 물러서지 않았다. 현재 정세가 다급하여 일반 규정에 얽매일 필요가 없으며, “그 사람이면 충분히 감당할 수 있으니 관작의 고하를 따질 필요가 없다.”라고 하면서 그대로 부임하게 했다. 이때 이순신의 나이 47세였다.

임진왜란 발발 직후에 이순신은 관직을 남용한 인사라는 비판을 불식시켰다. 1592년 5월 7일 옥포해전을 시작으로 합포, 적진포, 사천, 당포, 당항포, 율포 등지에서 벌인 해전에서 크게 승리한 것이다. 사천 해전에서 거북선이 최초로 등장했다. 그리고 7월에 한산도 앞바다에서 벌어진 해전에서는 적선 59척을 격파하는 큰 승리를 거두면서 제해권을 장악했다. 한산대첩 이후에도 안골포 해전과 부산포 해전에서 승리를 거두면서 전세를 역전시켜 나갔다.

1593년 1월에 평양성 전투에서 조·명 연합군도 승리했다. 이 여파로 서울까지 퇴각한 일본군은 2월에 행주대첩에서도 패하자 명군에 강화 회담을 제의했고, 4월에는 한성에서 철수하여 남쪽 지방으로 후퇴했다. 명군은 1월 말에 벽제관 전투에서 패한 이후로 평양으로 물러나 있으면서 남하를 주저하고 조선을 배제한 채 일본과 강화 회담을 시작했다.

이순신은 1593년 2월에도 웅천의 적군을 공격했다. 7월에는 전라도를 보존하기 위해 견내량의 해로를 차단할 목적으로 전라좌수영을 여수에서 견내량 인근의 한산도로 옮겼다. 이어서 8월에 전라좌도 수군절도사의 직함을 유지한 채 충청도·전라도·경상도의 수군을 총지휘하는 첫 번째 삼도수군통제사가 되었다. 이때부터 한산도는 1597년 7월까지 통제영으로서 조선 수군의 본영이 되었다.

조선 후기 학자인 성호 이익은 이순신의 공적과 류성룡이 이순신을 천거한 의의를 다음과 같이 설파했다.

“당시 나라를 잃지 않은 것은 오직 이충무공 한 사람이 있었기 때문이

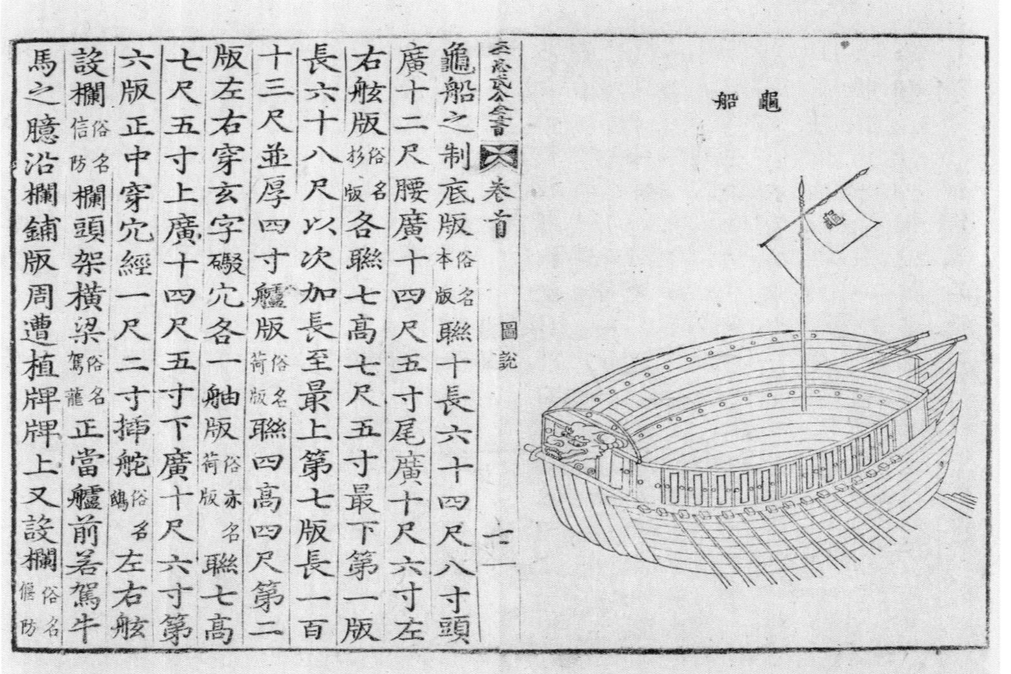

李忠武公全書 卷首 圖說 一

龜船

龜船之制底版(俗名本版)聯十長六十四尺八寸頭廣十二尺腰廣十四尺五寸尾廣十尺六寸左右舷版(俗名杉版)各聯七高七尺五寸最下第一版長六十八尺以次加長至最上第七版長一百十三尺並厚四寸艫版(俗名荷版)聯四高四尺第二版左右穿玄字礮穴各一舳版(俗亦名荷版)聯七高七尺五寸上廣十四尺五寸下廣十尺六寸第六版正中穿穴經一尺二寸揷舵(俗名鴟)左右舷設欄(俗名信防)欄頭架橫梁(俗名駕龍)正當艫前若駕牛馬之臆沿欄鋪版周遭植牌牌上又設欄(俗名信防)

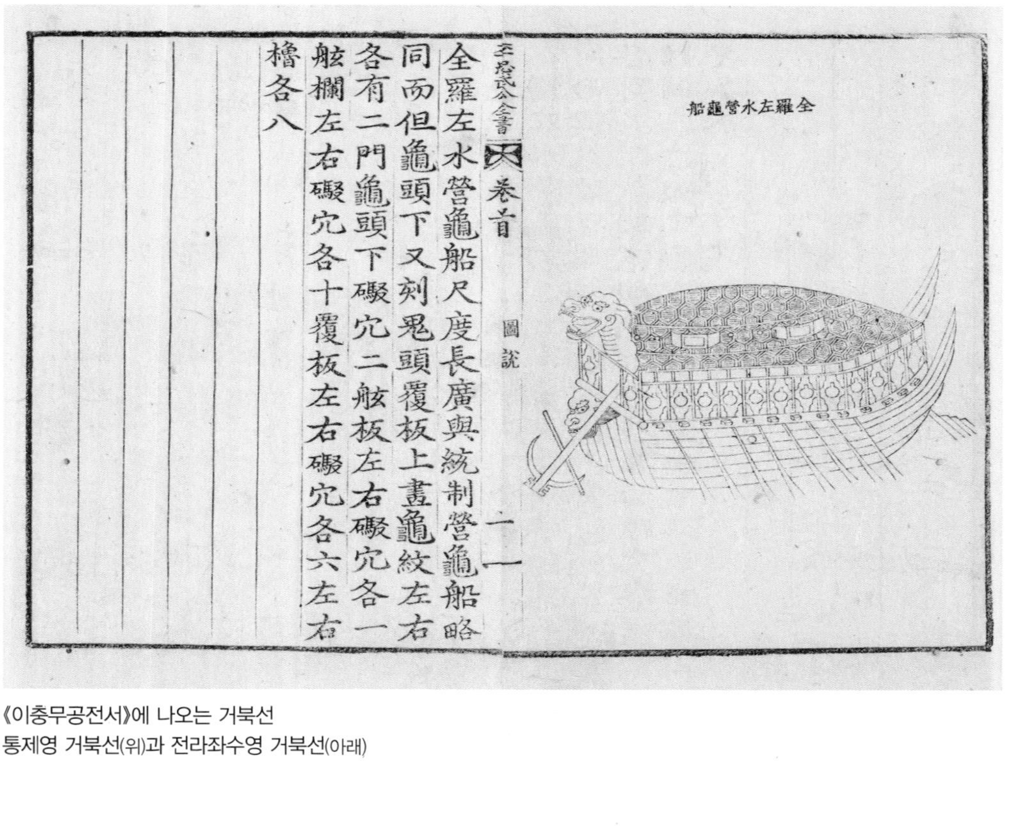

李忠武公全書 卷首 圖說 二

全羅左水營龜船

全羅左水營龜船尺度長廣與統制營龜船略同而但龜頭下又刻鬼頭覆板上畫龜紋左右各有二門龜頭下礮穴二舷板左右礮穴各一舷欄左右礮穴各十覆板左右礮穴各六左右櫓各八

《이충무공전서》에 나오는 거북선
통제영 거북선(위)과 전라좌수영 거북선(아래)

다. 처음 이충무공은 일개 비장裨將에 불과했으니, 서애 선생의 추천이 아니었다면 단지 일반 병사들과 함께 싸우다 이름 없이 세상을 떠났을 것이다. 그렇게 되었다면 나라를 중흥해 안정시킨 공은 과연 누구를 통해 이룰 수 있었겠는가."

"임금께서 우리 땅을 단 한 걸음이라도 떠나신다면…"

류성룡은 본관이 풍산으로 1542년(중종 37)에 경북 의성의 외갓집에서 태어났다. 호가 서애다. 아버지는 황해도 관찰사를 지낸 류중영이며, 어머니는 안동 김씨로 진사 김광수의 딸이다. 17세에 현감 이경李坰의 딸인 전주 이씨와 혼인했다.

안동 하회마을 충효당
서애 류성룡의 집

이미 4세에 글자를 깨친 류성룡은 6세에 《대학》을 배우고 8세에 《맹자》를 읽었다. 19세에 관악산에 들어가 《맹자》를 공부하고 20세에 고향에 돌아와 《춘추》를 읽었다. 21세에 도산陶山에 있는 퇴계 이황을 찾아가 몇 개월을 지내면서 《근사록近思錄》 등을 배웠다. 류성룡이 성리학 공부에 매진하면서 성현을 지표로 삼아 실천 사항을 모색하자 이황이 "이 사람은 하늘이 낸 사람이다. 훗날 반드시 큰일을 할 것이다."라고 칭찬했다고 한다. 당시 도산에 있으면서 안동의 금계金溪에 있는 김성일도 찾아가 교유하기 시작했다.

류성룡은 23세에 생원시와 진사시를 동시에 합격했다. 이때 생원시의 장원이 율곡 이이였다. 24세에 성균관에 들어가 공부하고 이듬해에 문과에 급제하면서 관직 생활을 시작했다. 28세에 서장관으로 이후백이 이끄는 성절사 일행에 포함되어 처음 명나라 땅을 밟았다. 이듬해에 명에서 돌아온 뒤 홍문관 부수찬이 되어 경연經筵에서 왕을 모셨다. 32세에 아버지 상을 당하고 35세에 사간원 헌납으로 조정에 복귀한 뒤 41세에 사간원 대사간에 이어 사헌부 대사헌에 올랐다.

1584년(선조 17)에 '정여립 사건'으로 더 잘 알려진 기축옥사己丑獄事에서 류성룡도 혐의를 받아 탄핵 위기에 처했다. 당시 연루자 중 한 명인 부제학 백유양이 정여립에게 보낸 편지에 류성룡을 다시 관직에 나오도록 강하게 권유해야 한다는 내용이 있었기 때문이다. 류성룡은 선조에게 스스로 탄핵하는 소를 올렸다. 이조 좌랑 이경중만 정여립의 본질을 알았을 뿐이며 대부분 정여립의 현란한 글과 행동에 속아 이처럼 극악무도한 지경에 이를 줄 몰랐고, 본인 역시 그의 간악한 진상을 한 마디로 드러내지 못한 죄가 있다는 내용이었다.

선조의 신임으로 그해 특별히 이조 판서에 제수된 류성룡은 1590년에 우의정에 올랐다. 그리고 같은 해 종계변무宗系辨誣의 공으로 광국공신 3등에 올라 풍원부원군豊原府院君에 봉해졌다. 종계변무란 조선 조정이 건국 초기부터 명의 《대명회전大明會典》 등에 태조 이성계가 이인임의 아들로 기재된 오류를 시정하기 위해 진행한 외교 교섭을 말한다. 오랫동안 노력한 결과 1584년에 명과 수정하기로 합의하고, 1588년에 사은사 유홍이 해당 내용이 수정된 《대명회전》을 갖고 귀국하면서 200여 년 만에 조선왕조의 숙원을 해결한 것이었다.

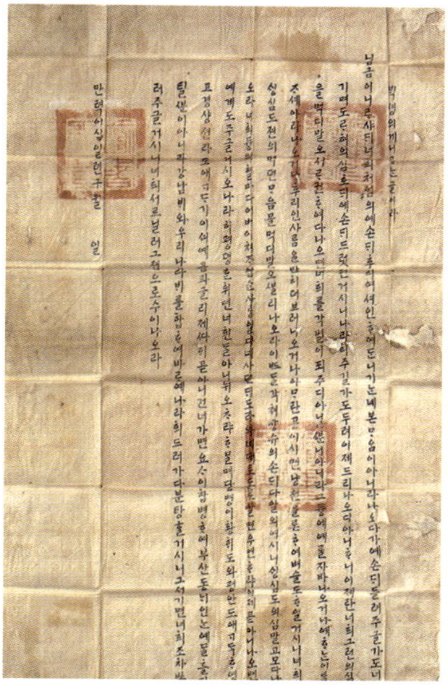

선조 국문 유서

1591년에 좌의정으로 승진하고 특명으로 홍문관 대제학을 겸임했다. 1592년에 임진왜란이 발발하자 좌의정으로서 병조 판서를 겸임하고 군무를 총괄하는 도체찰사에 제수되었다. 나이 51세였다.

임진왜란은 조선·명·일본 삼국이 참전한 대규모 전쟁이었다. 1592년(선조 25) 음력 4월 13일 저녁(이하 월일은 모두 음력임), 조선 침략 선봉군을 태운 일본의 군선 700여 척이 부산 앞바다에 나타났다. 그리고 다음날 아침 일본군이 해안에 상륙하면서 임진왜란은 시작되었다. 개전 초기 조선 정부는 전쟁을 총괄 지휘하는 도체찰사에 류성룡을, 도체찰부사에 김응남을, 삼도 도순찰사에 신립을 임명했다. 신립은 북상하는 일본군을 저지하기 위해 서울에서 모집한 군사를 이끌고 충주로 나아갔다. 신립은 탄금대에서 일본군을 막다가 점차 전세가 기울자 남한강에 투신하여 자결했다.

충주에서 패전했다는 보고가 들어오자 선조는 파천을 결정했다. 4월 30일

선조는 한양을 뒤로한 채 피난길에 올랐다. 선조의 파천 소식이 일파만파로 퍼져나가자 민심은 크게 동요했다. 도성의 궁궐과 관아가 불타고 각종 보물과 문서들도 불에 타거나 파기되었다.

여기에 민심을 더 악화시킨 것은 선조가 압록강을 건너 명으로 망명할 수도 있다는 소문이었다. 1592년 5월 1일, 어가가 임진강을 건너 동파관에 도착했다. 선조는 가슴을 치면서 신하들에게 "일이 이렇게까지 되었으니 내가 어디로 가야 하겠는가. 꺼리거나 숨기지 말고 속에 있는 생각을 털어놓아라."라고 물었다.

이항복은 대답했다. "어가가 의주에 머물렀다가 만약 형세와 힘이 다해 팔도가 모두 함락되면 바로 명에 가서 호소할 수 있습니다." 윤두수는 "북도는 군사와 말이 날래고 굳세며, 함흥과 경성은 모두 하늘이 내린 험준한 땅이어서 믿을 만하니 고개를 넘어 북쪽으로 가셔야 합니다."라고 주장했다.

류성룡의 생각은 달랐다. "안 될 말입니다. 임금께서 우리 땅을 단 한 걸음이라도 떠나신다면 조선은 우리 땅이 되지 못합니다." 이항복이 곧장 압록강을 넘자는 것은 아니라고 하자 류성룡은 "지금 동북의 여러 도가 건재

하고 호남의 충의로운 의사들이 며칠 안에 벌떼처럼 일어날 텐데 어찌 경솔히 이런 일을 의논한단 말입니까."라고 하면서 동료들을 설득했다. 국가가 위기 상황일수록 국왕과 신하·백성이 하나로 뭉쳐야지 국왕이 백성을 버리는 일은 있을 수 없다는 말이었다.

그날 영의정 이산해가 국사를 그르쳤다는 이유로 탄핵되자 그 후임으로 류성룡이 영의정에 올랐다. 그 역시 반대당의 배척으로 바로 그날 저녁에 해임되었으나 백의종군의 마음으로 선조를 호종했다. 12월에는 평안도 도체찰사가 되어 이듬해인 1593년(선조 26) 1월에 명의 원군을 맞이해 평양성 탈환에 이바지했다. 1593년 10월에 선조가 서울로 돌아온 뒤 다시 영의정에 오른 류성룡은 전쟁이 끝날 때까지 중책을 한 몸에 지고 군정·민정은 물론 외교에 힘을 쏟았다.

류성룡은 임진왜란 중 난국을 헤쳐 나가기 위해 고군분투했다. 이순신과 권율 같은 유능한 장수를 천거하고 훈련도감 창설에 견인차 역할을 했다. 산성을 비롯한 각종 방어시설과 궁시·조총·화포·화약 등에 대한 개혁안을 제시했다. 이 가운데 조선 후기 중추적인 군대로 성장한 훈련도감의

⟨평양성 탈환도⟩

설치는 남다른 안목으로 일궈낸 성과였다.

임진왜란 초기 육상에서 큰 전과를 올리지 못한 조선군은 1593년 1월 평양성 전투에서 큰 충격을 받았다. 원병으로 온 명군 가운데 남병南兵이 구사한 전법 때문이었다. 남병은 절강·복건 등 남쪽 지방에서 온 군사들로 대부분 보병이었다. 이들은 장수 척계광戚繼光이 개발한 전법으로 무장했다. 척계광은 왜구 피해가 극심한 남쪽 지역에서 왜구 격퇴에 혁혁한 공을 세웠고, 이 경험을 바탕으로 《기효신서紀效新書》라는 병서를 펴냈다.

평양성 전투에서 조선인들을 놀라게 한 남병들의 전법은 먼 곳에서 화공火攻으로 일본군의 기선을 제압한 뒤 장창·낭선·당파·등패 등의 접전 무기, 곧 단병기短兵器를 든 병사들이 돌진해 적을 공격하는 방식이었다. 생소한 무기로 싸우는 이 전법은 조선인들에게 깊은 인상을 남겼다. 조총 못지않게 조선군을 위협한 일본군 무기가 창·검이었으므로 남병들의 무기와 전법이라면 전세를 역전시킬 수 있다는 희망을 본 것이었다.

선조는 평양성을 수복하자마자 명의 제독 이여송을 만났다. 선조는 감사 인사를 전하면서 명군의 승리 요인을 물었다. 지난 여름에 명 장수 조승훈이 이끈 부대가 평양성에서 일본군에게 크게 패배한 상황과 사뭇 달랐기 때문이다. 이여송은 이전에 온 북방 장수는 기병 오랑캐의 전법으로 싸워서 불리했으나 이번에는 척계광이 왜적을 무찌른 전법으로 싸워서 승리할 수 있었다고 답변했다. 선조가 척계광이 펴낸 《기효신서》를 보여 달라고 하자 이여송이 내놓지 않았다. 선조는 즉시 역관을 시켜 그 책을 비밀리에 입수해서 류성룡에게 건넸다. 그리고 1593년 10월에 환도하자마자 류성룡의 건의로 훈련도감을 창설했다.

훈련도감이 명실상부한 군영으로 자리 잡기까지 그 과정이 녹록하지 않았다. 먼저 군사부터 모으기 위해 끼니를 해결해주는 조건으로 굶주린 백성을 모집했다. 응모자가 모여들자 큰 바위 하나를 들게 하거나 높은 담

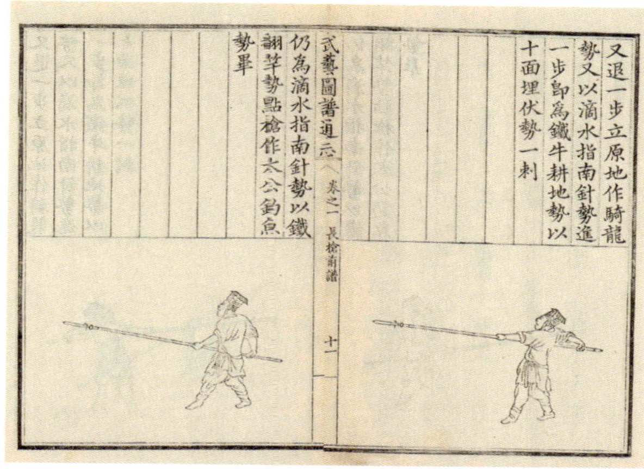

又退一步立原地作騎龍
勢又以滴水指南針勢進
一步卽爲鐵牛耕地勢以
十面埋伏勢一刺

武藝圖譜通志 卷之二 長槍前譜 十一

仍爲滴水指南針勢以鐵
翻竿勢點槍作太公釣魚
勢畢

장창

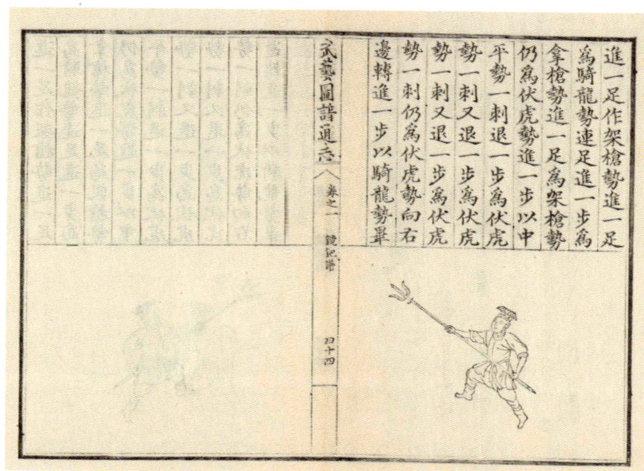

進一足作架槍勢進一足
爲騎龍勢連足進一步爲
拿槍勢進一足爲架槍勢
仍爲伏虎勢進一步以中
平勢一刺退一步爲伏虎
勢一刺又退一步爲伏虎
勢一刺仍爲伏虎勢向右
邊轉進一步以騎龍勢畢

武藝圖譜通志 卷之一 鐺鈀譜 四十四

당파

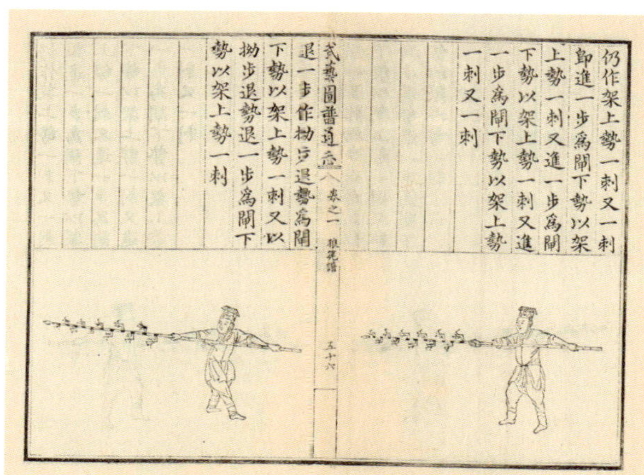

仍作架上勢一刺又一刺
卽進一步爲閘下勢以架
上勢一刺又進一步爲閘
下勢以架上勢一刺又進
一步爲閘下勢以架上勢
一刺又一刺

武藝圖譜通志 卷之一 狼筅譜 五十六

退一步作拗步退勢爲閘
下勢以架上勢一刺又以
拗步退勢退一步爲閘下
勢以架上勢一刺

낭선

《무예도보통지》에 나오는 단병기

훈련도감 터 표석

장을 뛰어넘게 하는 등 간단한 시험을 치러서 수천 명을 선발했다.

류성룡은 훈련도감이 절체절명의 시기에 만들어진 만큼 이들을 정예병으로 양성하기 위해 공을 들였다. 먼저 난해한 《기효신서》를 해석하기 위해 실무자로 한교韓嶠를 발탁해서 명군 진영으로 보내 모르는 내용을 파악해오게 했다. 또 접전 무기는 무기 사용법과 무예 자세가 중요하므로 정예로운 군사들도 선발해서 명군 진영으로 보내 직접 배워오게 했다. 추후 이들을 교련관으로 활용하기 위해서였다.

이렇게 훈련도감을 키워낸 류성룡의 공로는 다른 당파의 평가에서 확연히 알 수 있다. 1657년(효종 8)에 서인 세력의 주도로 완성된 《선조수정실록》에는 류성룡을 깎아내리는 내용들이 있다. 예컨대 "대신다운 풍모가 없었다." 등이다. 그런데 오직 훈련도감에 대해서만은 다음과 같이 높이 평가했다.

"류성룡이 임진왜란이 일어난 뒤 건의하여 비로소 훈련도감을 설치했다. 척계광의 《기효신서》를 모방하여 포수·사수·살수의 삼수병을 뽑아 군용을 갖추고, 지방의 산성을 수리했으며 진관법을 손질하여 방어책으로 삼았다. 하지만 류성룡이 자리에서 떠나자 모두 없어진 채 시행되지 않았으나 오직 훈련도감만 그대로 남아 오늘날까지 그 덕을 보고 있다."

류성룡은 유능한 관료였다. 신흠은 전쟁 중 류성룡을 도와 각종 공문서를 처리했는데, 문서 처리 능력에 가장 뛰어난 재상 셋을 꼽았다. 류성룡의 능력이 가장 으뜸인 '기재奇才'이고 다음으로 이덕형·이항복을 꼽았다. 류성룡이 각종 공문서를 처리하기 위해 구두로 글을 불러주면 본인이 받아 적었는데, 불러주는 속도가 비바람처럼 빠르면서도 빛나는 문장을 이뤘다고 회고했다. 《선조수정실록》에도 "명 장수들의 문서가 주야로 폭주하고 여러 도의 공문이 이곳저곳에서 모여드는데도 류성룡은 흐르는 물처럼 민첩하고 빠르게 대처했다."라고 전한다.

《징비록》에 새긴 유비무환의 교훈

> 당시 나라는 평화로웠다.
>
> 조정과 백성 모두가 편안한 까닭에 노역에 동원된 백성은 불평을 늘어놓기 시작했다. 나와 동년배인 이로李魯도 내게 글을 보내왔다.
>
> "이 태평한 시대에 성을 쌓다니 무슨 당치 않은 일이오?"
>
> 그러곤 조정 일에 불만을 늘어놓았다.
>
> "삼가三嘉 지방만 보더라도 앞에 정암 나루가 가로막고 있소. 어떻게 왜적이 그곳을 뛰어넘는단 말이오."
>
> 아니 넓디넓은 바다를 사이에 두고도 막지 못한 왜적을 이까짓 한 줄기 강물로 막을 수 있다니 내가 더 답답했다.
>
> **-《징비록》 중에서**

위의 상황은 임진왜란이 발발하기 한 해 전인 1591년(선조 24)의 일이다. 황윤길과 김성일 등 통신사 일행이 일본에 다녀온 뒤 조정에서는 일본의 침략을 경계해 경상도에 집중적으로 성곽을 쌓았다. 그러자 여기저기서 불만이 쏟아졌다. 류성룡은 답답했다. 당시 사람들의 의견이 이로와 크게 다르지 않고 홍문관까지 상소를 올려 반대 의사를 표명했기 때문이다. 이에 대해 류성룡은 전쟁에 대한 의견이 분분해서 그러했다고 진단했다. 그러면서 "나라가 품고 있던 모든 힘을 한 곳에 집중할 수 없었기" 때문에 전쟁이 발발하자 제대로 대응하지 못했다고 회고했다.

위의 내용이 담긴 《징비록懲毖錄》은 류성룡이 전쟁이 끝나고 고향에서 여생을 보내면서 저술한 임진왜란 회고록이다. '징비'란 《시경詩經》에서 따온 문구로 "내 지난날을 반성하고[懲], 뒷날에 근심이 없도록 삼가하노라[毖]."라는 의미다. 곧 유비무환의 뜻이다.

전쟁이 끝나기 한 달 전에 류성룡은 다른 당의 공격을 받아 정계에서 물러났다. 화친을 주장하여 나라를 망친 주범으로 몰린 채 1598년 11월에 파직되고 이듬해 2월에 하회로 돌아왔다. 58세였다. 1601년(선조 34)에는 형 류운용과 어머니의 상사를 잇달아 당했다.

고향으로 돌아온 류성룡은 두문불출하면서 저술에 몰두했다. 무엇보다도 전쟁 한가운데서 몸소 겪은 일들을 후세에 알리고자 했다. 본인 자녀에게 남긴 〈임진년 일의 전말을 적어 아이들에게 보임〉이라는 글에서 이렇게 적었다. "다만 이 모진 목숨만 죽지 못하고 살아서 세상을 더럽혔으나, 만일 말 한마디라도 그날의 심정을 밝히지 않으면 죽어도 눈을 감지 못하고 끝없는 한만 남을 것이다. 그래서 대략 한두 가지를 기록하거니와 이 밖에 다른 일은 감히 다 쓸 수도 없고, 쓴다 해도 다 쓸 수 없다."

이런 마음으로 집필한 책이 《징비록》이었다. 류성룡은 이 책의 서문에서 "나 같은 불초한 사람이 나라가 어지러운 때에 막중한 책임을 맡아 위태로운 시국을 바로잡지 못했으니 그 죄는 죽어도 용서받지 못할 것이다. 그러하건만 아직도 시골구석에서 생명을 연장하고 있으니 이 어찌 임금의 너그러우신 은전이 아니겠는가. 근심과 뛰는 가슴이 조금 진정된 뒤에 지난 일을

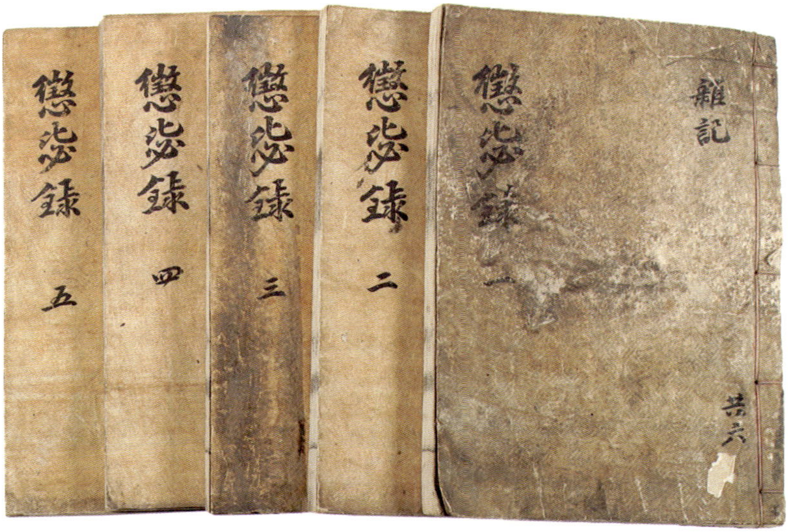

《징비록》

생각해보니 황송하고 부끄러워 몸 둘 곳을 알지 못하겠다."라고 술회했다.

이 책의 집필 시기는 정확하지 않으나 낙향한 1599년(선조 32) 이후로 보고 있다. 제목 없이 시간의 순서대로 임진왜란의 발발 배경을 시작으로 전쟁이 가장 치열했던 상황과 종식 과정을 아우르는 방식으로 서술되었다. 임진왜란 이전의 조선과 일본 관계, 임진왜란 직전의 일본 정세와 조선의 국방 태세를 시작으로 하여 임진왜란 발발과 이후의 전투 상황, 수군의 승전과 한산도 해전, 명군의 참전, 전선의 교착과 강화 협상, 정유재란, 일본군의 철수와 수군의 최후 공격 등 핵심적인 내용을 담아냈다.

글쓰기는 수필 형식이나 내용은 체계적이고 종합적이어서 임진왜란 당시의 전황은 물론 국정 및 민심의 동향까지 상세하게 파악할 수 있다. 이뿐만이 아니다. 류성룡은 임진왜란 당시 관군의 붕괴와 조정의 분란, 민심 이반, 비참한 백성의 피난 생활 등 조선의 부끄러운 현실을 숨김없이 그대로 기록했다. 또 이 책에는 많은 사람이 등장한다. 국왕 선조를 비롯해 수

많은 고위 관료와 하급 관리, 전쟁터에서 분전하는 장수와 장교·병사들, 그리고 민초 등 당대 인물의 됨됨이나 활약상을 실명實名으로 등장시켰다. 충무공 이순신도 그중 한 사람이다.

류성룡은 《징비록》의 첫머리를 성종과 신숙주의 대화로 시작했다. 성종은 신숙주가 세상을 떠날 무렵 다음과 같이 물었다. “경은 나에게 남길 말이 있소?” 그러자 신숙주가 이렇게 대답했다. “앞으로도 일본과 친하게 지내도록 하십시오.”

성종은 신숙주의 말을 가슴 깊이 새겨 1479년(성종 10)에 통신사를 일본에 파견했다. 그런데 통신사의 단장인 이형원이 대마도에 도착해서 풍토병에 걸리는 바람에 일본행을 이루지 못했다. 그 뒤로 조선 조정은 1590년에 황윤길과 김성일이 이끄는 사절단을 일본에 파견하기까지 무려 1백여

서애 류성룡을 추모하기 위해 세운 안동 병산서원

년이 넘도록 사절단을 보내지 않았다. 일본에서 사신이 오면 대접해 돌려 보낼 뿐이었다.

류성룡은 왜 성종과 신숙주의 대화를 첫머리에 실었을까? 아마도 류성룡은 임진왜란의 단초가 저 멀리 일본에 사절단을 파견하지 않게 된 시점부터 이미 시작되었다고 본 것 같다. 곧 조선이 주변국 정세를 외면한 역사에서 전쟁의 원인을 찾은 것이다. 명에 대한 지대한 관심을 다른 주변국으로 조금만 확대했다면 달라질 상황이었다. 그래서 류성룡은 독자들에게 묻고 있다. 행여 현재에도 이 역사를 반복하고 있지나 않은지 말이다.

류성룡은 후세를 위해 전쟁의 실상을 낱낱이 기록하여 왜 전쟁을 미리 막아야 하는지를 통렬하게 보여주었다. 조선 후기에 임진왜란을 다룬 여러 저술이 나왔으나 전쟁의 단초와 개시에서부터 마무리까지 통시적인 관점을 견지하면서 집필한 책은 흔치 않다. 그 결과 《징비록》은 세상에 유행했다. 그리고 그 가치가 일본에도 알려져 1695년 일본 교토에서도 간행되었다. 1712년(숙종 38)에는 《징비록》이 일본으로 유출되지 않도록 금지하기도 했다. 현재 필사본인 초본草本과 간행본이 전하는데, 필사본은 대한민국 국보로 지정되어 있다.

백의종군에도 굴하지 않은 이순신

이순신은 무관이 된 이후로 두 번의 백의종군을 겪었다. 백의종군이란 아무런 벼슬이나 직함 없이 전장에 나가 싸우는 것이다. 요즘으로 말하자면 장성급 장교로 있다가 이등병으로 강등당한 셈이었다.

이순신의 집안은 한미했다. 이순신의 아버지는 이정李貞이며, 어머니는

〈전(傳) 이순신 초상〉

초계 변씨로 친정이 충남 아산이다. 이순신과 아산의 인연은 여기서 비롯되었다. 부인도 아산의 유지로서 군수를 지낸 방진方震의 딸인 상주 방씨이며, 슬하에 아들 셋과 딸 하나를 두었다.

이순신의 집안은 고려 말에 무관 집안이었다가 조선왕조에 이르러 문과 급제자를 배출했다. 이순신의 5대조인 이변은 문과에 급제해서 문필이 가장 뛰어난 사람이 오른다는 예문관 대제학을 지냈다. 증조부 이거도 문과에 급제하여 이조 정랑, 병조 참의 등을 지냈으며 연산군의 동궁 시절 스승이었다.

하지만 조부 이백록 대에 가세가 기울었다. 생원시에 합격한 이백록은 음관으로 평시서 봉사(종8품)로 일하다가 중종이 승하하는 날에 술과 고기를 차려 아들을 혼인시켰다는 누명으로 의금부로 잡혀가 고초를 치렀다. 1546년(명종 1)에 이정은 아버지의 신원을 위해 술과 고기를 차린 적이 없다는 소를 올려 아버지의 명예를 회복했다.

이후 언제인지 알 수 없으나 이정은 서울 생활을 접고 처가가 있는 아산으로 이사했다. 이순신이 1576년(선조 9)에 무과에 급제할 당시의 거주지가 아산이며, 이보다 3년 전인 1573년(선조 6)에 그의 형 이요신이 생원시에 합격할 당시의 거주지도 아산이었다. 오늘날 아산시의 '이충무공 고택'도 장인으로부터 물려받은 집이다. 이런 여러 사실에 비추어 이순신이 청소년기와 청년 시절을 보낸 곳은 아산임을 짐작할 수 있다.

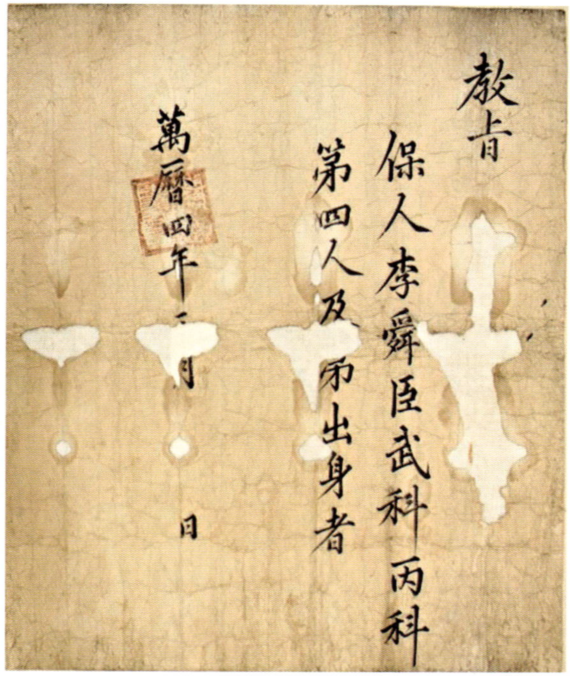

教旨
保人李舜臣武科丙科
第四人及第出身者
萬曆四年三月 日

이순신의 무과 합격 증서

이순신은 어린 시절부터 담력이 크고 말타기와 활쏘기에 매우 능했다. 또 장수가 되기를 희망했다고 한다. 하지만 처음부터 무예로 입신양명을 꿈꾼 것은 아니었다. 양반이라면 누구나 그러하듯이 글공부를 하다가 20대 초반에 본격적으로 무예를 익혀 1576년에 무과에 급제했다. 32세였다.

조선왕조는 문관과 무관이 주축이 된 '양반' 관료의 나라였다. 문과에 급제하면 문관이 되고 무과에 급제하면 무관이 되었다. 이순신은 무과에 급제하면서 무관의 길을 걸어갔으나 순탄하지 못했다. 이순신은 무과에 급제한 그해 겨울에 첫 근무지로 함경도의 동구비보 권관으로 발령을 받았다. 권관은 지방 방위 체계의 최하위에 있는 종9품 무관직이다. 요즘으로 말하면 초급 장교라 할 수 있다.

1579년 35세에 임기를 채우고 돌아와 훈련원 봉사를 거쳐 36세에 전라도의 발포 만호(종4품)로 임명되었다가 6개월 만에 파직되었다. 39세에 함경도의 건원보 권관을 거쳐 훈련원 참군(정7품)으로 재직 중에 아버지 상을 당했다. 42세에 사복시 주부(종6품)로 복귀했다가 함경도의 조산보 만호로 나갔으며, 이듬해인 1587년(선조 20)에 녹둔도의 둔전관을 겸임하다가 여진의 침입을 막아내지 못했다는 이유로 파직되고 백의종군했다.

임진왜란이 일어나기 전에 조선이 주로 상대한 적은 북쪽의 여진이었다. 조선의 입장에서 보면 여진은 가깝고도 먼 이웃이었다. 여진은 생활필수품을 확보하는 한편 군사 보복을 목적으로 조선의 변경을 자주 침입했고 그때마다 사람과 물자를 약탈해갔다. 그러자 조선 조정에서는 여진에게 동화 정책을 구사하면서도 내부 분열책을 써서 세력을 약화시켜 나갔다. 또 성곽을 쌓거나 군사력을 증강시켜 적극적으로 토벌도 강행했다. 무엇보다도 1583년(선조 16)에 니탕개·율보리 등이 변방에서 난을 일으키면서 대규모 군사를 이끌고 조선을 침입해 온 사건의 여파가 컸다. 무려 7개월 이상이나 지속된 '니탕개의 난'을 진압한 뒤 조선 조정에서는 함경도 방

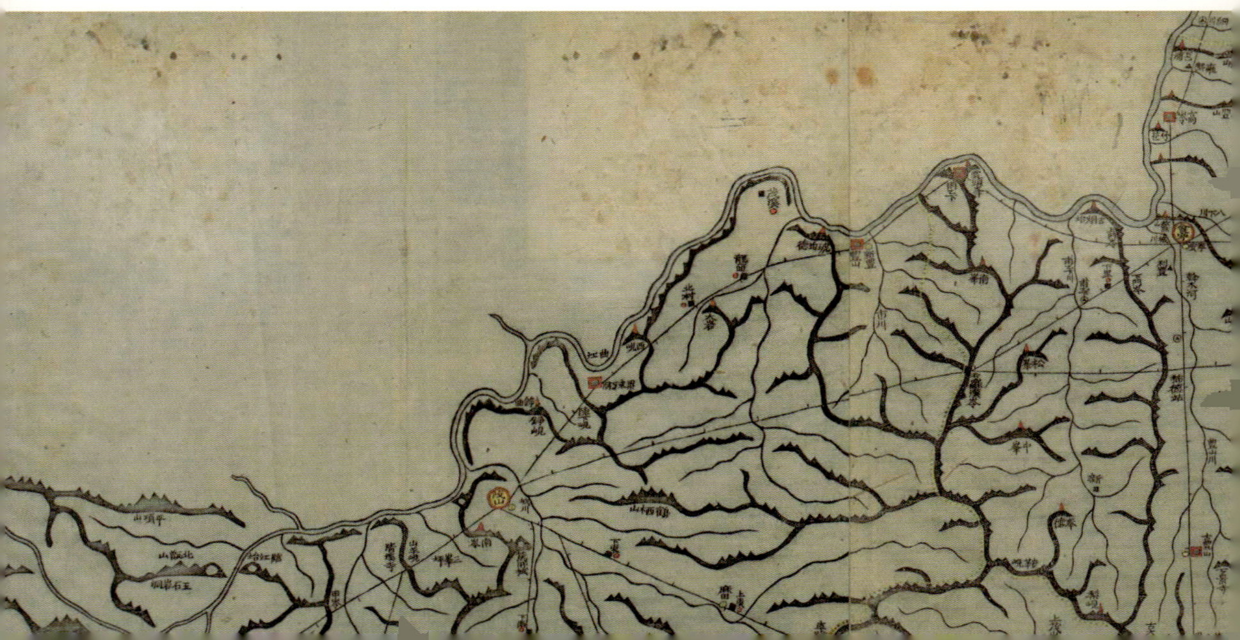

어에 더 힘을 쏟았다. 이순신이 정읍 현감이 되기 전에 함경도에서 자주 근무했던 것도 이와 무관치 않다.

1586년(선조 19)에 이순신이 함경도의 조산보 만호로 나갔을 때 함경북도 병마절도사(북병사, 北兵使)는 이일이었다. 니탕개 등이 침입했을 당시 전라도 수군절도사로 있던 이일은 격퇴의 책임을 맡고 경원 부사로 임명되면서 함경도와 인연을 맺었다. 그 뒤 북병사로 부임하여 해당 지역의 방어를 책임지고 있었다.

이순신이 책임자로 있던 조산보는 두만강 가에 위치한 요충지로 경흥에서 40여 리 떨어진 곳이다. 두만강에 근접한 곳이어서 병선을 배치했고 수군 만호가 거느리는 수군도 주둔해 있었다. 부친의 탈상이 끝나자마자 사복시 주부로 복귀한 이순신은 이 무렵 여진의 발호가 심했으므로 류성룡의 천거로 조산보에 파견되었다.

이듬해인 1587년에는 조산보와 함께 녹둔도의 둔전屯田까지 맡게 되었다. 둔전이란 황무지나 묵혀 있던 전답 등을 개간, 경작하여 그 수확물로 군량이나 군수에 충당하는 토지를 말한다. 조산보의 둔전은 명종 대에 중

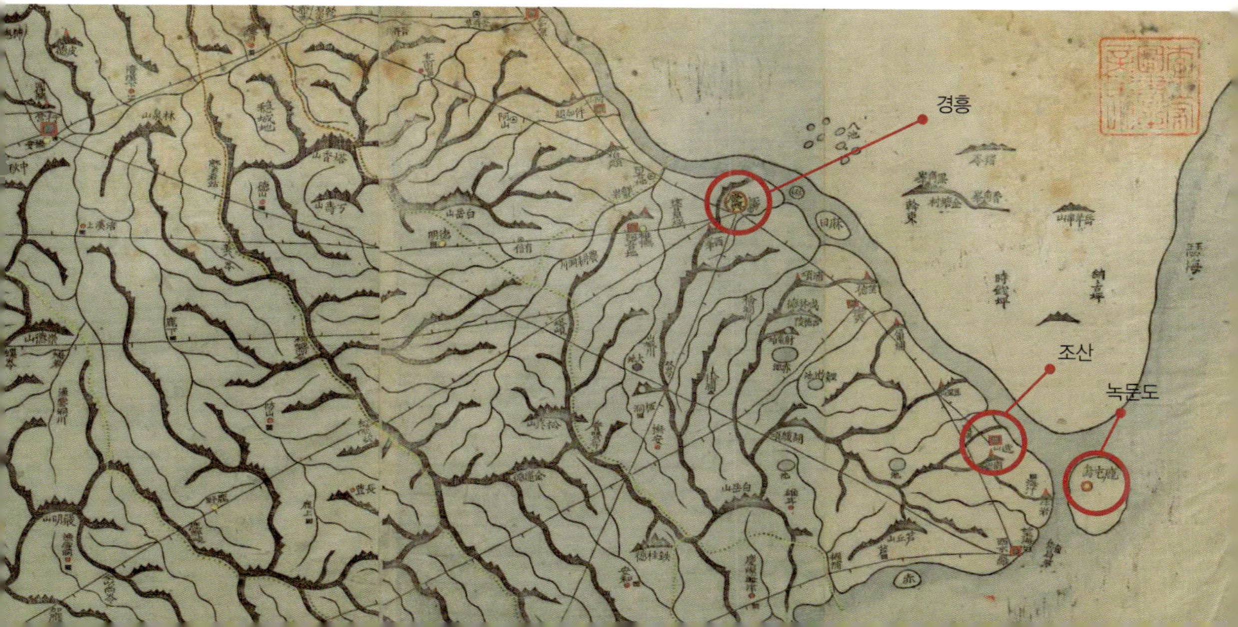

《대동여지도》 함경북도 경흥과 조산보, 녹둔도 위치

단되었다가 선조 대에 '니탕개의 난' 이후로 재개하여 목책도 설치하고 농기구와 농우 등도 보충했다. 둔전을 맡게 된 이순신은 북병사 이일에게 군사를 추가로 요청했다. 녹둔도가 고립된 지역인 데다가 수확기에 혹시나 있을 여진의 침입에 대비하기 위해서였다.

이순신의 예상대로 가을에 여진이 쳐들어왔다. 조선왕조실록에 따르면 농민들이 들판에 나간 사이에 기습적으로 쳐들어와서 노략질하고 아군 10여 명을 살해하고 민간인 160여 명을 사로잡아 갔다. 경흥 부사 이경록과 이순신이 이들을 추격하여 적 3명의 머리를 베고 잡혀간 사람 50여 명을 구출해서 돌아왔다. 북병사 이일은 패전의 책임을 이순신에게 돌려서 군법에 따라 참형을 시행하려고 했다. 죽음의 위기에 몰린 이순신은 본인이 군사를 추가로 요청했을 때 북병사가 묵살한 공문이 있음을 상기시켰다. 그러자 이일은 이순신을 가둔 뒤 선조에게 다음과 같이 보고했다.

"적호가 녹둔도의 목책을 포위했을 때 경흥 부사 이경록과 조산 만호 이순신이 군기를 그르쳐 군사 10여 명이 피살되고 160명의 인명과 15필의 말이 잡혀갔습니다. 국가에 욕을 끼쳤으므로 이경록 등을 가두었습니다."(《선조실록》)

이 보고가 올라오자 비변사에서는 이경록과 이순신을 잡아와야 한다고 주장했다. 하지만 선조는 이번 일이 전쟁에서 패배한 것과는 차이가 있다고 판단했다. "북병사를 시켜 장형杖刑을 집행한 다음 백의종군으로 공을 세우게 하라." 이 해 겨울 이순신은 백의종군으로 공을 세워 사면되었다. 그리고 1589년 45세에 전라도 관찰사 이광의 휘하에서 일하다가 전라도의 정읍 현감(종6품)이 되었다.

두 번째 백의종군은 임진왜란 중에 있었다. 선조는 1594년 중반 이후 전쟁이 소강상태로 접어들면서 이순신에 대해 부정적인 인식을 보였다. 선조는 이순신이 일본군을 무찌른 공이 가장 많다는 사실을 인정하면서도 공개적으로 "이순신이 혹시 일을 게을리하지 않는가?"라고 의구심을 나타냈다. 선조는 이순신의 동향을 예의주시했다. 선조는 대신이나 남쪽 지역의 정세를 살피고 온 관료들에게 이순신에 관해 자주 묻곤 했다. 1596년(선조 29) 6월에 선조는 좌의정 김응남에게 이순신의 평판을 물어본 뒤 이순신이 처음에 힘껏 싸웠으나 그 뒤로 적을 토벌하는 일이 없어서 의심스럽다면서 끝까지 공을 세울 수 있을지 모르겠다는 의견을 밝혔다. 그러자 김응남은 군중軍中에서 이순신이 조용하고 중도에 맞는다는 평판을 얻고 있다고 답변했다.

1596년 10월에도 선조는 조정으로 잠시 복귀한 사도체찰사四道體察使 이원익을 접견하는 자리에서 이순신이 힘써 일하고 있는지를 물었다. 이원익이 부지런히 일할 뿐만 아니라 한산도에 군량이 많이 쌓였다고 답변했다. 그러자 선조는 처음처럼 부지런히 왜적을 잡지 않고 태만해졌다는 여론이 있다면서 사람 됨됨이를 추궁하듯 물었다. 이원익은 이순신이 장수 가운데 가장 쟁쟁한 인물이며 태만 여부에 대해서는 잘 알지 못한다고 대답했다. 선조는 군 지휘자로서 자질이 있냐고 집요하게 다시 물었다. 이원익도 소신을 굽히지 않고 경상도 장수 가운데 가장 훌륭하다고 평가하자 선조의 질문도 끝이 났다.

이런 와중에 두 사건이 이순신의 발목을 붙잡았다. 하나는 1596년 12월에 부산 왜영倭營에 불이 나서 1,000여 가옥과 미곡 창고, 무기 등이 불에 타고, 일본인 24명도 죽은 일이었다. 이순신은 이 일을 휘하 장교와 군사들의 군공으로 보고했으나, 김신국은 도체찰사 이원익 휘하의 장교와 군사들의 군공으로 보고했다. 서로 다른 보고가 올라오자 선조는 이순신의 보고를 허위라고 여기면서 크게 질책했다.

여기에 가토 기요마사[加藤淸正]를 잡기 위해 출전하라는 명을 따르지 않은 것도 선조의 분노를 샀다. 이 사건의 빌미는 일본인 첩자 요시라가 제공했다. 일본 측의 반간계反間計라 할 수 있다. 요시라는 고니시 유키나가[小西行長] 부대에 소속해 있으면서 조선·명의 통역을 담당했다. 1594년(선조 27) 무렵에는 경상우도 병영에 드나들면서 귀순하는 척까지 했다.

1597년(선조 30) 1월 11월에 경상우도 병마절도사 김응서는 요시라로부터 첩보를 입수해 선조에게 보고했다. 그 요지는 현재 군사를 이끌고 대마도에 도착한 가토 기요마사가 조만간 바다를 건너 쳐들어올 예정이므로 길목을 미리 차단해야 한다는 것이었다. 조만간 일본의 재침이 이뤄지리라는 사실을 알고 있던 요시라가 고니시 유키나가의 명으로 이순신을 제거하기 위해 흘린 정보였다.

선조는 황신을 통해 비밀리에 이순신에게 가토 기요마사가 바다를 건너올 때 요격하라는 명을 내렸다. 하지만 이순신은 적 첩자의 말만 믿고 출전했다가 역공을 당할 우려가 있다고 판단해 신중한 태도를 보이면서 출전하지 않았다. 그런데 가토 기요마사가 군선을 이끌고 다대포에 상륙하자 선조는 이순신이 적을 요격할 수 있는 기회를 놓쳤다고 판단했다. 선조는 일본의 재침을 눈앞에 둔 상황에서 원균을 경상우도 수군절도사 겸 통제사로 교체했다. 그리고 임금을 속이고 적을 쫓지 않아 나라를 저버린 이순신을 용서할 수 없다면서 비변사를 종용하여 사형을 이끌어냈다. 이순신은 2월에 한산도에서 체포되어 3월에 투옥되었다.

이때 이순신을 위해 변론한 사람이 정탁이었다. 정탁은 "이순신이 참으로 죄가 있습니다만 위급할 때 장수를 바꿀 수는 없습니다."라고 주장했다. 그러면서 "군사 기밀의 이해관계는 멀리서 헤아릴 수 없습니다. 이순신은 명장이니 그가 요격하지 않은 데는 반드시 어떤 의도가 있었을 것입니다. 온 강역이 조용하지 못한 이때 까닭 없이 장수를 죽이는 것은 국가의 원대한 계책이 아닌 듯하니 청컨대 우선 용서해주어 후일의 성과를 책임 지우소서"라고 호소했다.

이순신은 4월 1일에 석방되어 5일에 아산으로 돌아왔다. 4월 11일에 어머니가 돌아가셨는데, 이 비보를 13일에 받았으며 18일에 장례를 치렀다. 다음날인 4월 19일에 백의종군을 위해 출발하여 4월 27일에 도원수 권율이 있는 순천에 도착했다. 7월에 칠천량 해전에서 원균이 이끄는 조선 수군이 참패하고 원균마저 전사하자 다시 삼도수군통제사로 복귀했다. 통제사로 복귀한 이순신은 1597년 9월에 명량해전에서 13척의 전선으로 일본 전선 133척 중 31척을 격파하는 큰 승리를 이뤄냈다.

1598년(선조 31) 2월에 이순신은 고금도로 통제영을 옮겨 전열을 재정비했다. 1598년 8월 18일에 도요토미 히데요시가 사망하자 일본은 철군을 결정했다. 11월 19일에 이순신은 노량 해협에서 본국으로 퇴각하는 일본군을 저지하기 위해 싸우다가 총탄을 맞고 전사했다. 죽음의 순간에도 승리를 위해 "전투가 한창 급박하니 나의 죽음을 알리지 말라."는 유언을 남겼다. 향년 54세였다.

충무로

《난중일기》를 읽다

"쓸 생각이 있었으나 바다와 육지에서 바빴고 쉴 틈도 없어 잊고 있은 지 오래다. 이제부터 이어간다."

이 글은 이순신이 1593년(선조 26) 5월 1일에 다시 《난중일기》를 시작하면서 남긴 메모다. 3월 22일까지 쓰다가 그 뒤로 쓰지 못했기 때문이다. 《난중일기》는 1592년(선조 25) 1월 1일부터 1598년 11월 17일까지 이순신이 쓴 일기다. 임진왜란이 발발하기 직전부터 노량해전에서 전사하기 이틀 전까지 썼다. 현재 대한민국 국보이자 유네스코UNESCO 세계기록유산이다.

《난중일기》의 시작은 1592년(선조 25) 1월 1일 새해 첫날 어머니에 대한 그리움으로 시작한다. "새벽에 아우 우신, 조카 봉, 아들 회가 와서 이야기를 나눴다. 어머니와 떨어져 2년째 남쪽에서 설을 쇠니 슬픔이 북받쳐온다."

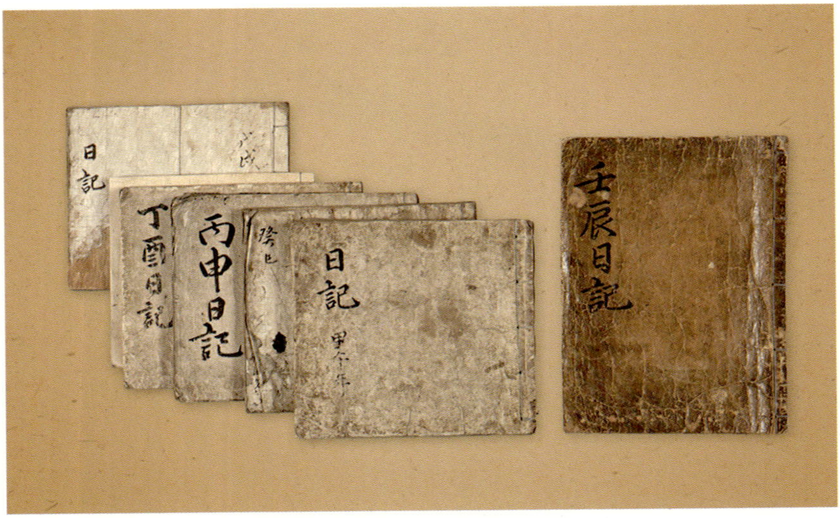

이순신 《난중일기》 및 서간첩 임진장초(李舜臣 亂中日記 및 書簡帖 壬辰狀草)

1594년(선조 27) 8월 30일 전쟁 중 부인의 병세가 심하다는 소식을 전해 들은 이순신은 "이미 생사가 결정되었는지도 모르겠다. 나랏일이 이러하니 다른 일에 생각이 미칠 수 없으나 아들 셋, 딸 하나는 어떻게 살아갈까. 가슴이 아프고 괴롭다."

이처럼 일기에는 이순신의 심사가 그대로 녹아 있어서 이순신의 감정을 느껴볼 수 있다. 그리고 그 감정 속에는 어머니를 포함한 가족과 나라 걱정으로 밤을 지새우는 고독감이 짙다.

1593년(선조 26) 3월 2일 일기다. "하루 내내 비가 내렸다. 배를 덮는 누추한 뜸 밑에 웅크리고 앉아 있었다. 온 생각이 가슴을 쳤다. 가슴에 품은 생각으로 어지러웠다." 1593년 5월 16일에는 "나라 걱정이 많은데 모든 일이 이처럼 걱정거리구나. 더욱더 탄식이 일어나 펑펑 쏟아지는 눈물에 잠길 뿐이구나."라고 썼다. 1595년(선조 28) 새해 첫날에도 다음과 같이 썼다. "촛불을 밝히고 홀로 앉았다. 나랏일을 걱정하니 나도 모르게 눈물이 주르르 흘러내렸다."

이순신은 명량해전을 앞두고 계속 몸이 좋지 못했다. 1597년(선조 30) 8월 21일에는 "밤 2시에 설사하고 심하게 토했다. 몸에 찬 공기가 닿아 그런가 싶었다. 소주를 마셔 치료하려 했는데, 인사불성이 되어 거의 살아나지 못할 지경까지 되었다. 10여 차례나 토했다. 밤새 고통스러웠다."라고 했다. 8월 22일에도 "설사하고 심하게 토했다. 인사불성이 되었다."라고 썼다. 8월 23일에도 마찬가지였다. "병이 아주 위험했다. 배에서 머무는 것이 불편했다. 실제 전쟁터가 아니었기에 배에서 내려 포구 밖에서 묵었다."

1597년 9월 15일 건강이 좋지 않은 상태에서 결전의 날이 다가오자 이순신은 강인한 마음 자세를 보였다. "병법에서 말하기를, '반드시 죽고자 하면 살고, 반드시 살려고 하면 죽는다.'라고 하였다. 또 말하기를 '한 사람

《동국신속삼강행실도》〈순신역전〉

이 길목을 지키면 1천 명도 두렵게 할 수 있다.'라고 하였다. 지금 우리를 두고 한 말이다."

1597년 10월 16일, 명량대첩의 승리 이후 이순신은 일본군의 보복으로 죽은 아들 이면의 죽음 앞에서 마음껏 울지도 못했다. "내일이면 막내아들이 죽었다는 소식을 들은 지 나흘째인데도 마음껏 울어보지도 못했다. 소금 굽는 강막지의 집으로 갔다." 1597년 10월 17일 "새벽에 향을 피우고 곡했으며 하얀 띠를 둘렀다. 슬프고 아픈 마음을 어찌 견디랴."

《난중일기》는 이렇게 끝맺는다. 노량해전에서 전사하기 이틀 전인 1598년(선조 31) 11월 17일이다. "어제 복병장인 발포 만호 소계남과 당진포 만호 조효열 등이 왜의 중간 배 1척이 군량을 가득 싣고 남해에서 바다를 건너는 것을 한산도 앞바다까지 쫓아 나갔다고 보고했다. 왜적은 한산도에서 기슭을 타고 육지로 올라가 달아났다. 잡은 왜선과 군량은 명군에게 빼앗기고 빈손이었다."

뭔가 대단한 내용이 아니라 여느 때와 마찬가지로 일본군의 동정을 기록했다. 이 마지막 일기에서 보듯이 전쟁 중 이순신의 일상은 적과 마주할 한순간을 위해 최선을 다하는 나날이었다.

이순신의 충심은 역사가 기억했다. 1598년 순국 직후에 이순신은 우의정에 추증되었다. 6년 뒤인 1604년(선조 37)에 좌의정에 추증되고 선무공신宣武功臣 1등에 녹훈되었다. 1643년(인조 21)에 '충무'의 시호를 받았다. 이순신 사후 45년 만의 일이었다. 이후 1793년(정조 17)에 영의정으로 추증되고 1795년에 이순신의 유고 및 온갖 관련 자료들을 모은 《이충무공전서》가 간행되었다.

07

시대가 만든 역신과 충신

난곡로와 삼학사로

- 강홍립의 생애와 활동
- 난곡동과 난곡로
- 삼학사의 생애와 활동
- 삼전도비와 삼학사로

제7강

시대가 만든 역신과 충신

- 난곡로와 삼학사로

한성주 강원대학교 사학과 교수

강홍립의 생애와 활동

강홍립姜弘立의 자는 군신君信, 호는 내촌耐村으로, 1560년(명종 15)에 태어나서 1627년(인조 5)에 죽었다. 강홍립의 할아버지는 우의정을 지낸 강사상姜士尙이고, 아버지는 좌참찬까지 오른 강신姜紳이며, 어머니는 정유의鄭惟義의 딸이었다. 강신은 정여립鄭汝立의 옥사를 처리하는 데 참여하여 평난공신平難功臣 3등에 책록되었고 진흥군晋興君에 봉해졌다. 강신은 강사상의 동생 강사안姜士安에게 입양되었기 때문에 강사안–강신–강홍립으로 가계가 계승되었다.

강홍립의 본관은 진주이지만, 그가 1589년(선조 22) 진사에, 1597년(선조 30) 문과에 급제할 때의 기록을 보면, 그의 거주지는 서울이었다. 강사상, 강사안, 강신이 모두 진사나 문과에 급제할 때 그 거주지가 서울이었던 것을 확인할 수 있어 이 집안은 오랫동안 서울에서 관직 생활을 해왔음을 알 수 있다.

강홍립은 30세에 진사가 되고, 38세에 문과에 급제한 후 시강원 설서, 예문관 검열 등을 지냈는데, 1598년(선조 31)에 홍문록에 등록된 것으로 보아 홍문관弘文館에서도 활동하며 문장과 학행을 갖춘 젊은 관료로 인식되었음을 알 수 있다.

그는 1599년(선조 32) 함경도도사가 되었는데, 조선을 배반하고 침략한 번호藩胡인 노토老土 부락을 정벌하는 데 참여하였다. 당시 노토는 조선의 변경을 자주 침입하다가 이미 누르하치[奴爾哈齊]에게 귀순한 상태였다. 강홍립은 경포수京砲手 동원, 정벌 시기, 군사들의 행로, 구체적인 습격 방법 등을 제시하였고, 이는 승정원을 통해 선조에게도 보고되었다. 1600년(선조 33)에 이루어진 노토 부락 정벌에서 조선은 여진인들의 집 1천여 채를 불태우고, 115명을 죽이는 등의 승전을 거두었다(조선군 사망자는 7명). 이 정벌은 함경도 관찰사 윤승훈이 주도하였는데, 강홍립은 윤승훈을 보좌하여 정벌에 직간접적으로 참여하였고, 이 과정에서 여진 및 북방 문제에 대한 경험을 쌓았다.

이후 강홍립은 성균관 전적, 공조 정랑, 예조 좌랑, 사헌부 지평, 사헌부 장령, 홍문관 수찬, 홍문관 교리, 성균관 사예, 예조 정랑 등의 관직을 역임하였다. 1606년(선조 39)에는 강홍립이 선조의 어전통사御前通事로 명 사신의 접대와 칙서를 통해하는 역할을 맡았는데, 이를 보아 강홍립은 중국어에도 능통하였던 것을 알 수 있다. 1607년(선조 40)에는 홍문관수찬으로 있으면서 함경도 순검어사巡檢御史로 나가 함경도와 6진, 길주 이북의 군사 상황을 조사하고 군대를 정비하는 것에 대해 건의를 올리기도 하였다.

광해군이 즉위한 뒤인 1608년에 이덕형을 진주사陳奏使로, 황신을 부사副使로, 강홍립을 서장관書狀官으로 삼아 명에 가서 습봉襲封에 관한 일을 아뢰게 하였다. 이듬해 진주사 일행이 임무를 수행하고 돌아오자, 광해군은 이들을 포상하였으며, 강홍립 역시 품계가 오르고 전지田地 10결과 외거노비 2명을 하사받았다. 1609년(광해군 원년) 광해군을 책봉하는 명 사신이 왔을 때도 강홍립은 어전통사로 활동하였다. 즉 강홍립은 광해군의 즉위 후 명에서의 책봉 과정에서 핵심적인 역할을 하였고, 이는 곧 강홍립이 광해군의 신임을 받는 초석이 되었다고 할 수 있다. 이후 강홍립은 한성부 우윤, 함경남도 병마절도사, 수원 부사, 순검사巡檢使, 경운궁 가승지假承旨를 역임하고 1618년(광해군 10)에 진령군晉寧君으로 봉해졌다.

한편 건주위建州衛의 누르하치는 1589년(선조 22)에 이미 흩어져 있던 건주여진建州女眞을 통합하였고, 1592년(선조 25) 임진왜란이 일어났을 때는 조선에 원병을 파견하겠다고 호언할 정도로 세력이 커져 있었다. 특히 임진왜란은 누르하치의 세력 성장에 도움을 주었는데, 요동 지역의 명군明軍이 조선에 참전하여 여진에 대한 명의 통제력이 약화되었기 때문이다. 누르하치는 임진왜란 시기 주변의 해서여진海西女眞 세력 등을 각각 멸망시키고 통합하더니, 1599년(선조 32) 만주 문자를 만들었고, 1615년(광해군 7) 팔기제八旗制를 정비하였다. 그리고 1616년 국호를 대금大金, 연호를 천명天命으로 하는 국가를 선포하기에 이르렀는데, 앞서 건국된 금金과 구분하기 위하여 일반적으로 후금後金으로 불리게 되었다.

광해군은 후금의 동향을 파악하는 한편 후금과 관련된 정보를 수집하기 위해 노력하였다. 또한 후금에 유연한 자세를 취하면서도 명과 후금 사이의 대결 구도에 휘말리지 않으려고 하였다. 그는 '안으로는 스스로를 강화하면서 밖으로는 견제하는 계책을 써서 한결같이 고려에서 했던 것과 같이 한다면 거의 나라를 보전할 수 있을 것'이라 하여 고려의 송·요·금과의 관계와 현실적이고 실리적인 외교 자세를 높이 평가하면서 군사적 대비책을 마련하였다. 즉 조총 등 각종 화포류를 제작하고, 일본에 조총과 장검 등의 수입을 타진하기도 하였으며, 무과를 실시하여 군관들을 선발하고 군사들을 조련시켰다.

명은 후금이 건국되자 누르하치와의 교역을 금지하고, 후금의 요동지역 개간 확대를 방해하는 등 경제적 제재 조치를 취하였다. 결국 누르하치는 1618년(광해군 10) 명에 대해 '7가지 원한'이 있다며 선전포고를 하였고 명의 무순을 공격하여 점령하였다. 명은 무순이 함락당하자 누르하치의 근거지인 흥경을 공격할 계획을 세우면서 남아있던 해서여진의 예허부[葉赫部]및 조선에서도 병력을 동원하려고 하였다.

광해군은 명의 파병 요구에 대해 조선의 피폐한 현실을 들어 최대한 거부하고자 하였으나 신료들은 임진왜란 때 명이 조선에 파병해 준 '재조지은再造之恩'을 언급하며 이를 받아들여야 한다고 주장하였다. 결국 광해군은 의정부 좌참찬이던 강홍립을 도원수로 임명하여 조선군을 이끌게 하였다. 강홍립은 여러 차례나 도원수를 사직하는 상소를 올렸으나, 광해군은 이를 받아들이지 않았다. 광해군은 강홍립과 함께 군사를 이끌 부원수로 평안도 절도사인 김경서를 임명하였으며, 안여눌, 문희성, 김응하 등을 참여시켰다.

강홍립은 1618년 8월에 한양을 출발하여 10월에는 창성에 주둔하면서 군사를 정비하고 명군과 군대 편성을 조율하는 등 출정을 준비하였다. 처음 조선에서는 포수가 3,500명, 사수가 3,500명, 살수가 3,000명으로 구성된 총 1만 명의 파병 인원을 고려하고 있었지만, 명은 포수를 5,000명으로 늘릴 것을 요구하였고, 결국 조선에서는 1619년(광해근 11) 1만 3,000여 명의 병력을 보내게 되었다.

그해 2월 명군은 누르하치의 본거지를 향해 약 10만 명의 군사를 나누어 동서남북 4방에서 군대를 진군시켰는데, 명과 후금의 이 전투를 통틀어서 사르후[薩爾滸] 전투라고 한다. 조선군은 동로군에 편입되어 요양총병관 유정劉綎의 지시를 받았는데, 압록강 유역에서 북상해서 누르하치의 근거지를 직접 공격하는 것을 목표로 하였다.

2월 3일, 광해군은 강홍립이 압록강을 건너기 전에 '중국 장수의 말을 그대로 따르지만 말고 오직 패하지 않을 방도를 강구하는 데에 힘을 쓰라.'라고 하여 상황에 따라 유연하게 대처할 것을 지시하였다. 마침내 조선군은 2월 18일에 부원수 김경서가 먼저 강을 건넜고, 19일에는 좌영左營과 우영右營이, 21일에는 강홍립이, 22일에 중영中營이, 23일에는 3영이 모두 도강을 완료하였다. 이때 도원수 강홍립이 직접 이끄는 군사가 740명, 부원수 김경서가 직접 이끄는 군사가 1,890명이었고, 중영이 3,350명, 좌영이 3,480명, 우영이 3,370명이었으며, 별도로 5,000명의 마군馬軍이 군량을 운송해 오기로 되어 있었다.

강홍립이 이끄는 조선군은 강을 건너 중국 장수인 유격장遊擊將 교일기喬一琦를 만나 행군하였는데, 대설과 추운 날씨, 그리고 강을 여러 차례 건너는 등 험한 길 때문에 전진에 어려움을 겪었다. 이 때문에 조선군은 지칠 대로 지쳤고, 군량은 떨어지는데 군량과 건초가 후송되지 않아서 강홍립은 명군 지휘부에 조선군의 사정을 설명하며 행군을 늦출 것을 요청하였다. 하지만 명의 장수 유정은 기일이 정해져 있다는 이유로 전진을 독촉하였다.

당시 강홍립이 보낸 장계를 보면, 유정은 '기일이 임박했으니 다른 방면의 군사들보다 늦어서는 안 된다.'라며 행군을 독촉하였고, 조선군의 양식이 떨어지자 양식을 기다렸다가 조용히 명군의 뒤를 쫓아 오도록 지시하였다. 결국 조선군은 양식이 떨어져서 교일기가 보내온 양식을 받아 쓰는 형편이 되기도 하였다.

3월 1일 명의 서로군이, 2일에는 북로군이 각각 후금에게 패하였고, 이 소식을 들은 남로군은 퇴각하였지만 유정이 이끄는 동로군은 이미 적진 깊숙이 들어와서 퇴각 명령을 받지 못하였다. 마침내 3월 4일 동로군은 후금군의 주력군에게 패하게 되었고, 동로군의 지휘관이던 유정은 화약포 위에 앉아서 불을 질러 자폭하여 죽게 되었다. 이때 강홍립이 이끌던 조선군은 명군의 후방 부대와 부차라는 지역에서 후금군과 격전을 벌였다. 당시 좌영장 김응하가 화포를 일제히 쏘아 적의 기병을 많이 죽였으나 갑자기 서북풍이 거세게 불어닥쳐 먼지와 모래로 천지가 캄캄해졌고, 화약이 날아가고 불이 꺼져서 화포를 쓸 수 없게 되면서 좌영의 군대가 거의 다 죽고, 우영의 군대는 미처 진을 치기도 전에 모두 섬멸되었다.

강홍립은 중영을 거느리고 산으로 올라가 험준한 곳에 의지했으나, 형세가 고립되고 군사들이 이틀 동안 먹지 못한 상태였다. 그러던 중 후금군이 조선의 역관 하서국河瑞國을 불러 강화를 하고 무장을 풀자는 뜻으로 말하자, 강홍립은 부원수 김경서와 함께 갑옷을 벗고 후금군에 항복하였다. 부차에서 벌어진 이 전투를 후에 심하전역深河戰役이라고 부르게 되었다.

당시 강홍립과 김경서의 항복에 대해 1년 후의 1620년(광해군 12) 《광해군일기》 중초본에는 '두 원수가 이미 밀지密旨대로 항복하여 차호差胡(오랑캐 사신)

《충렬록(忠烈錄)》 〈양수투항도(兩帥投降圖)〉

의 왕래가 끊이지 않았다.'라고 쓰여 있어 마치 이미 항복하라는 광해군의 밀지대로 강홍립 등이 고의적으로 항복한 것이 정설화되어 알려져 왔다. 그러나 《광해군일기》 정초본에는 이 내용이 삭제되어 있고, 심하전역에서 조선군의 인명 피해가 7,000~8,000명이 이르렀다는 기록이 있어 고의적인 항복이라는 주장을 완전히 믿기는 어렵다. 즉 인조반정 후 심하전역의 패전 책임을 강홍립과 광해군에게 돌렸는데, 이것은 정변을 일으켜 광해군을 몰아낸 것을 정당화하려는 정치적 의도에서 비롯된 것이다.

결국 강홍립 등의 항복은 불가피한 상황에서 이루어진 것이며, 이미 후금에서도 조선의 출병이 명의 압박에서 비롯된 것임을 알고 있었다. 조선은 출병에 앞서 회령에 온 누르하치의 사신 소롱이少弄耳를 통해서, 그리고 역관 하서국을 누르하치에 보내어 조선의 출병이 부득이한 것임을 알렸다. 이미 대규모인 명군의 출병이 있을 것이고, 조선군의 파병이 있을 것을 알고 있던 후금에게는 그다지 중요한 정보는 아니었겠지만, 조선의 입장을 설명하기에는 충분한 유화적 조치를 취했다고 볼 수 있는 부분이다. 그리고 조선의 부득이한 출병이었다는 점은 조선군이 대부분 괴멸된 상황에서 후금군과 조선군 서로에게 불필요한 싸움을 더 이상 하지 않을 명분을 만들었고, 이는 강홍립 등이 항복하는 것에 유리하게 작용하였을 것이다.

후금은 강홍립의 항복 이후 포로들을 송환하면서 조선과 우호적인 관계를 맺고 누르하치의 국서를 보내며 국교 수립을 희망하였다. 그러나 조선에서는 후금의 국서에 답을 하지 않고, 만포첨사 명의로 서신을 보내는 등 소극적으로 대응하였다. 강홍립은 후금에 잡혀 있으면서 조선의 출병이 부득이했음을 알리고, 조선의 입장을 설명하며 후금의 무리한 요구를 막았다. 그러면서도 그는 여러 차례 비밀히 장계를 올려 후금의 정황을 조선에 알리려고 노력하였다. 강홍립의 이러한 노력으로 광해군은 후금의 정황을 파악하고 명의 재출병 요구를 막으면서도 후금에 대한 우호적인 정책을 펼칠 수 있었다. 후금 역시 조선의 입장을 이해하면서 조선과 후금은 더 이상의 마찰을 피할 수 있었다.

강홍립의 항복 이후, 조선의 비변사와 삼사에서는 강홍립과 그 가족들을 처벌하자는 주장이 계속되었지만, 광해군은 강홍립의 입장을 변호하면서 그의 장계가 문제가 되지 않을 뿐만 아니라 그가 가족들과 연락을 취하게 하였다. 그렇지만 신하들은 강홍립의 항복이 강상綱常을 무너뜨리는 것이라며 극렬하게 비난하였다.

그러던 중 인조반정으로 광해군이 폐위되고 인조가 즉위하면서 친명배금정책을 표방하자 조선과 후금의 관계가 악화되기 시작하였다. 더구나 1624년(인조 2) 인조반정의 논공행상에 불만을 품은 이괄李适이 난을 일으키고, 그 잔당 한윤韓潤이 후금으로 도망치는 일이 발생했다. 한윤은 광해군이 억울하게 물러났으며 거짓으로 강홍립의 가족들이 죽었다며 후금의 조선 정벌을 부추겼다.

1626(인조 4)년 누르하치의 여덟 번째 아들인 홍타이지[皇太極]가 누르하치의 뒤를 이어 즉위하였는데, 그는 조선에 강경한 입장을 가지고 있었다. 1627년(인조 5) 홍타이지는 자신의 권력 강화, 후금의 식량 부족 타개 등을 위해 조선의 가도椵島에 주둔하던 모문룡毛文龍을 친다는 명분으로 조선을 침공했는데, 이를 정묘호란이라고 한다. 후금군은 한윤을 길잡이로 삼고, 강홍립을 데리고 조선으로 진격하였는데, 강홍립에게 있어서는 9년 만에 고국으로 돌아오는 것이었다. 결국 그가 고국으로 돌아오게 된 것은 조선과 후금의 전쟁 때문이었다.

후금군은 평안도를 지나 황해도까지 이르렀지만, 가도의 모문룡 제거에 실패하였고, 더 이상 남쪽으로 진군하는 것에 준비가 되어 있지 못했다. 또 후금은 전쟁 초기부터 조선에 강화를 제의한 상태였으며, 양자 사이의 강화에 있어서 강홍립이 중요한 역할을 하게 되었다.

인조는 후금군이 남하하자 강화도로 피신하였고, 후금의 강화 제의에 적극적으로 호응하였다. 조선에서는 강홍립에게 서신을 보내고, 강홍립의 아들 강숙姜璹과 숙부 강인姜絪을 보내어 후금 진영에 왕래하며 강화를 교섭하게 하였다. 전쟁의 강화 과정에서 강홍립과 그의 가족들이 중요한 역할을 하게 된 것이다. 마침내 강홍립은 후금의 사신과 함께 강화도로 찾아와 2월 10일 인조를 알현하고, 후금군의 정세와 강화에 대한 의견을 제시하였다. 그 결과 강화가 체결되어 조선은 후금과 국교를 맺고 형과 아우가 되는 형제관계가 되었다.

강홍립은 정묘호란 후 조선과 후금이 국교를 맺으면서 영구 귀국하게 되었다. 인조는 강홍립이 잡혀간 지 10년이나 되었는데도 끝까지 머리를 깎지 않았으니, 그 뜻이 가상하다며 그의 관작을 회복할 것을 지시하고, 요미料米를 지급하는 등 후하게 대우하였다. 그러나 조정의 신료들은 계속해서 강홍립을 처형할 것을 주장하고, 그에 대한 인조의 후대를 문제 삼았다.

한편 강홍립 등이 조선으로 돌아가자, 후금에서는 그와 박난영朴蘭英이 거느리고 있던 중국인 남녀 247명과 조선인 31명, 그리고 낙타 1마리, 수레 5채, 마소 30여 필을 보내왔다. 이 중에는 포로가 되었던 명의 요동지휘사 동기공佟奇功의 딸이 포함되어 있었고, 언니는 강홍립에게, 동생은 박난영에게 시집을 갔었다. 조선에서는 강홍립에게 친신親信하였던 몇 사람들만을 남기고 중국인들을 모두 명나라로 돌려보냈는데, 강홍립이 죽자 시집왔던 동기공의 딸 역시 중국으로 돌려보냈다.

강홍립은 귀국한 지 4월개 정도 지난 1627년(인조 5) 7월 27일 집에서 병사하였다. 그가 죽자 인조는 다시 그의 관직을 회복시켜 줄 것과 장례에 필요한 물품을 지급하려고 하였지만 이 역시 신료들의 반대로 취소되었다.

강홍립이 죽은 3년 후 권칙權侙은 《강로전姜虜傳》이라는 한문 소설을 지었다. 권칙은 서얼로 강홍립과 함께 포로가 되었다가 탈출하였던 사람이며,

《강로전》은 '강씨 오랑캐에 관한 전'이라는 뜻이고, 여기서의 '강씨 오랑캐'는 바로 강홍립을 가리킨다. 《강로전》에서 강홍립은 비겁하게 후금에 항복한 뒤 호의호식하다가 정묘호란 때 후금의 앞잡이가 되어 조선을 침략한 후 살육을 자행하는 악인과 스스로 보위에 앉으려 시도한 불충不忠의 인물로 묘사되었다.

그러나 《강로전》은 그다지 알려지지도 않고 성공적이지 않았다. 역사적 등장인물은 사실이었지만, 그 내용이 사실과 크게 부합하지 않았기 때문이다. 즉 당시 심하전역에서 살아 돌아온 사람들의 생생한 증언들이 있었고, 정묘호란 당시에도 후금군이 침략한 서북 지역에서 강홍립이 살육을 자행하였다는 것은 사실이 아니었다. 인조는 강홍립이 죽자 '소위 적을 이끌었다는 설은 강홍립의 본의가 아닌 것 같다'며 강홍립이 후금군을 이끌고 왔다는 소문에 부정적이었다. 더구나 그는 병을 무릅쓰고 정묘호란의 강화에 나서서 조선과 후금의 전쟁을 막았으며, 조선의 왕이 되려고 한 적도 없었다. 강홍립은 이처럼 죽어서 오랑캐라는 누명을 썼지만, 현실에서 《강로전》은 말 그대로 소설로 취급되었을 뿐 제대로 된 역사서의 평가를 받지는 못했다.

난곡동과 난곡로

강홍립은 죽은 후 지금의 서울 관악구 난향동에 묻혔다. 이곳은 조선시대에는 경기도 금천(현 시흥시) 동면에 속하였고 난곡리라고 불렸으며, 수백 년 동안 진주 강씨 문중이 세거하던 곳이었다. 원래 강홍립의 묘는 진주 강씨 묘역과는 조금 떨어진 난곡초등학교 운동장 자리에 있었으나, 1970년 난곡초등학교 신축에 따라 그 뒷산인 진주 강씨 묘역으로 이장하였다. 진주 강씨 묘역에는 강홍립의 할아버지인 강사상이 묻혀 있는 등 진주 강씨 대사간공파 인물들의 묘역이 조성되어 있다. 특히 신도비가 있는 강사상 묘역은 서울특별시 유형문화재로 지정되어 있다.

그런데 이 지역이 난곡蘭谷으로 불리게 된 이유에 대해서는 몇 가지 설이 있다. 첫째는 강홍립이 이곳에 유배되어 난초를 많이 길렀다는 데서 유래하였다는 설이다. 그런데 사실 강홍립이 귀국한 후 이 지역에서 거주하였는지는 확실하지 않다. 또 그가 그의 고향으로 유배당해 왔다는 기록은 없으므로 와전된 것으로 보아야 할 것이다. 다만 그가 죽어서 그의 문중이 관리하던 곳에 묻힌 것만은 사실이다. 둘째는 공동묘지가 많았다고 해서 난골·낙골·낙굴이라고 했던 데서 유래되었다는 설이다. 그런데 이 지역의 공동묘지는 1940년 경성부에 의해 현재의 신림동·독산동 일대에 조성되었기 때문에 공동묘지에서 유래되었다는 설도 크게 설득력이 없다. 셋째는 이 지역에서 수백 년 동안 뿌리내리고 살아온 진주 강씨 문중에 의해서 작성된 것으로 보이는 《난곡동蘭谷洞 동명기원소초洞名起源小抄》에 의한 것으로, 이 동리의 속된 이름이 낭곡狼谷이니 그 이름이 비루하고 속되어서 '낭狼'자와 음이 비슷한 '난蘭'자로 고쳐 부른다고 한 기록을 바탕으로 '낭곡'에서 '난곡'으로 바뀌었다는 설이다. 이 이야기를 쓴 강사상의 아들 전 승지承旨 강서姜緖는 자신의 호도 '난곡'이라고 하였으므로, 마지막의 세 번째 설이 가장 신빙성과 설득력이 있다.

난곡리는 1914년 경기도 시흥군 동면 신림리가 되었다가 1963년 서울 영등포구 신림동으로, 1973년 관악구 신림3동으로, 1977년 신림7동을 분동하였다가 2008년 신림7동을 난향동으로 개칭하였다. 난향동이라는 동명은 강홍립이 이 일대에서 지낼 때 난초를 많이 심어 그 향기가 그윽하다는 데에서 유래하였다고 한다. 1970년대 초부터 집중적으로 실시된 주택

강홍립 묘(위)와 강사상 신도비(아래)

지 개발사업으로 주택단지가 조성되고 2000년 본격적인 재개발 사업의 결과 대규모 아파트 단지가 들어서기도 하였다.

'난곡'이라는 지명은 관악구 신림동에서 가장 널리 불리고 있는 전래 지명으로, 현재 신림 제3동·신림 제7동·신림 제12동·신림 제13동으로 나뉘어 있다. 이 지역의 주도로로 이용되는 '난곡로'는 1970년대 초까지 이 지역의 중앙을 가로질러 흐르는 개천이었고, 난곡마을은 1960년대 철거민 집단이주 정착단지가 형성되기 전까지 하난곡·된굴·뭇골 등으로 불리는 3개의 마을로 나뉘어져 이 개천을 따라 좌우로 산기슭에 형성되어 있었다. '난곡로'는 바로 이 개천을 복개한 것으로 난곡마을의 진입도로가 된 것에서 유래하였다.

난곡로

이 길은 1984년 11월 7일 서울특별시공고 제673호에 의해 처음 '난곡로'로 이름 붙여졌는데, 이때 '난곡로'는 신대방역에서 신림 제7동 104-1번지 신림제7동사무소에 이르는 3,000m 구간이었다. 그 후 677m 연장되어 '난곡로'는 관악구 신림동 518-1번지(신대방역)에서 난곡사거리를 거쳐 신림동 산87-11번지 난향삼거리에 이르는 폭 15~20m, 길이 3,677m의 2차선 도로가 되었다. 이 길은 '난곡로'로 불리며 도로폭이 26~49m의 4차선 도로로 확장되었다. 그러나 '난곡로'는 상습 정체 구간이어서 2011년 난향동에서 신대방역까지 총 3.1km 구간을 6차로로 확장해 개통하였다.

이 도로 좌우에 관악구 난곡보건분소, 난곡난향도시재생지원센터, 난곡치안센터, 난곡119안전센터, 신한은행 난곡지점 등이 있으며, 2014년 도로명주소를 전면 시행하면서 주도로인 '난곡로' 좌우 모두를 '난곡로 ㅇ길' 또는 '난곡로 ㅇㅇ'로 변경하였는데, 이 일대에는 총 2,867건의 난곡로가 있다.

서울시에서는 해마다 봄꽃길을 선정하는데 '난곡로'는 그중 하나로 4월 초중순경 신대방역~휴먼시아아파트 사이의 3km의 구간에 이르는 가로변의 벚꽃이 화려하여 드라이브도 좋다고 한다. 2010년에서 2016년까지 난향동~신대방역~보라매공원까지 이르는 지하경전철이 추진되기도 하였다.

삼학사의 생애와 활동

삼학사三學士는 척화삼학사斥和三學士라고도 하는데, 평양 서윤 홍익한洪翼漢, 홍문관 교리 윤집尹集, 홍문관 수찬 오달제吳達濟를 말한다. 이들은 청과의 화친을 배척하고 끝까지 싸울 것을 주장하다가 병자호란 이후 청에 붙잡혀가 순국하였다.

홍익한의 본관은 남양이고 원래 이름은 홍습洪霫이었으나 홍익한으로 고쳤다. 그의 자는 백승伯升, 호는 화포花浦·운옹雲翁이고, 관찰사 홍서주洪叙疇의 증손이다. 할아버지는 홍애洪磑, 아버지는 진사 홍이성洪以成이며, 백부인 교위校尉 홍대성洪大成에게 입양되었다. 그는 예조판서, 우의정, 좌의정을 지낸 월사月沙 이정구李廷龜의 문인이었다.

홍익한은 1615년(광해군 7)에 생원이 되었고, 1624년(인조 2)에 장원으로 문과에 급제하였다. 1625년(인조 3) 사은사謝恩使 이덕형, 부사副使 오숙吳䎘을 따라 서장관으로 중국에 다녀왔고, 고령 현감을 지냈으며, 1635년(인조 13)에는 사간원 정언이 되었다가, 다시 사헌부 장령이 되었다.

1636년(인조 14) 후금의 홍타이지가 황제로 등극하려 하며 조선의 동참을 요구하는 사신을 보냈다. 후금은 조선과의 관계를 형제관계에서 군신지의君臣之義로 고칠 것, 황금·백금 1만 냥과 전마 3,000 필 등 세폐歲幣와 정병精兵 3만을 요구하였다. 이때 사헌부 장령이었던 홍익한은 상소를 올려 후금의 사신인 잉굴다이[龍骨大] 일행의 입경을 저지하고, 그들이 들어와도 일행의 목을 베어 명에 보고하고 결사항전을 벌이자고 하였다. 그는 또 오랑캐가 칭제하는 것은 인정할 수 없고, 정묘호란의 맹약을 파기하는 것이므로 그들을 죽여 조선을 모욕한 것을 씻자고 강력하게 주장하였다. 즉 홍익한을 비롯한 화친을 배척하는 척화파는 후금과의 전쟁도 불사한다고 하였으며 인조는 결국 이들의 손을 들어주어 후금과 절교하는 방향을 선택하였다. 결국 한성에 들어왔던 후금의 잉굴다이 일행은 조선의 험악한 상황을 보고서는 놀라서 심양으로 도주하였으며, 도주하던 잉굴다이 일행은 인조가 평안도에 내리는 결사항전의 유시문을 탈취하여 돌아가게 되었다.

결국 그해 3월 후금의 홍타이지는 조선의 참여 없이 만몽한滿蒙漢 신료들의 추대로 황제로 등극하고 국호를 대청大淸으로 고쳤으며, 12월에 병자호란을 일으켜 조선을 침략하였다. 병자호란이 일어나자 조정에서는 홍익한을 평양 서윤으로 보내어 청군을 막게 하였다. 그러나 청군은 빠르게 남하하여 인조가 강화도로 가는 길을 막았고, 인조는 남한산성으로 피신해야만 했다.

홍익한 역시 평양으로 가는 길이 막혀서 강화도로 갔다가 교동을 거쳐 평양으로 갔다. 그러나 강화도가 함락되자, 남아있던 홍익한의 두 아들과 사위는 적에게 죽임을 당했으며, 아내와 며느리도 적에게 붙잡히자 자결하였고, 이 때문에 늙은 어머니와 딸 하나만이 살아남았다. 인조는 남한산성에서 45일간 항전하다가 1637년(인조 15) 1월 30일 삼전도에서 홍타이지에게 삼배구고두三拜九叩頭의 예를 행하며 항복하였고, 이로써 조선과 청은 군신관계를 맺게 되었다. 청은 소현세자와 빈궁, 봉림대군을 볼모로 보낼 것과 척화론자 2~3인을 결박지어 보내라고 요구하였는데, 홍익한은 화친을 배척한 척화파의 우두머리로 여겨져 오달제·윤집과 함께 청의 심양으로 잡혀갔다.

이때 홍익한은 평양에 있어서 조선 조정에서는 평안 도사에게 명령하여 그를 형틀에 매어 청군의 진영에 끌고 갔으며, 그는 윤집과 오달제보다 먼저 심양에 도착하여 이들보다 먼저 죽었다. 그는 잉굴다이 앞에서 "지난봄에 네가 우리나라에 사신으로 왔을 때, 네 머리를 베라고 청했던 사람은 바로 나 한 사람 뿐이었다."라고 하였으며, 홍타이지 앞에서도 무릎을 꿇지 않았다. 홍타이지가 홍익한에게 "너는 왜 먼저 맹약을 위배하고 화의를 배척하여 두 나라가 틈이 벌어지게 하였느냐?"라고 묻자, 홍익한은 홍타이지에게 "너는 우리나라와 형제가 되기로 약속을 해놓고 도리어 황제를 자칭하여 우리를 신하로 삼으려고 하였으니 맹약을 위배한 실수가 과연 너에게 있는 것이냐, 우리에게 있는 것이냐?"라고 대답하였다. 이어 홍익한은 죽기 전에 지필을 구하여 '후금은 황제를 칭하여, 조선과 교린交隣

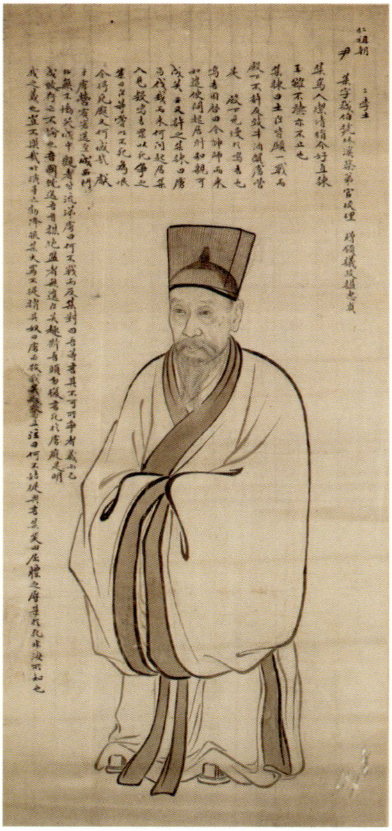

〈윤집 초상〉

의 맹약이 있는데 먼저 배반하였다.'라고 꾸짖는 글을 쓰고 참수되었다.

윤집의 본관은 남원이고, 자는 성백成伯, 호는 임계林溪·고산高山이다. 그는 윤우신尹又新의 증손으로, 할아버지는 교리 윤섬尹暹, 아버지는 서흥 현감을 지낸 윤형갑尹衡甲이었다. 1627년(인조 5) 생원이 되었고, 1631년(인조 9) 문과에 급제한 후 세자시강원 설서, 홍문관 수찬, 사간원 정원, 사간원 헌납, 이조 좌랑, 이조 정랑, 홍문관 부교리와 교리를 역임하였다.

오달제의 본관은 해주이고, 자는 계휘季輝, 호는 추담秋潭이다. 그는 오경민吳景閔의 증손으로, 할아버지는 오희문吳希文이고, 아버지는 여주 목사를 지낸 오윤해吳允諧였다. 1627년 진사가 되었고 1634년(인조 12) 문과에 급제한 후 사간원 정원, 홍문관 부수찬, 사헌부 지평, 홍문관 수찬을 역임하였다.

오달제와 윤집은 후금과의 화친에 대해 반대하였고, 홍익한과 같이 후금의 칭제에 대해 강력하게 비판하였다. 청이 병자호란을 일으키자, 오달제와 윤집은 인조를 호종하여 남한산성으로 피신하였다.

윤집은 남한산성에서 사헌부·사간원·홍문관 삼사가 모여 화친을 주장하는 사람들을 참하도록 청하려고 할 때 이 논의를 주도하였다. 그리고 윤집과 오달제는 계속해서 상소를 올려 화친을 반대하면서 끝까지 싸울 것과 화친을 주도한 최명길의 목을 벨 것을 청하였다. 그러나 인조는 이들의 상소에 대해 실정에 어긋난 말을 하지 말라며 이미 사실상 청과의 화친 성립을 기정사실화하고 있었다. 또 청이 화친의 조건 중 하나로 척화론자들을 결박지어 보내라고 하자, 윤집과 오달제는 자신들이 지난해 가을과 겨울에 상소를 올려 최명길의 주화론을 배척하였으니 스스로 오랑캐의 진영에 나아가겠다고 하였다.

오달제 필 〈묵매도〉

결국 인조는 삼전도로 가기 하루 전인 1월 29일에 화친을 배척한 윤집과 오달제를 먼저 청군 진영에 잡아 보내게 되었다. 윤집과 오달제가 인조에게 하직 인사를 하자, 인조는 그 가족들에 대해 물어보았는데, 윤집은 아들 셋의 생사를 알 수 없고, 77세인 조모만 있다고 하였고, 오달제는 70세 된 노모와 아직 자녀는 없지만 임신 중인 아이가 있을 것이라고 대답하였다. 이에 인조는 '참혹하고 참혹하다'며 그들이 잡혀가는 것을 탄식하였다.

최명길이 이들을 이끌고 청군 군영에 가자, 홍타이지는 이들의 결박을 풀게 하고 크게 대접하며 초구貂裘 1습을 각각 지급하였다. 윤집과 오달제가 청에 끌려갈 때 도성 안이 어수선하여 모두들 망국의 거조라고 하였으며, 이들은 청군의 후진에 있어 4월 15일에야 심양에 도착하였다. 4월 19일 잉굴다이가 홍타이지의 말을 전하여 "그대들이 화친을 단절하자는 의논을 앞장서 외쳐 두 나라의 틈이 생기게 하였으니 그 죄가 중하여 죽여야 하겠지만, 특별히 살려주고자 하니 처자를 거느리고 이곳에 들어와서 살겠는가?"라고 묻자 윤집과 오달제는 이를 거듭 거부하였고 마침내 심양의 서문 밖에서 참수되었다. 소현세자 등을 따라 심양에 와 있던 조선의 재신들이 윤집과 오달제를 살려줄 것을 거듭 청하였으나 그들의 죽음을 막을 수는 없었다.

한편, 오달제는 끌려가는 도중에 시를 지어 노모와 형에게 남겼다고 하는데, 《인조실록》에 다음과 같이 수록되어 있다.

외로운 신하 의리 바르니 마음이 부끄럽지 않고	孤臣義正心無怍
성주의 깊으신 은혜에 죽음 또한 가벼워라.	聖主恩深死亦輕
이생에서 가장 무한한 슬픈 것이 있다면	最是此生無限慟
문에 기대어 기다리는 어머니 뜻을 저버림이로다.	北堂虛負倚門情

인조는 홍익한, 윤집, 오달제의 남은 가족들에게 매달 곡식을 지급하였고, 그들을 잘 돌보도록 거듭 지시하였다. 이후 1653년(효종 4)이 되어서야 홍익한에게는 도승지, 윤집에게는 부제학, 오달제에게는 좌승지의 관직이 추증되었다. 그리고 현종 때 이들을 정려旌閭하자는 건의가 있었으나 청에 소문이 날까 염려하여 이루어지지 않았다. 이들에 대한 정려는 1686년(숙종 12)에 이루어졌는데, 홍익한에게 이조 판서와 충정忠正이라는 시호가, 윤집에게는 충정忠貞, 오달제에게는 충렬忠烈이라는 시호가 내려졌다. 그 뒤 1705년(숙종 31)에는 홍익한, 윤집, 오달제를 영의정에 추증하였다.

청은 홍익한, 윤집, 오달제를 죽이고 그 시신을 주지 않았다. 홍익한의 무덤은 현재 평택에 있는데, 평소 그가 타던 안마鞍馬와 옷깃만을 수습해 장사 지낸 것이라고 전한다. 또 윤집의 묘는 부여에 있는데 역시 그의 의관을 매장한 것이고, 오달제의 묘는 용인에 있는데 그의 허리띠와 주머니를 매장한 것이다.

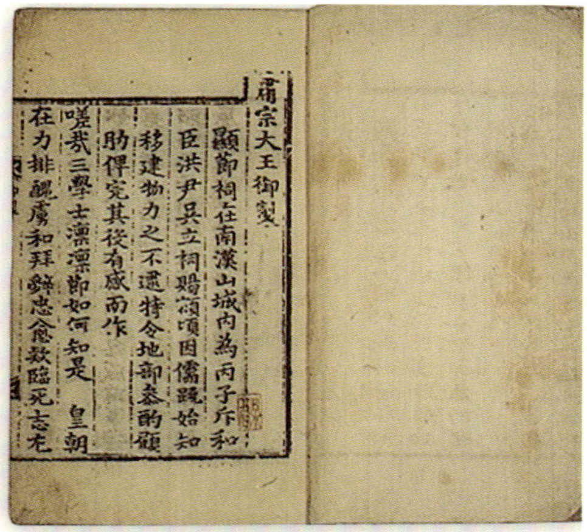

송시열이 편찬한 《삼학사전》

홍익한, 윤집, 오달제는 광주의 현절사顯節祠, 강화의 충렬사忠烈祠, 평택의 포의사褒義祠, 홍산의 창렬서원彰烈書院, 부안의 도동서원道東書院, 영천의 장암서원壯巖書院, 고령의 운천서원雲川書院, 평양의 서산서원西山書院 등에 제향되었다.

이들이 죽고 45년이 지난 1683년(숙종 9)에 송시열宋時烈은 《삼학사전三學士傳》을 지어, 홍익한, 윤집, 오달제를 추모하였다. 그는 삼학사의 생애와 활동, 그리고 죽음을 맞이할 때의 모습을 여러 기록을 토대로 생생하게 기록하였으며, 효종 때 이루어진 그들에 대한 추증을 높이 평가하였다.

삼전도비와 삼학사로

병자호란이 끝난 직후부터 서울에 남아있던 청의 마푸타[馬夫大]는 인조가 항복한 삼전도에 비석을 세우도록 요구하였다. 조선은 1637년(인조 15) 6월부터 땅을 높이 다져 침수를 방지하는 공사를 진행했는데, 이는 인조가 항복한 수항단受降檀 자리가 강에 가까워 지대가 낮으므로 한강 물이 불어날 경우 침수의 우려가 있었기 때문이다. 이후 마푸타는 조선에 여러 차례 방문하며 비석의 건립을 감독하였고, 1639년(인조 17)에 완성되어 세워졌다. 청에서는 조선에게 비문의 내용을 스스로 짓게 하여 당시 예문관 제학이던 이경석李景奭이 지었으나, 그 내용은 대부분 청에 있던 한인漢人 관료 범문정范文正 등이 수정한 것을 반영한 것이다. 비문은 몽고문·만주문·한문의 3종 문자로 같은 내용을 담고 있는데, 강홍립의 투항부터 정묘호란과 병자호란에 이르기까지 조선의 과오, 조선의 항복과 청 황제가 조선을 구원해 준 공덕을 찬양하는 것이다.

삼전도비의 정식 명칭은 대청황제공덕비大清皇帝功德碑이지만, 삼전도비라고 부르는 것은 이 비가 삼전도에 세워졌기 때문이다. 삼전도비는 1895년(고종 32) 청일전쟁이 끝난 뒤 땅속에 묻혔다가 1917년 일제의 조선총독부에 의해 다시 세워졌고, 광복 후인 1956년 문교부 주도로 또다시 땅속에 묻히는 수난을 겪었다. 이후 1963년 대홍수로 비석의 모습이 드러나면서 자리를 옮겨 다시 세웠는데, 2007년 페인트로 훼손당하는 사건이 벌어지기도 하였다. 2010년에는 고증을 통해 석촌호수 서호 남쪽에 있던 비석을 서호 동북쪽 언덕에 옮기고 보호각을 설치하였다. 삼전도비는 현재 사적으로 지정되어 있다.

한편 삼전도三田渡는 조선시대 광주목 서북쪽 한강 연안에 있는 나루였으며, 한강도漢江渡, 양화도揚花渡, 노량도露梁渡와 더불어 4대 도선장 중 하나였다. 1439년(세종 21)에 삼전도를 처음으로 설치하였으며, 이때 한강도의 나룻배 1척과 사재감 소속의 선박 2척, 10명의 진척津尺을 주어 윤번으로 왕래하게 하였다. 삼전도는 20세기 중엽까지 나루가 운영되었으며 잠실대교의 건설로 기능이 상실되었고, 뽕밭나루, 삼밭개, 세밭나루, 삼밭나루, 삼

오늘날의 삼전도 비(위)와 일제강점기 삼전도비(아래)

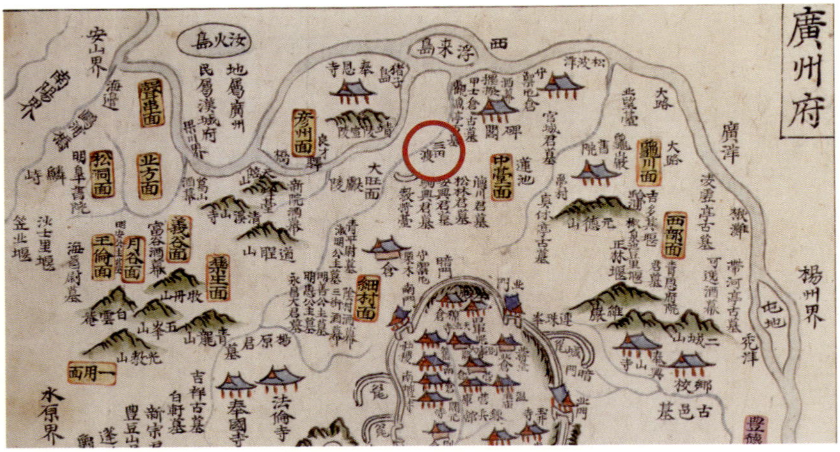

《광여도(廣輿圖)》〈광주부〉 속에 보이는 삼전도

받게 등의 별칭으로도 불렸다.

송파구의 삼전동은 바로 이곳에 한강 4진의 하나인 삼전도가 있어서 유래하였다. 삼전도는 마전포麻田浦라고도 하였는데, 삼밭이 있었으므로 '삼'을 한자로 취음取音하여 삼전동으로 표기한 데서 유래되었다고 하며, 일설에는 이곳에 물이 밀리지 않아 마을에 유일하게 밭이 셋 있었다는 데서 유래되었다고도 한다.

삼전도는 원래 조선시대 광주목에 속했으며, 1895년(고종 32) 8도제가 폐지되고 전국이 23부제로 개편되었을 때 한성부 11군 중 광주군에 속하였다가 1년 뒤인 1896년(고종 33) 전국을 다시 13도제로 개정할 때 경기도 38군 중 광주부에 소속되었다. 1906년(대한제국 광무 10) 광주부는 광주군으로 개칭되었는데, 이때 삼전도는 광주군 중대면에 속하였고, 1914년 조선총독부에서 단행한 경기도 구역 획정에 의해 광주군 중대면 삼전리가 되었다. 광복 후인 1963년 서울시 행정구역 확장에 따라 서울시에 편입되어 성동구 삼전동이 되었다가 1975년 성동구에서 강남구가 분리 신설됨에 따라

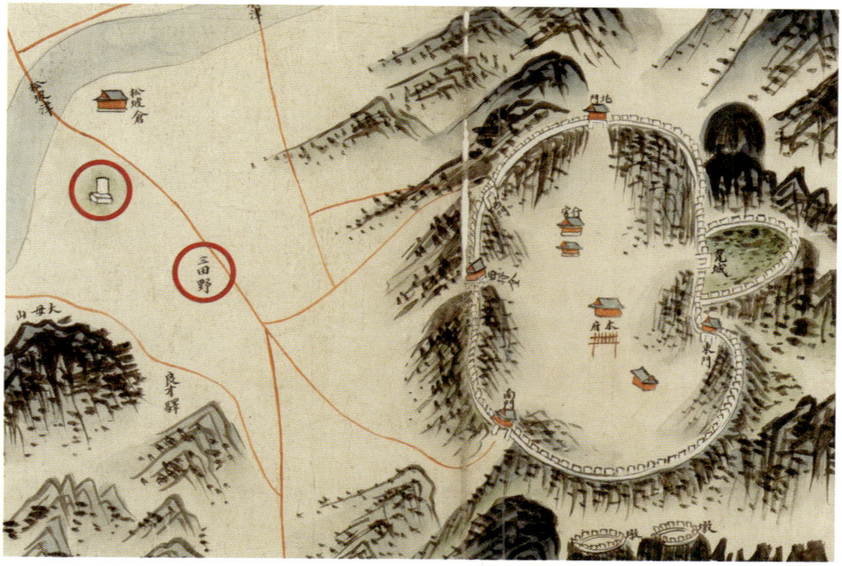

《동국여도(東國輿圖)》〈남한산성도〉 속에 보이는 삼전도비와 삼전야(三田野)

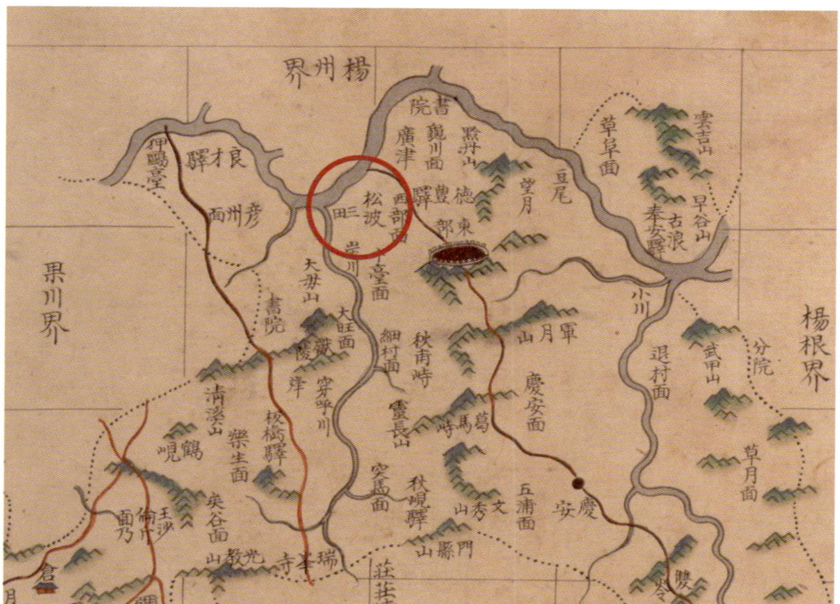

《팔도군현지도(八道郡縣地圖)》〈광주〉 속에 보이는 삼전과 송파

강남구에 이속되었다. 1979년 강남구를 분구하여 강동구를 신설하면서 삼전동은 강동구에 속하였다가 1988년 강동구에서 분리 신설된 송파구에 이속되었다.

삼학사로는 1984년 11월 7일 서울특별시공고 제673호에 의해 처음으로 이름이 붙여졌는데, 이 길이 병자호란 때 청과의 강화를 극력 반대하다가 청에 끌려가 처형된 홍익한, 윤집, 오달제 세 학사의 충절을 기리기 위해 삼전도비가 세워졌던 곳을 지나는 데서 유래되었다. 삼학사로가 지정될 당시에는 삼전도비가 현재의 위치로 옮기기 전으로 석촌호수 서호 남쪽에 세워져 있었다.

삼학사로는 처음에는 송파동 1번지에서 송전초등학교를 경유하여 삼전동 172-1번지에 이르는 1,300m 구간이었지만, 그 후 폭 25m, 길이 1,400m의 4차선 도로 구간으로 조정되었다. 이 길은 잠실지구 구획정리에

삼학사로

따라 건설된 남·북 종단 간선도로로, 현재는 송파구 잠실동 47번지에 있는 삼전도비 및 석촌호수 서호를 포함하여 서울놀이마당 앞 교차로부터 석촌호 교차로를 지나, 배명사거리를 거쳐 삼전동 172–1번지 앞의 탄천에 이르고 있다. 삼학사로 1길은 탄천동로와 삼천로 2길 사이에서 탄천에 접하고 있고, 삼학사로 종단 간선도로 좌우 주택가의 작은 길들이 '삼학사로 ○길' 또는 '삼학사로 ○○'로 지정되어 있으며, 주변은 백제고분로와 송파대로, 석촌호수로 등으로 둘러싸여 있다.

08

조선 예술의 선도자들

겸재로와 추사로

- 서울을 그린 화가 정선과 겸재로
- 추사 김정희와 추사로
- 〈세한도〉 이야기: 우정과 의리
- 〈세한도〉의 비밀을 풀다
- 〈세한도〉의 감상하기

제8강

조선 예술의 선도자들

- 겸재로와 추사로

박철상 한국문헌문화연구소장

서울을 그린 화가 정선과 겸재로

대한민국의 중심 서울, 이곳의 수많은 거리엔 이름이 붙어있다. 그 거리마다 사연도 많고, 유래도 다양하다. 그중엔 겸재로謙齋路란 이름의 길도 있다. 동대문구 휘경여중고삼거리에서 중랑구 겸재삼거리를 잇는 총연장 2.7km의 도로이다. 이 길의 이름은 조선 후기의 화가 정선鄭敾의 호인 겸재를 따서 지은 것이다. 겸재로는 중간에서 중랑천을 건너게 되는데, 2015년 개통한 이곳의 다리 이름도 겸재교다.

겸재 정선은 한국 회화사에서 첫손가락에 꼽을 만한 중요한 사람이다. 수많은 작품을 남겼고, 그 명성은 당대뿐만 아니라 지금까지도 이어져 많은 이들이 그를 최고의 화가로 꼽는 데 주저함이 없다. 〈인왕제색도仁王霽色圖〉와 〈금강전도金剛全圖〉는 국보로 지정되어 있고, 〈해악전신첩海嶽傳神帖〉, 〈풍악도첩楓嶽圖帖〉, 〈경교명승첩京郊名勝帖〉 등 8점이 보물로 지정되어 있다.

참으로 조선을 대표하는 화가라 할 만하다. 특이한 것은 이들 대부분의 명작이 금강산과 서울을 그렸다는 점이다. 정선은 금강산과 서울의 산천에 특별한 애착을 가졌다.

우리나라 산수의 특징과 아름다움에 집착했던 화가 정선이 금강산에 주목한 것은 사실 특이한 일이 아닐 수도 있다. 그렇다면 서울, 당시의 한양 풍경에 주목한 이유는 무엇일까? 우선은 그가 나고 자라고 생활하다가 사망한 곳이 바로 서울이라는 점이다. 몇 차례의 여행을 제외하면 정선은 거의 평생을 한양에서 살았고, 아침저녁으로 마주하는 인왕산을 비롯한 한양의 산천이 자연스럽게 그가 그리는 그림의 소재가 되었던 것이다. 게다가 한양의 산천은 전국의 어느 지역과 비교하더라도 손색이 없을 정도로 빼어난 것이었다. 정선이 그린 일련의 한양 소재 그림들을 보면 당시 한양의 풍광이 얼마나 아름다웠는지 누구나 쉽게 짐작할 수 있다. 지금은 빌딩 숲에 가려져 잘 드러나지 않지만, 정선이 살던 조선 후기에도 한양은 우리나라에서 풍광이 가장 아름다운 고을이었던 것이다.

겸재 정선은 조선의 수도이자 최고의 환경을 자랑하던 한양의 양반가에서 태어났다. 그러나 14세의 어린 나이에 아버지를 여의고 소년가장이 된 까닭에 과거공부를 제대로 할 처지는 되지 못하였다. 그럼에도 사서삼경을 비롯한 학문 연마에 매진했고 특히 《주역》에 심취했다. 38세 이후 관직에 나아가 70세 무렵 퇴임했으니 대략 30년 이상 관료생활을 했다. 경상도 지역에 현감으로 나가 있던 기간 등을 제외한 대부분의 일생을 인왕산과 백악산 주변에 머물며 경화세족들과 어울렸고, 당대 최고의 화가로 이름을 날리며 임금의 총애도 받았다.

그림에 있어서 겸재는 실로 조선의 국가대표임이 분명하다. 당시뿐만 아니라 지금도 외국에 조선의 회화를 이야기할 때 제일 먼저 손에 꼽을 수 있는 인물이 겸재이기 때문이다. 이런 겸재의 그림을 진경산수眞景山水라고 부른다. 화가가 실제 산수를 화폭에 담는 전통은 중국이나 우리나라에서 오래전부터 있었지만, 정선처럼 대부분의 풍경을 실제로 보고 그리는 화가는 거의 없었다. 조선 산수화의 새로운 경지를 개척했다고 볼 수 있다. 정선의 진경산수화는 중국 화풍에 많은 영향을 받던 당시 상황에서 우리 산수의 모습을 나름대로 재해석한 결과로 역사적인 의미가 있다고 볼 수 있다. 정선의 새로운 화법이 등장하기 이전에는 우리나라 그림을 중국 그림의 아류로만 여기는 경우가 많았다. 정선의 진경산수화는 실제 풍경의 특색을 뽑아서 과감하게 과장한 그림이라 할 수 있다. 중국 그림은 정형화된 골짜기와 구름 낀 산이 감도는 평원이 대부분인데 비해 정선의 산수화는 우리 산천의 모습을 암산, 암벽과 같은 거칠고 거센 질감으로 표현하였으며, 강렬한 필세를 보여준다.

이러한 점은 그의 대표작 〈인왕제색도〉에서 여실히 드러난다. '비 갠 뒤의 인왕산 풍경'이란 의미의 제목인데, 직접 인왕산을 보고 그린 것이다. 비가 그친 뒤 안개가 피어오르는 인상적 순간을 포착하여 그 느낌을 잘 표현하였다. 산 아래에는 나무와 숲, 그리고 자욱한 안개를 표현하고, 위쪽으로 인왕산의 바위를 가득 배치하였다. 산 아래는 위에서 내려다보는 시선으로 그리고, 산 위쪽은 멀리서 위로 올려다보는 시선으로 그려 바로 앞에서 바라보는 듯한 생생한 현장감을 주고 있다. 비에 젖은 뒷편의 암벽은 거대하고 무거운 느낌을 주는데, 이를 위해 먹물을 가득 묻힌 큰 붓을 반복해서 아래로 내리긋는 대담한 필치를 사용하였다. 좀 더 가까이에 있는 능선과 나무들은 섬세한 붓질과 짧게 끊어 찍은 작은 점으로 실감나게 표현하였다. 1751년(영조 27)에 그린 이 그림은 중국의 것을 모방하여 산수를 그려오던 것에 반하여 직접 경치를 보고 그린 진경산수화일 뿐만 아니라, 그 화법에 있어서도 우리나라의 산수를 아주 잘 표현하였다. 따라서 그의 400여 점의 유작 가운데 가장 크고 그의 화법이 잘 나타난 조선 후기 진경

〈인왕제색도〉(위)와
전 전성필 〈금강전도〉(아래)

산수화를 대표하는 걸작으로 평가된다.

'선현후겸先玄後謙'이란 말이 있다. 조선 전기엔 현동자玄洞子 안견安堅, 후기엔 겸재謙齋가 최고의 화가라는 뜻이다. 안견은 〈몽유도원도夢遊桃源圖〉를 그린 화가로 중국 송나라 때 곽희郭熙의 그림을 바탕으로 독자적 화풍을 개창한 북종화北宗畵의 거장으로 꼽힌다. 한편 정선은 남종화南宗畵의 거장으로 깊은 교양을 바탕으로 시대적 작가정신을 실천해 독보적인 회화정신을 창안한 화가이며, 조선 진경산수라는 주체적이고 독창적인 장르를 만들어냈다. 그런 그의 작품 중에서도 최고의 작품으로 꼽히는 게 바로 〈인왕제색도〉이다. 당시 이웃에 살던 화가 조영석趙榮祏은 "인왕산 아래 유거하던 겸재가 산을 마주 대하고 필묵으로 자가흉중성법自家胸中成法(스스로 창안하여 가슴 속에서 이룩해낸 화법)의 그림을 그렸다."라는 한마디로 〈인왕제색도〉의 가치를 적절히 평가하기도 했다.

인왕산은 흰색 화강암으로 이뤄진 골산骨山이다. 인왕仁王은 불교의 수문신장守門神將 이름에서 딴 것이다. 금강역사金剛力士라고도 불리기에, 금강산과도 같은 맥락의 이름이다. 북악을 등에 진 경복궁에서 보자면 우백호右白虎에 해당한다. 이 산의 이미지가 호랑이가 된 것은 그런 점에도 있다. 실제로 이 산은 호산虎山이기도 했다. 희끗희끗한 바위는 바로 백호白虎의 꿈틀거리는 동세動勢다. 짙은 먹으로 거침없이 쓸어내린 한 덩이의 산기운이 우렁차다.

〈인왕제색도〉에는 원래 만포晩圃 심환지沈煥之가 1802년 초여름에 쓴 시가 붙어 있었다. 미술사학자 고유섭이 이 그림을 보았을 때 발문이 있었다고 한다.

비 그친 삼각산엔 봄 구름 피어나고	華岳春雲送雨餘
울창한 소나무는 그윽한 집 둘러있네.	萬松蒼潤帶幽廬

주인은 틀림없이 깊은 장막 아래에 앉아 主翁定在深帷下
혼자서 하도河圖와 낙서洛書 연구하고 있겠지 獨玩河圖及洛書

심환지는 이 그림의 화가가 겸재라는 걸 잘 알고 있었고, 그가 《주역》에 침잠沈潛하고 있었음도 익히 알고 있었다. 비 갠 뒤 구름과 울창한 소나무에 둘러싸인 집에 사람은 보이지 않고 지붕만 보인다. 심환지는 이를 보고 주인이 그곳에서 《주역》을 연구하고 있을 것이라 생각했다. 겸재의 겸謙은 바로 《주역》의 괘卦 이름 중 하나이다.

18세기 후반 서울의 경화세족 집안의 서재엔 겸재의 그림 한 폭쯤 걸려 있었다. 대부분이 금강산과 서울의 산수를 소재로 한 그림들이었다. 그를 금강산의 화가이자 서울의 화가라 부르는 이유이다. 그가 남긴 작품은 400여 점에 달했고, 그를 따르려는 이들이 겸재화파를 이뤘다. 심사정, 강희언, 최북, 김홍도, 이인문, 김석신, 이재관이 뜻을 이었고, 문인화가 강세황, 이윤영, 정수영도 겸재 바람에 붓을 보탰다.

겸재로

추사 김정희와 추사로

추사로秋史路는 조선 후기의 문인 추사 김정희金正喜가 이 길이 지나는 종로구 통의동 7번지 창의궁彰義宮에서 태어난 데서 기인한 도로 이름이다. 추사로는 조선 초 창의문으로 나가는 길로서 북악산과 인왕산에서 흘러내리는 백운동천(청계천의 지천)을 따라 난 길이었는데, 개천은 모두 복개되었다. 1984년 11월 7일 서울특별시공고 제673호로 가로명을 제정하면서 시안으로 청운로·칠궁로 등이 제시되었으나 추사로로 최종 결정되었다. 이때 추사로는 종로구 체부동에서 신교동삼거리를 거쳐 칠궁에 이르는 폭 30m, 길이 1,020m의 길이었으나 1986년 7월 18일 창의문길이 새로 제정되면서 새로 제정된 자하문길에 통합되었다.

김정희의 이름 앞엔 늘 '추사'란 두 글자가 따라다닌다. 그리고 사람들은 그 이름을 들을 때마다 '추사체'를 떠올린다. 서예는 전통시대 예술의 대표 장르였고, 김정희는 그 서예의 최고봉에 이르렀던 인물이기 때문일 것이다. 하지만 서예가란 틀 안에 김정희를 가둘 수는 없다. 유학의 경전을 연구하는 경학經學의 대가였고, 청나라 고증학을 수용하여 조선의 금석학金石學을 학문으로 정립시켰다. 그림에서도 〈세한도〉, 〈불이선란〉 등의 명작을 남겼다. 김정희는 그렇게 자신만의 세계를 견고하게 만들었고, 19세기 학문과 예술의 종장宗匠이 되었다. 〈세한도〉는 바로 19세기 학문과 예술의 총화이자, 김정희를 이해하는 중요한 키워드이다. 〈세한도〉는 단순히 한 장의 그림이 아닌 시대를 읽는 또 다른 창이다. 특히 김정희가 살았던 시대는 청나라 문물이 물밀듯이 밀려들고, 서양과 일본 문화가 조금씩 스며드는 때였다. 그는 이러한 시대를 살면서 깊은 통찰력을 바탕으로 학문과 예술의 분야에서 새로운 세상을 만들어냈다. 그렇게 만들어낸 그의 세계를 당시 학예의 중심인 청나라 지식인들은 동경하였다. 김정희가 외래문화를 어떻게 수용하고 발전시켰는지 그 전범을 〈세한도〉를 통해 읽을 수 있다. 우리는 끊임없이 외래문화와 만나고 그 문화를 수용해야 하는 운명이다. 200년 전의 글로벌 지식인 김정희. 〈세한도〉를 통해 그의 삶을 이해하고, 그의 학문을 이해하고, 그리고 우리의 삶을 되돌아볼 수 있는 한 계기가 될 수 있을 것이다.

명나라의 멸망(1644년)은 중국과 조선의 지식인들에겐 큰 충격이었다. 그리고 그 충격은 양국 지식인들의 의식에 변화를 가져왔다. 그들은 명나라의 멸망을 도덕성의 쇠퇴와 사상적 혼돈의 결과로 해석했고, 이 모든 것이 공허하고 피상적인 도학道學의 공리공론에서 비롯되었다고 보았다. 이런 생각은 당시 조선의 지식인들에게서도 그대로 나타났다.

한편 조선의 지식인들은 임진왜란이라는 국난을 명나라의 도움으로 헤쳐나갔기 때문에 어려움에 처한 명나라를 도와야 한다고 여겼다. 당연히 청나라를 공동의 적으로 여겼고, 언젠가는 명나라를 대신해 중원에서 청나라를 축출해야 한다고 생각했다. 바로 대명의리론對明義理論이다. 명나라가 멸망하자 조선의 지식인들은 청나라의 문화를 야만의 오랑캐 문화로 인식하고 중화사상을 조선이 계승해야 한다고 생각했다. 명나라가 사라진 이상 조선만이 문화국임을 자부했다. 바로 소중화小中華사상이다. 이렇게 청나라에 대한 적개심에서 출발한 조선 지식인들의 인식은 17세기와 18세기를 관통하며 조선 후기 사회 전반에 걸쳐 흐른다.

시간이 흐르면 한 사회가 공유하는 문제의식도 변하기 마련이다. 청나라에 대한 적개심이 18세기 후반에 이르자 조금씩 변화를 보이기 시작했다. 그 배경에는 중국 남방에 남아있던 명나라 잔존 세력의 소멸과 청나라의 신속한 안정이라는 현실이 자리하고 있었다. 반면에 연행을 통한 청나라와의 교류로 청나라 문물에 대한 인식이 고양되면서 청나라에 대한 적개심은 병세의식并世意識을 통해 순화되어 갔다. 조선은 청나라 문물의 수용과 배척의 기로에 서 있을 수밖에 없었다. 그리고 정조의 등극은 새로운 조선의 탄생을 알리는 신호탄이었다. 정조는 치밀한 준비를 거쳐 청나라 문물을 제한적으로 수용하기 시작했는데, 청나라 문물의 장점만을 주체적으로 수용하기 위해 무척 노력하였다. 그 결과 젊은 지식인들 사이에서는 청나라 문물을 수용하여 조선의 현실에 적용해야 한다는 북학北學이 하나의 흐름을 형성하였다. 정조 사후, 북학의 유행은 가속화되었고 연행燕行은 지식인의 필수 코스가 되었다. 19세기를 연행의 시대로 만든 것이다. '연행을 통한 북학의 수용'은 19세기를 특징짓는 가장 명확한 표현이다. 그리고 추사 김정희는 연행과 북학의 시대, 19세기를 상징하는 인물이다.

김정희를 천재라고들 하지만, 사실 그는 천재가 아니었다. 그런 그가 19세기 최고의 학자로 우뚝 서게 된 배경에는 강력한 정보력이 있었다. 그는 그 정보력을 바탕으로 누구도 따라갈 수 없을 정도의 노력을 기울였던 것이다. 김정희는 젊은 시절 생부 김노경金魯敬으로부터 꾸중을 듣기 일쑤였다. 그 이유는 과거공부에 힘을 쏟지 않았기 때문이다. 대신 글씨와 그림은 물론이고 다양한 분야의 학문에 관심을 가지고 있었다. 그의 관심은 온통 청나라에서 유행하던 최신 학문에 쏠려 있었다.

김정희의 10대는 이처럼 청대의 학술과 문화를 습득하고 익히는 데 전력을 기울이던 때였다. 그 때문에 그는 24세라는 비교적 늦은 나이에 생원시生員試에 합격하였다. 그리고 시험에 합격하기가 무섭게 아버지 김노경을 따라 연행을 떠났다.

연경에 도착한 김정희는 여러 젊은 학자들과 어울렸고, 완원阮元을 찾아가 가르침을 받기도 하였다. 하지만, 귀국할 날이 얼마 남지 않았는데 청나라의 학자이자 서예가였던 옹방강은 만날 길이 없었다. 78세의 노인인 옹방강은 낯선 손님을 잘 만나주지 않았다. 김정희는 그런 옹방강을 만나기 위해 갖은 노력을 다했다. 결국 부친인 김노경까지 동원하여 옹방강을 만날 계획을 세운 김정희는 마침내 귀국을 며칠 앞둔 1월 말경에 옹방강의 서재인 소재蘇齋에서 그를 만나게 된다. 소재를 찾아간 김정희는 소동파의 초상화를 배알하고 그곳에 소장되어 있던 여러 가지 귀한 보물들을 구경하였다. 또 옹방강으로부터 직접 경학에 관한 여러 가지 가르침을 받았다. 그때 김정희가 받은 감동은 청나라의 고전학자 손성연孫星衍의 제자와 나눈 필담에 고스란히 남아 있다.

> "젊은 분의 이름과 호, 그리고 관직이 어떻게 됩니까?"
>
> "제 이름은 정희正喜, 자는 추사秋史, 호는 보담재寶覃齋입니다. 지난 10월에 진사進士가 되었습니다."
>
> "선생은 옹담계翁覃溪를 아십니까?"
>
> "저는 이번 여행에서 담계覃溪를 뵙고 소재蘇齋에 올라가 소동파의 초상을 알현하고 돌아왔습니다. 저는 이 어른과 좋은 인연이 많이 있습니다. 10년 전 꿈에서 이 어른을 뵙고, 이번 여행에서 만나 뵈었는데 과연 꿈속의 그분이었습니다. 게다가 이 어른의 글씨를 많이 소장하고 있습니다. 그래서 제 서재에 '보담재'란 편액을 걸었습니다. 마치 이 어른이 보소재寶蘇齋라 한 것과 같습니다."
>
> "아주 특이한 일이군요. 문인들이 이른 나이에 출중한 데에는 그 내력이 있는가 봅니다."
>
> "저는 독서를 아주 좋아하는데, 경설經說에 더욱 고심하고 있습니다. 이번 여행에서 완원 선생과 옹방강 선생을 만나 뵈어 어리석음을 깨우치고 어둠이 걷히게 되었습니다. 그러나 돌아갈 일정이 촉박하여 그 깊은 곳을 모두 알 수 없으니 참으로 안타깝습니다."

짧지만 연경에서의 2개월은 그의 일생의 방향을 바꾸어 놓았고, 귀국한 뒤로는 다시 과거시험과는 거리를 둔 생활을 하게 된다. 그 대신 연행에서 만난 옹방강으로부터 편지를 통한 지도를 받으면서 꾸준히 청대 학예學藝

의 정수를 흡수하기 시작했다. 이제는 혼자서 하는 공부가 아니라, 해외의 석학을 통해 학문의 방향을 잡아나갈 수 있게 되었다. 이렇게 해서 옹방강이 사망하던 1818년까지 8년 동안 김정희는 청조 학술의 정수를 체득하게 된다. 그리고 다음 해인 1819년(순조 19)에 문과에 급제한다.

〈세한도〉 이야기: 우정과 의리

영조 때 영의정을 지낸 김흥경金興慶은 아들 넷을 두었다. 그중 막내 아들 김한신金漢藎은 13세의 나이에 영조의 둘째 딸인 화순옹주和順翁主와 결혼하여 월성위月城尉에 책봉되었다. 하지만 그는 아들을 낳지도 못하고 39세의 젊은 나이에 요절하고 만다. 화순옹주 또한 슬픔을 이기지 못해 2주일 동안이나 단식한 나머지 생을 마감하고 말았다. 그러자 월성위의 큰형 김한정金漢楨의 셋째 아들 김이주金頤柱에게 그 뒤를 잇게 하고 월성위 부부의 제사를 받들게 하였다. 김이주는 아들 넷을 두었는데 넷째 아들 김노경이 바로 김정희의 아버지이다. 그러나 김이주의 큰아들 김노영金魯永 또한 아들을 얻지 못하자, 월성위 부부의 제사를 받드는 일이 집안의 중요 문제로 떠올랐다. 김정희는 월성위의 제사를 모신다는 명분하에 김노영에게 입적入籍되어 월성위 부부의 제사를 받들게 되었다.

1800년(정조 24) 6월 28일, 정조가 승하하면서 김정희 집안은 정쟁의 회오리 속으로 한 걸음씩 나아가기 시작하였다. 정조의 뒤를 이어 등극한 순조는 11세의 어린아이였다. 당시 왕실의 최고 어른은 영조의 계비이자 김정희 집안의 어른인 정순왕후貞純王后였다. 당연히 정순왕후의 수렴청정이 시작되었고, 외척인 경주 김씨 가문이 정치세력의 중심으로 부상하였다.

하지만 수렴청정은 3년 만에 끝이 났고 순조의 친정이 시작되었다. 그러나 나이 어린 순조가 국정을 운영하기엔 힘에 부쳤다. 순조의 장인 김조순金祖淳을 비롯한 안동 김씨 세력을 중심으로 세도정치가 이어질 수밖에 없었다. 이렇게 외척들의 세도에 밀려 자신의 의지대로 정국을 운영하지 못하던 순조는 아들 효명세자孝明世子에게 정국 운영을 맡기게 된다. 국정의 새로운 돌파구가 필요했기 때문이었다. 1827년(순조 27)의 일이었다.

대리청정을 맡은 효명세자는 김조순 계열의 정승들을 밀어내고 자신의 사람들로 요직을 채우기 시작했다. 김정희의 생부인 김노경도 그중 한 명이었다. 이제 김정희 집안이 본격적으로 정치의 중심으로 이동하기 시작한 것이었다. 김정희 역시 그런 세자의 측근 인물이 되어 있었다. 그러나 효명세자의 대리청정은 오래가지 못했다. 1830년(순조 30) 5월 6일, 갑작스러운 죽음을 맞이했기 때문이다. 김조순을 비롯한 안동 김씨 세력은 국정을 운영하기 위해 다시 나선 순조를 앞세워 효명세자 대리청정기의 중심 인물들을 축출하기 시작했다. 먼저 효명세자의 죽음을 정쟁으로 비화시켰다. 효명세자의 장례가 끝난 8월 말경에 다시 올라오기 시작한 상소에는 김정희의 부친 김노경도 포함되어 있었다. 8월 27일 부사과副司果 김우명金遇明이 김정희의 부친 김노경을 공격하는 상소를 올렸다. 그러자 순조는 오히려 김우명을 관직에서 쫓아냈다. 상소 내용이 터무니없다고 판단한 것이다. 그러자 이번에는 부사과 윤상도尹尙度가 상소를 올렸다. 8월 28일의 일이었다. 이번에도 순조는 윤상도에게 엄한 처벌을 내렸다. 하지만 소용이 없었다. 상소는 빗발쳤고, 지친 순조는 손을 들고 말았다. 김정희의 부친 김노경은 고금도에 위리안치圍籬安置되었다. 1830년 10월 8일의 일이었다. 이렇게 김정희 집안의 재앙은 시작되었지만, 이것은 서막에 불과했다. 이로부터 4년 동안 김노경은 고금도에서 유배 생활을 한다.

하지만 재앙의 불씨는 꺼지지 않고 그대로 남아 있었다. 효명세자가 죽은 지 10년이 지난 1840년(헌종 6), 순조는 이미 세상을 떴고 헌종이 왕위에 올라 있었다. 이번에는 순조의 왕비 순원왕후純元王后가 수렴청정을 맡게 되었다. 순원왕후는 김조순의 딸이었다. 안동 김씨 세력들이 여전히 권력의 중심에 있었다. 그러나 순조는 죽기 전 조인영에게 헌종의 앞날을 부탁하였기 때문에 어쩔 수 없이 안동 김씨는 조인영을 비롯한 풍양 조씨 가문과 공조체제를 유지할 수밖에 없었다. 이후 순원왕후의 수렴청정이 끝나고 헌종이 친정을 하게 되면서 안동 김씨 세력은 불안을 느끼기 시작했다. 자신들의 세력을 유지하기 위해 뭔가 새로운 돌파구가 필요했다. 다시 사건을 만들어 냈다. 사건은 김홍근金弘根의 상소로 시작되었다. 1840년 7월 10일, 대사헌 김홍근은 윤상도와 김노경에 대한 국청을 열고 그 사건을 재조사하여 처벌해야 한다고 상소를 올렸다. 하지만 그것은 옥사를 일으켜 국정을 장악하려는 음모의 시작이었다. 김노경은 이미 3년 전에 사망했었다. 사망한 지 3년이 지난 김노경의 죄를 다시 끄집어낼 이유가 무엇이겠는가? 이미 유배중인 윤상도 한 사람이 그들에게 무슨 의미가 있었겠는가? 그들에게 위협적인 존재는 오직 김노경의 아들 김정희뿐이었다. 김노경을 죄인으로 만들고 김정희의 힘을 제어하기 위한 음모가 시작된 것이었다. 윤상도를 끌어들인 것은 김노경을 죄인으로 만들기 위한 방편이었다. 윤상도를 다시 조사하면서 김노경까지 함께 죄인으로 만들고자 한 것이다.

1840년 7월 10일, 수렴청정을 하고 있던 순원왕후는 추자도에 유배중인 윤상도를 잡아다가 국문을 하도록 하였다. 7월 12일에는 김노경의 관작官爵을 추탈하라는 하교를 내렸다. 그리고 8월 11일, 윤상도는 효명세자를 무고하였다는 죄로 능지처참에 처한다. 그런데 재조사 과정에서 윤상도에게 상소를 종용한 인물이 허성許晟이었으며, 허성을 사주한 사람이 김양순金陽淳이었다는 사실이 밝혀졌다. 김양순은 권력을 쥐고 있던 안동 김씨 가문의 사람이었다. 사건은 새로운 국면에 접어들게 되었다. 그런데 김양순을 문초하는 과정에서 다시 뜻밖의 문제가 불거졌다. 그는 자신의 죄를 인정하기는커녕 김정희를 물고 늘어졌다. 윤상도가 올린 상소문을 처음 작성한 사람이 김정희라고 주장한 것이다. 김정희는 김양순의 말 한마디로 옥에 갇히는 신세가 되고 말았다. 이때 김정희의 친구인 조인영이 헌종에게 이 사건에 관한 보고서를 올렸다. 여기서 조인영은 김정희의 죄상에 대해 의심은 가지만 확증이 없다는 결론을 내렸다. 이를 본 헌종은 김정희를 제주도의 대정현大靜縣에 위리안치하라는 전교를 내리며 심문을 거두라고 하였다. 김정희는 심문에서 모두 6차례에 걸쳐 고문을 당하고 36대의 곤장을 맞아 만신창이가 된 몸을 이끌고 제주도로 향할 수밖에 없었다. 1840년 9월 4일의 일이었다.

겨우 목숨을 건진 김정희는 곧바로 유배길에 올랐다. 갖은 고문과 매질로 만신창이가 된 몸을 추스릴 여유조차 없었다. 몸에 형구가 채워지고 매를 맞았다는 모욕감은 둘째 치고, 김정희를 더욱 힘들게 한 것은 조상의 얼굴에 먹칠을 했다는 죄책감이었다. 비참한 심정을 하소연할 곳도 없었다. 가장 친한 친구 권돈인은 그해 7월에 형조판서로 임명되어 있었지만, 그가 할 수 있는 일은 아무것도 없었다.

김정희가 제주도에 도착한 것은 1840년 9월 27일이었다. 김정희의 제주도 생활은 쉽지 않았다. 기후와 풍토가 맞지 않아 병치레가 잦아졌다. 처음 제주도로 유배 가게 되었을 때만 해도 김정희는 잠깐 쉬었다 돌아올 수 있을 것이라 생각했다. 친구인 권돈인과 김유근이 있었기 때문이다. 이 세 사람의 관계는 참으로 '삼총사'란 말이 어울릴 정도로 너무도 절친한 사이였다. 하지만 김정희 집안과 안동 김씨 집안의 정치적 대립은 심각했다. 김노경이 고금도에 유배되었던 일이나 김정희 자신이 이렇게 제주도로 유배된 것도 모두 안동 김씨 집안 때문이었다. 그런 집안의 가장 핵심적인 인물과 김정희가 어떻게 그렇게 친하게 지낼 수 있었을까?

김정희와 김유근은 자신들의 우정에 이런 정치적 문제는 전혀 개의치 않았다. 김정희와 김유근, 그리고 권돈인은 매일 만나서 고금의 역사를 이야기하고 서화를 품평하며 지냈다. 정치적 득실이나 인물의 시비에 대해서는 조금도 이야기하지 않았다. 그런데 이 삼총사 중 한 사람이 멀리 바다 밖 제주도로 유배를 떠나게 된 것이다.

그런데 제주도에 도착한 다음 해, 김정희에게 청천벽력 같은 소식이 날아들었다. 황산黃山 김유근金逌根의 부음이 전달된 것이었다. 김유근은 김정희를 유배에서 벗어날 수 있게 해줄 가장 큰 희망이었는데, 이제 그 희망이 사라져버린 것이다. 평생 지기知己로 여기며 지냈던 그들이기에 슬픔과 안타까움을 말로 다 할 수 없었다. 김유근은 김정희의 희망이었고, 머지않아 이 힘든 제주도의 삶에서 벗어날 수 있으리라 여겼다.

슬픔은 여기서 그치지 않았다. 김정희는 두 번째 아내인 예안禮安 이씨와 사별하는 아픔을 겪게 된다. 1842년(헌종 8) 11월 13일이었다. 그러나 부인의 죽음을 알 리 없는 김정희는 부인이 죽은 다음 날인 11월 14일에도 편지를 쓰고 있었다. 참으로 안타까운 일이었다. 부인의 사망 소식도 모른 채 편지를 쓰고 있었으니 말이다. 그로부터 한 달이 지난 12월 15일, 김정희는 부인 예안 이씨의 부음을 듣게 된다.

김정희는 시를 지어 다시 한번 부인의 죽음을 슬퍼하였다.

어떻게든 월하노인月下老人 저승 법정 세워놓고	聊將月老訴冥府,
내세에는 남편 아내 처지 바꿔 태어난 뒤	來世夫妻易地爲,
나 죽고 천 리 밖에 그대 혼자 남게 하여	我死君生千里外,
나의 이 슬픈 심정 그대도 알게 하리.	使君知有此心悲.

반대파들의 박해도 끊이지 않았다. 이런저런 핑계를 대며 김정희를 직간접적으로 괴롭히는 관리도 있었다. 상황이 이렇다 보니 서울의 친구들과는 소식도 점차 끊어졌다. 젊은 시절 그렇게도 친하게 지내던 친구들마저 소식 한 통 전해오지 않았다. 그나마 김정희를 곁에서 끝까지 도와준 사람들은 초의艸衣 같은 승려나 여항 지식인들이었다. 그들은 김정희를 믿고 따르며 그 험한 바닷길을 헤치고 죽음을 무릅쓴 채 김정희를 찾아와 위로하였다. 그런 김정희가 의지할 수 있는 것은 책뿐이었다. 김정희의 이런 심정을 가장 잘 헤아리던 인물이 우선藕船 이상적李尙迪이라는 역관이었다. 이상적은 대대로 역관을 지낸 집안에서 태어나 23세 되던 1825년(순조 25)에 한학漢學으로 역과에 합격하였다. 그 후 1829년(순조 29)을 시작으로 12차례나 청나라 연경을 왕래했다. 이런 과정을 거치면서 명실상부한 조선의 대표적인 역관이 되었다. 특히 그는 문학적 재능이 뛰어나 연경의 문인들로부터 인정받는 시인이기도 하였다. 훗날 헌종은 이상적의 시를 즐겨 읊었는데, 이상적은 이를 자랑스럽게 여겨 자신의 문집을 《은송당집恩誦堂集》이라 하였다.

이상적은 유배중인 김정희를 생각하며 연경에서 최신의 서적들을 구해와 보내주었다. 그것들은 모두 쉽게 구할 수 없는 책들이었다. 이상적은 김정희를 위해서라면 무슨 수를 써서라도 필요한 책들을 구하여 제주로 보내주었다. 그뿐만이 아니었다. 언제나 연경의 최근 소식을 전해주었다. 그 덕분에 몸은 제주에 있었지만, 연경의 소식을 손금 보듯 하며 지낼 수 있었다. 이상적은 김정희가 유배를 떠나기 전 이미 5차에 걸친 연행을 했었다. 그는 연행할 때마다 김정희를 위해 청나라 학계의 최신 정보를 전해주었고 진귀한 서적들을 구해다 주었다. 그런데 유배 가기 전이나 유배 간 뒤에나 늘 똑같이 자신을 대하고 있는 이상적의 행동을 보면서 김정희는 《논어》의 구절을 떠올렸다. 〈자한〉편의 '세한연후지송백지후조歲寒然後知松柏

之後彫'라는 구절이었다. "공자께서 겨울이 되어서야 소나무나 잣나무가 시들지 않는다는 사실을 느꼈듯이, 사람도 어려운 지경을 만나야 진정한 친구를 알 수 있는 법이다. 어려울 때 친구가 진정한 친구라는 것"도 이 때문이다. 김정희는 이상적의 행동이야말로 공자가 인정했던 송백松柏 같은 사람이라는 것을 깨달은 것이다. 김정희는 자신의 처지와 우선의 절개를 비유한 그림을 그려나갔다. 창문 하나 있는 조그만 집 하나, 앙상한 고목의 가지에 듬성듬성 잎이 매달린 소나무 하나, 그리고 잣나무 몇 그루를 그렸다. 눈이 내린 흔적도 없지만 바라보기만 해도 한기가 느껴질 정도로 쓸쓸하고 썰렁했다. 이것이 〈세한도〉였다.

〈세한도〉의 비밀을 풀다

〈세한도〉를 이상적에게 그려준 것은 늘 변함없는 그의 마음 씀씀이에 고마움을 표시하기 위한 것이다. 아니 이것은 겉에 드러난 이유이다. 〈세한도〉를 보는 순간 많은 사람들은 당황한다. 무슨 그림이 이렇게 생겼냐는 표정이다. 이게 과연 그 유명한 〈세한도〉인가? 썰렁한 화면엔 붓을 쓱쓱 문질러 대충 그린 것 같은 나무 몇 그루와 이상하게 생긴 집만 덩그렇게 자리하고 있기 때문이다. 황량한 느낌 말고는 달리 생각나는 단어도 없다. 도대체 이 황량하고 썰렁한 분위기는 뭐란 말인가? 여기에는 몇 가지 비밀이 숨겨져 있다.

〈세한도〉에는 집 한 채와 나무 몇 그루가 등장한다. 김정희는 실제로 존재하는 집과 나무를 그린 것일까? 물론 아니다. 김정희의 스승 옹방강에게 중국 송나라의 문인 소동파는 절대적인 인물이었다. 옹방강의 서재 이름이 소재蘇齋인 것도 소동파의 '소蘇'자에서 따온 것이었다. 당연히 김정희에게도 지대한 영향을 주었다. 그런 까닭에 유배중인 자신의 처지를 소동파에 비유하곤 하였다. 1810년 옹방강의 서재를 방문했던 김정희는 그곳에서 소동파의 친필인 〈언송도偃松圖〉의 찬문贊文 글씨를 보게 된다. 소동파도 김정희와 마찬가지로 혜주惠州란 변방으로 유배된 적이 있었다. 그 곳의 나부산羅浮山은 명산으로 유명했고 소나무가 많았다. 그러던 어느 날 어린 아들이 찾아왔다. 어린 아들이 그 먼 시골까지 찾아온 게 너무도 반가웠다. 소동파는 그 아들을 위해 그림을 한 폭을 그렸다. 그것은 가지를 늘어뜨린 겨울 소나무였다. 소동파는 그림을 자그마한 머릿병풍으로 꾸미고 그림 옆에 글을 지어 써넣었다. 그림은 사라지고 글씨만 남아 소재蘇齋에 소장되어 있었는데, 김정희는 바로 그 글씨를 봤던 것이다. 옹방강은 매년 소동파의 생일이 되면 소동파와 관련된 자료들을 모아놓고 찬구들과 함께 제사를 지내고 시도 지었다. 옹방강이 1796년(정조 20) 12월 19일 소동파의 생일날에 지은 시에는 〈언송도〉 찬문을 보고 지은 '고송언개전기호古松偃蓋全攲戶'라는 구절이 있었다. '고목이 된 소나무는 비스듬히 나뭇가지 드리우고 집에 기대어 있네.'라는 의미이다. 또 옹방강 주변의 문사들은 이 시를 주제로 〈언송도〉를 여러 차례 그렸다. 소동파가 그린 〈언송도〉 그림이 전해오지 않았기 때문에 소동파의 찬문을 바탕으로 각자의 〈언송도〉를 그려본 것이다. 이 〈언송도〉의 찬문을 본 김정희의 뇌리에는 그날의 기억이 기억으로만 남아 있지 않았다. 김정희 또한 이미 소동파의 〈언송도〉를 글씨로 써보고 그림으로 그려 본 것이다. 김정희가 임모한 그림이 어떤 모습인지는 알 수 없지만, 김정희는 마음속으로 늘 〈세한도〉를 품고 있었다. 사실 '고목이 된 소나무는 비스듬히 나뭇가지 드리우고 집에 기대어 있네.'라는 옹방가의 싯귀에는 이미 〈세한도〉의 장면이 내포되어 있었다.

그런데 소나무와 집만 그려 넣는다고 〈세한도〉의 황량한 느낌이 날까?

〈세한도〉의 쓸쓸하고 황량한 느낌은 어디서 오는 것일까? 김정희에게 있어 그림은 하나의 학문이었다. 그에게 있어 그림은 경학經學과 마찬가지로 중요하였다. 김정희는 자신이 연구하는 모든 분야에서 최고 경지에 도달하기 위해 어떻게 해야 할 것인지를 연구하였다. 그것은 최적의 루트, 즉 문경門徑을 찾는 것이었다. 이것은 경학뿐만이 아니라, 시서화詩書畵를 비롯한 김정희 학문 전반에 걸쳐 나타나는 가장 중요한 방법론이다. 김정희는 그림에서도 문경을 파악하는 일이 제일 중요하다고 여겼다. 김정희는 산수화의 문경을 어떻게 설정했을까?

> 요즘 사람들의 그림은 태창일파太倉一派를 남종화의 적통으로 여기는데 황공망黃公望을 조인祖印으로 삼고, 예찬의 거칠고 썰렁한 분위기를 참작합니다. 이들은 모두 적묵법積墨法으로 그립니다. 처음 시작하는 곳에서는 마른 붓에 묽은 먹을 쓰다가 점점 그 위로 먹을 쌓아갑니다. 산의 원근과 골짜기의 깊이, 나무의 농담이 바로 변화무쌍한 묵법에서 나오는 것입니다.

이를 보면 김정희는 산수화의 전범을 원나라 화가들에게서 찾았다는 사실을 확인할 수 있다. 중요한 것은 어떻게 하면 그들처럼 황솔荒率한 느낌이 나는 그림을 그리느냐 하는 것이었다. 황솔함이란, 거칠고 간략하고 메마른 느낌이다. 찬 바람이 부는 겨울에 잎이 다 져버린 고목만 홀로 서 있는 느낌이다. 이런 느낌이 나는 그림을 어떻게 그려야 할까? 그것은 결국 필묵법筆墨法의 문제로 귀결된다. 붓과 먹을 어떻게 사용해야 하는가의 문제인 것이다. 그 핵심은 물기를 뺀 마른 붓에 먹물을 조금씩 묻혀가며 그리는 것이다. 하지만 단번에 쓱쓱 그려나가는 게 아니라, 조금씩 붓질을 반복하면서 먹을 쌓아가며 완성하는 것이다. 당연히 시간이 오래 걸린다. 붓질에서 가벼움이란 찾아볼 수 없게 된다. 무게감이 느껴지기 마련이다.

〈세한도〉 역시 연한 담묵淡墨이 아니라 아주 진한 먹물을 마른 붓에 조금씩 묻혀가며 붓질을 한 것이다. 왜 그럴까? 여기서 또 한 가지 언급해야 할 것은 초묵법焦墨法에 관한 것이다. 초묵법이란 극도로 진한 먹을 사용하여 그림을 그리는 것이다. 연한 먹으로 그림을 그리다가도 강조해야 할 곳에 이르러서는 초묵을 사용하는 것이다. 김정희는 〈세한도〉에서 담묵이 아닌 초묵만을 사용했던 것이다. 초묵법은 일찍부터 문인화의 비결로 여겨져 왔다. 하지만 그 비법은 전해오지 않은 지 오래되었고, 아무도 알지 못했다. 김정희는 바로 그 비법을 터득하여 〈세한도〉에 응용한 것이다. 도대체 김정희는 어떻게 그 비법을 터득했을까? 그것은 소치小癡를 통해 우연히 터득한 것이라고 김정희는 고백하고 있다.

1839년(헌종 5) 12월 1일의 일이다. 김정희는 30년이란 긴 세월을 예찬과 황공망 등 원대 문인화의 경지에 오르기 위해 갖은 노력을 기울였다. 문제는 그 경지에 이르기 위해서는 필묵법의 비결을 터득해야만 한다는 것이었다. 적묵법, 초묵법을 사용한다는 것은 책을 통해 알고 있었지만, 문제는 그렇게 그림을 그리는 방법이 전해오지 않는다는 것이었다. 30년 동안 김정희는 그 묘체를 터득하기 위해 노력했고, 유배되기 얼마 전에야 초묵법을 터득할 수 있었다. 〈세한도〉에 보이는 김정희의 붓 터치는 바로 그러한 노력의 결실이었다. 〈세한도〉가 보여주는 그 황량함 또한 이렇게 완성되었다. 초묵법을 터득하지 못했다면 〈세한도〉는 탄생할 수 없었다. 당연히 유배 이전에는 〈세한도〉를 그리고 싶어도 그릴 수 없었다.

그런데 김정희는 왜 이상적에게 〈세한도〉를 그려줬을까? 그의 말대로 자신이 잘나갈 때나 유배객이 됐을 때나 한결같은 이상적에게 고마움을 표시하기 위해서일가? 그렇게 따지자면 제주도까지 찾아온 소치 허련許鍊이나 초의 스님도 있는데 왜 하필 이상적에게 그려줬단 말인가? 1844년(헌종 10) 〈세한도〉가 이상적에게 전해질 무렵 그는 연행을 준비하고 있었다.

그로서는 일곱 번째이자 2년 만의 연행이었다. 〈세한도〉를 받아든 이상적은 글을 읽어내려갔다.

> 지난해엔 《만학집晩學集》과 《대운산방문고大雲山房文藁》 두 가지 책을 보내주더니, 올해에는 하장령賀長齡의 《경세문편經世文編》을 보내왔다. 이들은 모두 세상에 늘 있는 게 아니고 천만리 먼 곳에서 구해온 것들이다. 여러 해를 걸려 입수한 것으로 단번에 구할 수 있는 책들이 아니다. 게다가 세상의 풍조는 오직 권세와 이권만을 좇는데, 그 책들을 구하기 위해 이렇게 심력을 쏟았으면서도 권세가 있거나 이권이 생기는 사람에게 보내지 않고, 바다 밖의 별 볼일 없는 사람에게 보내면서도 마치 다른 사람들이 권세나 이권을 좇는 것처럼 하였다.
> 태사공太史公은 '권세나 이권 때문에 어울리게 된 사람들은 권세나 이권이 떨어지면 만나지 않게 된다.'라고 하였다. 그대 역시 세상의 이런 풍조 속의 한 사람인데 초연히 권세나 이권의 테두리를 벗어나 권세나 이권으로 나를 대하지 않았단 말인가? 태사공의 말이 틀린 것인가?
> 공자께서는 '겨울이 되어서야 소나무와 잣나무가 시들지 않는다는 것을 알게 된다.'라고 하였다. 소나무와 잣나무는 사시사철 시들지 않는다. 겨울이 되기 전에도 소나무와 잣나무이고, 겨울이 된 뒤에도 여전히 소나무와 잣나무인데, 공자께서는 특별히 겨울이 된 뒤의 상황을 들어 이야기 한 것이다. 지금 그대가 나를 대하는 것은 이전이라고 해서 더 잘하지도 않았고 이후라고 해서 더 못하지도 않았다. 그러나 이전의 그대는 칭찬할 게 없었지만 이후의 그대는 성인의 칭찬을 받을만한 것이 아니겠는가? 성인이 특별히 칭찬한 것은 단지 시들지 않는 곧고 굳센 정절 때문만이 아니다. 겨울이 되자 마음속에 느낀 바가 있어서 그런 것이다.

이상적은 〈세한도〉를 잘 포장하여 행장 속에 넣었다. 그는 이번 사신 길에 이 그림을 가지고 가기로 마음먹었다. 이상적은 김정희에게 편지를 써서 그 사실을 알렸다. 여기서 이상적은 자신이 청나라에서 어렵게 구한 책들을 권세가들에게 선물하지 않고 김정희에게 보낸 것은 자신이 속세의 풍조에서 벗어난 고고한 사람이라서 그런 게 아니라, 그들에게 이런 책들을 주어봐야 그 책의 가치를 알지 못하기 때문이었다고 겸손해 하였다. 그 책들은 어차피 스승인 김정희의 몫이라는 것이다. 자신이 뭐 대단한 사람이라서 이권을 포기하고 김정희에게 그 책들을 선물한 게 아니라는 것이다. 그러면서 이상적은 이번 연행에 〈세한도〉를 가져가 청나라 친구들에게 보이고 그들의 제영을 받아올 것이란 소식을 전한다. 이때 김정희는 이미 이상적이 연행을 할 것이란 사실을 알고 있었다. 〈세한도〉의 제작 목적이 처음부터 중국의 문사들에게 보여주기 위한 것이었음을 암시하는 것이다.

이상적이 연경에 도착했다는 소식이 전해지자 이상적과 교분이 깊던 청나라의 친구들은 서로 연락을 취하며 모두 17명의 중국 친구들이 모였다. 이렇게 모인 자리에서 이상적은 김정희의 이야기를 꺼냈다. 김정희가 유

(과거의) 추사로

배된 뒤로 이상적은 이미 편지를 통해 연경의 친구들에게 김정희의 유배 사실을 알렸지만, 다시 한번 김정희의 안타까운 상황을 이야기하며 자신에게 그려준 〈세한도〉를 꺼내놓았다. 그곳에 모인 친구들에게 제영題詠을 써달라고 부탁하기 위해서였다. 그들은 김정희와 이상적의 우정을 기리기도 하고, 이상적의 절개를 칭하기도 하였으며, 김정희의 외로운 상황을 가슴아파하며 위로하기도 하였다. 그들은 이런 내용을 시와 글로 표현하였다. 귀국한 이상적은 그들의 제영을 김정희에게 보내주었다.

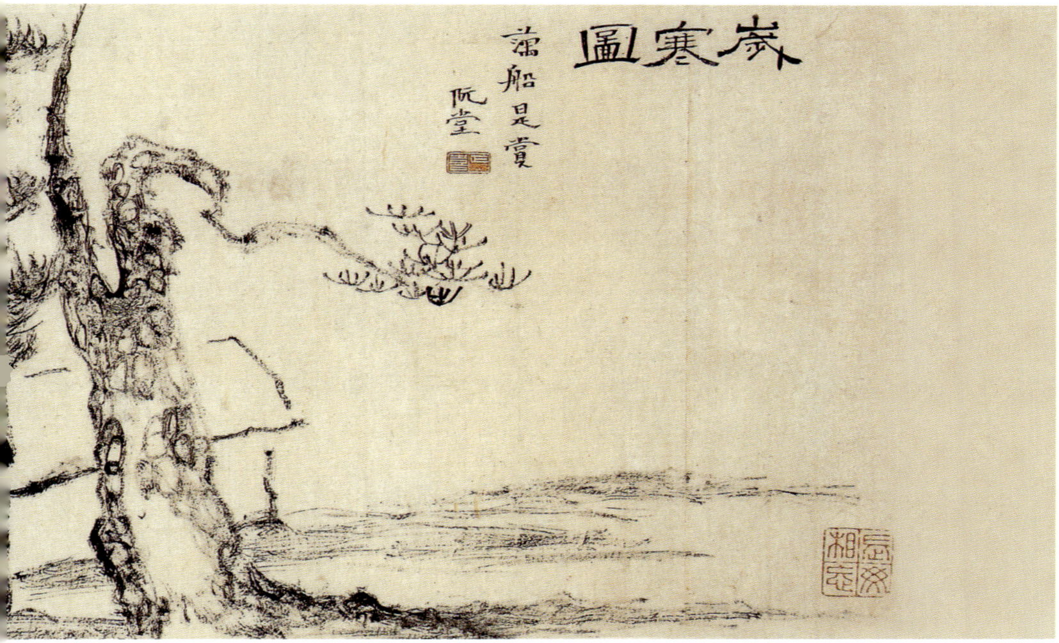

〈세한도〉

〈세한도〉 감상하기

〈세한도〉의 구조는 참 간단하다. 창문 하나만 나 있는 허름한 집 한 채, 나무 네 그루, '세한도'란 그림 제목과 이상적에게 준다는 내용의 글씨 몇 자, 그리고 인장 몇 방, 이것이 전부다. 배경도 없고 사람도 보이지 않는다. 참으로 간단하다. 묘사력이 뛰어난 그림도 아니고 화려한 채색이 돼 있는 것도 아니다. 나무를 감상하라는 것인지, 집을 구경하라는 것인지, 난감하다. 하지만 중요한 것은 보이는 데 있는 게 아니라, 보이지 않는 데 있는 게 아니던가? 보이지 않는 부분을 읽어내야 한다. 도대체 뭘 감상해야 할까? 무엇을 읽어내야 할까?

〈세한도〉는 본래 그림 부분과 김정희의 서문序文만이 들어 있는데, 그림에 3장, 서문에 1장의 종이를 이어 붙였다. 김정희는 왜 〈세한도〉를 한 장에 그리지 않고 이어붙인 종이에 그렸을까? 그것은 김정희의 치밀한 계산 속에서 이루어진 것이다. 유배중인 김정희의 삶은 힘들고 궁핍했다. 김정희는 〈세한도〉를 통해 그런 자신의 처지와 이상적의 의리를 표현하고자 한 것이다. 그런데 이런 그림을 최고급 중국 종이에 그렸다고 생각해보자. 과연 〈세한도〉는 우리에게 어떤 느낌을 전해줄까. 김정희 자신의 궁핍한 모습이 제대로 드러날 수 있을까. 화려한 종이 위에 그려진 〈세한도〉를 보는 순간, 사람들은 김정희의 삶이 그다지 곤궁하지 않다고 여길지도 모를 일이다. 그의 궁핍이 가식이라 여길지도 모른다. 그 때문에 김정희는 까칠한 종이 조각을 이어 붙여 그림을 그린 것이다.

그림을 보자. 먼저 나무들이 시선을 끈다. 소나무와 잣나무다. 〈세한도〉에 소나무와 잣나무를 그려 넣은 것은 당연히 소나무와 잣나무처럼 변치 않는 이상적의 의리를 표현한 것이다. 공자가 이야기한 '세한연후지송백지후조歲寒然後知松柏之後彫'에서 그대로 따온 것이다. 문인화에서 소나무와 잣나무는 언제나 절개의 상징으로 나타난다. 그런데 막상 그림을 보면 오른쪽의 고목은 소나무가 분명하지만, 나머지는 사실 무슨 나무를 표현한 것인지 명확하지 않다. 왼쪽에 있는 두 그루의 나무는 표현 기법이 동일한 것으로 보아 같은 종류의 나무가 분명하지만, 노송 왼쪽의 나무는 소나무인지 잣나무인지 명확하지 않다. 특히 나뭇잎의 표현 방법이 왼쪽의 나무들과는 전혀 다른 것으로 보아 같은 종류의 나무로 보기는 어렵다. 소나무 하나를 제외하면 침엽수인 것은 분명하지만 어떤 나무인지는 명확하지 않은 셈이다. 이것은 김정희 자신이 이 그림의 중심을 소나무에 두었다고 풀이할 수밖에 없다. 김정희는 처음부터 오랜 풍상을 겪으면서 몸통은 썩고 가지 끝에 솔 잎 몇 개만 남아 있는 소나무의 몰골을 그리려 했던 것이다.

끝에 붙어있는 솔잎이 애처롭기 그지없다. 이것은 끝까지 절개를 지킨 이상적의 모습이자, 유배 생활에 지친 김정희 자신의 몰골이기도 하다. 중의적 표현이라 할 수 있다.

이제 〈세한도〉 속의 집 구경을 해보자. 기다란 집 한 채가 소나무 뒤로 배치되어 있다. 그리고 둥근 문이 하나 있다. 이것은 실제 집을 묘사한 게 아니다. 상상속의 집이다. 소나무의 절개에 어울릴 만한 선비의 집인 셈이다. 바로 김정희 자신이 살고 있는 유배지의 집을 형상화한 것이다. 〈세한도〉에는 사람이 등장하지 않는다. 그림에 사람이 등장하지 않는 게 이상한 일은 아니지만, 집만 있고 사람은 보이지 않는다. 쓸쓸함을 극대화시키는 장치이다. 아무도 없는 텅 빈 집, 그것은 김정희의 의식의 세계이기도 하다. 적막함과 쓸쓸함만이 가득할 뿐이다. 밖에서 아무리 불러도 인기척이 느껴질 리 없다. 극도의 외로움의 상징이다.

김정희는 그림을 다 그린 뒤 '세한도歲寒圖'란 제목을 예서隸書로 곱게 써넣었다. 오른쪽에서 왼쪽으로 써나갔다. 위쪽에서 아래쪽으로 썼을 수도 있었을 텐데 굳이 가로로 써넣었다. 그런데 그가 그토록 높이 치던 소박한 서한西漢 시대의 예서가 아니다. 아주 세련되고 산뜻한 느낌이 든다. 거칠다는 느낌은 찾아볼 수 없다. 하지만 가늘게 지나간 붓 자국은 그림의 붓터치와 자연스럽게 하나가 되었다. 그리고는 이어서 세로로 '우선시상藕船是賞'이라고 썼다. 그 다음엔 줄을 바꾸어 세로로 '완당阮堂'이라 쓰고 인장을 찍었다. 〈세한도〉에서 제일 먼저 만날 수 있는 인장은 '정희正喜'라는 이름을 새긴 인장이다. '세한도'라는 글씨에서 시작된 그림은 시선을 따라가다 보면 소나무 가지 끝에 남아 있는 솔잎으로 자연스럽게 이어진다. 글씨와 그림이 자연스럽게 혼융되는 경지를 만들어낸 것이다. 그리고 그 접점에는 '정희'라는 붉은 색의 인장이 환하게 맞아주고 있다. 나무는 솔잎에서 끝이 나지만 인장을 통해 그 기운이 다시 '세한도'라는 글자에까지 이어지게 한 것이다. 마치 본래 소나무의 일부였다는 듯이 말이다.

그런데 이 인장에는 독특한 점이 있다. 대부분의 김정희 인장이 정방형이거나 장방형인데 비해, 이 인장은 옆으로 길게 되어 있다. 김정희의 인장 중에서는 드문 형태이다. 왜 이 인장을 사용했을까. 정방형이나 장방형의 인장을 사용했다면 어땠을까. 여기서 〈세한도〉가 옆으로 길게 되어 있다는 점을 상기해야 한다. 옆으로 길게 된 그림이기에 세로의 기다란 인장이나 네모난 인장을 찍었다면 인장이 너무 돋보였을 것이다. 소나무와의 연결이 자연스럽지 않았을 것이다.

〈세한도〉 그림이 끝나고 그림을 그리게 된 연유와 이상적에 대한 고마움을 담은 김정희의 글이 붙게 되는데, 이 그림과 글씨를 연결하는 부분에도 인장이 하나 찍혀 있다. 바로 '완당'이라 새긴 인장이다. 이 인장에는 〈세한도〉 그림과 서문의 글씨를 김정희 자신이 직접 이어 붙였다는 의미가 담겨 있다. 다시 서문을 지나면 끝에 마지막으로 인장이 하나 더 있다. 바로 '추사'라는 자신의 호를 새긴 인장이다. 끝에 '완당노인서阮堂老人書'라는 관지가 있는데 '완당'이란 인장을 쓰지 않고 '추사'라는 별호를 새긴 인장을 찍은 점이 흥미롭다. '완당의 늙은이가 썼다'는 말과 함께 자신의 별호인 '추사'인을 찍은 것이다. '김정희'의 작품임을 마지막으로 확인하는 인장이다. 적당한 크기의 인장이 작품의 완성을 알리고 있다. 이처럼 〈세한도〉의 그림과 글씨에서는 세 개의 인장이 마치 연결고리와 같은 역할을 하고 있다.

그런데 김정희의 인장은 여기서 그치지 않는다. 뭔가 부족한 느낌이 있기 때문이다. 김정희는 자신의 마음을 담은 〈장무상망長毋相忘〉인을 마지막으로 찍었다. '오래도록 서로 잊지 말자'는 의미의 인장이다.

〈세한도〉에 담겨 있는 표면적인 의미는 이상적의 의리에 감동한 김정희의 마음을 형상화한 것이다. 김정희를 감동시킨 그 의리와 절개는 조선 지식인의 핏속에 면면이 이어온 조선 사람의 의리이자 절개였다. 김정희는 그것을 〈세한도〉에 담아내 누구나 느낄 수 있는 보편적인 감정으로 변환시킨 것이다. 이것이 바로 〈세한도〉란 그림이 지닌 위대성이다. 그것은 바로 김정희 학문의 힘이 이루어낸 성과였다.

김정희를 단순히 추사라는 개인의 호로만 인식해서는 안 된다. 김정희는 19세기 이해의 키워드이다. 김정희를 통해 19세기의 학문과 예술을 엿볼 수 있기 때문이다. 김정희의 글씨와 그림뿐만 아니라, 그의 학문도 조선 역사에서는 한 번도 존재한 적이 없는 전혀 새로운 것이었다. 그 때문에 그의 학문과 예술 세계를 이해하기 위해서는 전혀 다른 차원의 언어와 지식, 그리고 사유의 틀을 필요로 한다. 그런 면에서 김정희는 위대한 '창조적 인간'이다. 과거 역사에 대한 끊임없는 탐구와 해석, 그리고 그 과정에서 얻은 정수를 되살리는 데 일생을 바쳤다. 특히 외래문화를 김정희처럼 창조적으로 해석하고 우리의 정신을 담아낸 인물을 우리 역사에서는 쉽게 찾아볼 수 없다. 김정희의 그런 정신은 지금도 여전히 유효하고, 우리 역사가 존재하는 한 영원히 유효할 것이다. 200년 전의 글로벌 지식인 김정희, 그의 정신이 지금도 필요한 이유이다.

09

한말 의병장의 길

허위의 왕산로

- 러일전쟁 이후 일본의 대한제국 침탈
- 고종황제 강제퇴위 반대 운동
- 13도 창의군의 결성과 서울진공작전
- 왕산 허위의 생애와 의병운동

제9강

한말 의병장의 길

- 허위의 왕산로

심철기 민족문제연구소 책임연구원

러일전쟁 이후 일본의 대한제국 침탈

1904년 러일전쟁을 전후한 시점부터 대한제국에 대한 침탈을 본격화한 일본은 1904년 2월 한일의정서를 체결하면서 보호국화를 추진하기 시작하였다. 이어 5월 18일에 〈한러수호통상조약〉을 폐기함으로써 대한제국에서 러시아의 이권을 일체 무효로 하는 동시에 러시아의 간섭을 차단하였다. 이와 함께 일본 내각은 5월 31일 이토 히로부미[伊藤博文]가 건의한 보호국화 실천방안 내용을 받아들여 〈대한방침對韓方針〉과 그 실행을 위한 〈시설강령施設綱領〉을 결정하였다. 〈대한방침〉과 〈시설강령〉은 국방, 외정外政, 경제에 관한 것으로 주요 내용은 다음과 같다.

첫째, 대한제국 내에 군사 전략상 필요한 지역에 일본군을 주둔시켜 방비를 완수할 것.

둘째, 외무아문에 일본공사의 감독 아래에 있는 외국인으로 고문관을 두어 외정外政을 감독할 것.

셋째, 재정을 감독하는 것으로 일본인 고문관을 두어 징세법의 개량, 화폐제도의 개혁 등에 착수하여 대한제국의 실권을 일본의 수중에 들어오게 하고, 군대를 축소하여 경상비를 줄이며, 일본정부 관리 하에 식염, 담배 등의 전매사업을 일으켜 이권을 확장할 것.

넷째, 경부철도, 경의철도, 경원철도 및 원산에서 웅기만雄基灣에 이르는 철도, 마산馬山·삼랑진三浪津 철도 등 교통기관을 장악할 것.

다섯째, 대한제국 정부로 하여금 우편, 전신 및 전화 사업의 관리를 일본정부에 위탁시켜 일본의 통신사업과 하나의 조직을 만들어 통신기관을 장악할 것.

여섯째, 농업·임업·광업·어업 등에서 척식拓植을 도모할 것.

〈대한방침〉에서 민들의 삶에 직접적으로 영향을 미친 것은 '여섯째, 농업·임업·광업·어업 등에서 척식을 도모할 것'이었다. 특히 농업은 대한제국 경제의 기반이었기에 일본이 대한제국 경제를 장악하기 위해 취했던 정책은 자연스럽게 일반민들에 대한 침탈로 이어졌다. 당시 일본 내에는 대한제국이 '미개지未開地'라는 이미지가 유포되어 있어서 일본인이 대한제국으로 진출할 경우 막대한 이익을 창출할 수 있다는 믿음이 있었다. 따라서 일본 정부, 민간단체 등은 대한제국에 대한 경제 시찰, 조사연구 등을 실시하였는데, 농업 관련 조사를 우선적으로 실시하였다. 1904년 일본 농상무성 주관으로 실시된 토지농산조사는 본격적인 침탈의 시작이었다. 이 조사는 대한제국의 농업기술 연구를 목적으로 한다고 하였지만, 미경지를 포함한 대한제국 전체 토지조사도 상세히 이뤄졌다. 특히 미경지에 대한 상세한 조사가 이뤄졌다.

이와 함께 우메 겐지로[梅謙次郎]가 이끄는 시마네현법정회[島根県法政会]를 중심으로 민간단체에서도 대한제국 경영에 대한 조사연구를 진행하였다. 도쿄에서 활동하던 시마네현 출신자 모임인 시마네현법정회는 1905년 '어업과 수산에 관한 건', '이민 회사를 마쓰에와 하마다[浜田]에 설립할 건', '대한제국에서의 토지 구매 건', '철도부설에 관한 건' 등 상세한 조사연구를 실시하였다. 주로 농업, 수산업, 일본인 이주 등에 대해 집중되었다.

《조선지실업》

일본 내 조사연구에 호응하여 재한일본인 실업가들은 1905년 5월 조선실업협회를 결성하고, 잡지 《조선지실업朝鮮之實業》 등을 창간하여 한국 개발을 위한 정보를 제공하였다. 조선실업협회는 그 설립 취지에서 "한반도가 우리의 보호세력 범위에 들었으니 내치, 외교는 물론 농상공업, 어업, 광업, 철도의 경영에 이르기까지 우리 대일본제국의 부액扶腋·개발에 의지하지 않을 수 없게 되었다."라고 하였다.

이러한 조사의 궁극적인 목적은 대한제국으로 일본인을 이주시켜 일본 내 인구문제와 식량문제를 해결하고 대한제국의 식민지화를 강화하는 것이었다. 즉 대한제국의 토지이용 현황을 조사해 이주 일본인에게 공급할 토지를 확보하고자 한 것이다. 일본은 그러한 토지로 황무지를 주목하였다. 황무지는 소유 관계에서 분쟁이 적을 수 있고, 미경지도 포함되어 규모가 막대하였다. 따라서 일본은 대한제국 정부에 황무지개척권을 요구하였는데, 이는 황무지를 개척한다는 미명 아래 대한제국의 토지를 침탈하고자 한 것이다. 일본의 황무지개척권 요구는 지역사회에서 일제의 침략을 실질적으로 느끼게 하는 계기가 되었으며, 이에 반대하는 운동이 각지에서 일어났다.

황무지개척권 요구에 대한 인식은 봉상사 부제조 이순범이 올린 상소를 통해 확인할 수 있다. 이를 보면, 이순범은 대한제국의 토지이용 현황에 대해 전 국토의 80~90%가 산림, 강, 황무지 등이고 토지대장에 등재된 토지는 10~20%밖에 되지 않는다고 파악하였다. 즉, 경작지는 전 국토의 10~20%이고 나머지는 황무지로 보고 있는 것이다. 이러한 상황에서 일본의 황무지개척권 요구는 전 국토의 80~90%에 해당하는 황무지를 빼앗기 위한 것으로 보았다. 그는 일본이 요구하는 황무지개척권은 두 가지 측면에서 대한제국을 침탈하는 것이라고 인식했다.

첫째는 정치적인 측면으로, 황무지개척권 요구는 대한제국 주권에 대한 침탈로 인식하였다. 특히, 국토의 80~90%가 일본의 소유가 되면 그 안에 있는 왕릉, 분묘 등도 함께 넘어감으로써 종묘사직이 크게 위태롭게 된다는 것이다. 또 조선에서 상장의례喪葬儀禮가 갖는 의미와 산송문제가 항상 중요한 문제였던 것을 감안한다면 기본적 가치관의 훼손으로 이어진다고 인식하였다. 둘째는 경제적인 측면으로, 전국의 재부財富가 전부 일본인들이 정착하는 기반이 된다는 것이다. 전국에서 생산된 산물이 국세와 일반 백성에게 돌아가는 것이 아니라 일본의 토지침탈과 함께 일본인들에게 돌아간다는 것이다. 이는 일본이 어떠한 대가도 없이 손쉽게 국부를 차지하게 되는 것으로 보았다. 그러므로 절대로 일본의 황무지개척권 요구를 받아들여서는 안 된다고 주장하였다.

한편, 일본이 농업 못지않게 중시한 것은 광업이었다. 광산은 대한제국 최고의 부원富源이라고 인식했는데, 그중 금광은 단연 최고였다. 그러므로 일본은 광업에 대한 조사도 상세하게 실시하였고, 각 도별로 유명한 금광지를 파악해 놓았다. 일본의 광산에 대한 조사가 진행된 후 주요 광산을 중심으로 일본인들의 진출이 활발하게 이뤄졌다.

농업, 광업에 이어 산림에 대한 침탈도 진행되었다. 일본은 〈한러수호통상조약〉의 폐기로 러시아가 가지고 있던 압록강 일대, 두만강, 무산, 울릉도의 산림벌채권을 차지하면서 산림에 대한 침탈을 가속화하였다. 일본의 산림침탈은 지역민들의 저항을 받기도 하였는데, 지역민들의 조직적인 방해로 인해 제대로 진행되지 못하는 경우가 많았다.

일본은 토지침탈, 일본인 이주 정책 등을 실시하는 동시에 화폐 정리 작업을 실시하였다. 화폐 정리를 통해 조선을 엔円화 통용권에 포함시켜 대한제국에서 일본 상공업의 우위를 보장하고, 강제병합 이후 일어날 수 있는 경제적 혼란을 미리 방지하고자 하였다. 그리하여 1905년 1월 〈화폐정리사무에 관한 계약〉을 일본제일은행과 체결하고 그해 7월 1일부터 구화폐와 신화폐의 교환을 개시하였다. 교환 방식은 구화인 백동화 2원을 오사카[大阪] 조패국에서 만든 신화 1원으로 교환하는 것으로 2:1 비율의 교환이었다. 그러나 관官에서 만든 화폐만을 교환대상으로 하고 있어서 사주私鑄는 교환대상이 아니었다. 이러한 조치는 시중에 허다하게 퍼져 있던 사주악화에 대한 처리 문제를 일으켰다. 특히, 충청도, 강원도, 황해도, 평안도 등지는 관세를 사주악화로 납부할 만큼 일상화되어 있었다. 그 유통량도 경기도, 강원도, 전라도, 경상도, 황해도, 평안도 등지에 수천만 원이나 되었다. 그러므로 사주악화에 대한 교환금지는 사주악화의 유통이 보편화되었던 지역을 중심으로 물가가 폭등하는 등 시장에 커다란 혼란을 가져왔다.

한일의정서 체결 이후 진행된 황무지개척권 요구, 광산조사, 산림벌채, 화폐개혁 등 일본의 침략정책을 발판으로 일본인들은 지방의 중소도시까지 침탈하였다. 이제 일본의 침탈은 실질적인, 몸소 체험할 수 있는 것이 되었다. 이러한 상황은 지역사회 내에서 반일감정을 고조시켰으며, 지역민들이 의병운동에 참여하거나 의병을 후원, 협조하는 하나의 계기가 되었다.

고종황제 강제퇴위 반대 운동

1907년의 의병전쟁은 대한제국 군대 해산에 반발한 서울 주둔 시위대 군인들의 봉기가 직접적인 원인이었지만, 이미 헤이그 특사 사건의 처리 과정에서 시작되고 있었다. 일본은 헤이그 특사 사건을 계기로 대한제국의 내정을 완전히 장악하고자 하였다. 이는 이토 히로부미 통감이 1907년 7월 3일 하야시[林董] 외무대신에게 보낸 문서에서 확인된다. 이 문서에서 이토 히로부미는 헤이그 특사 사건을 이용해 을사늑약 이후 형식적으로 대한제국 정부의 권한으로 남아있던 조세권, 군권, 재판권마저 빼앗겠다는 의도를 보여주었다. 또 일본 내각도 내각회의에서 결정한 〈헤이그밀사사건 처리방침〉을 1907년 7월 12일 이토 통감에게 타전하였다. 그 내용은 이런 것이었다.

> 일본정부는 이번 헤이그밀사사건을 기회로 한국내정韓國內政에 관한 전권全權을 장악하는 것을 목적으로 하고 이의 실천방법으로서 첫째 한국황제로 하여금 황태자에게 양위하게 할 것. 둘째 한국정부의 행정은 통감의 동의를 얻어 실행하게 할 것. 셋째 대신大臣·차관次官 이하 중요관리를 일본인으로 임명하거나 또는 통감의 동의를 얻어 임명하게 할 것.
>
> -《고종시대사》 6집, 1907년 7월 12일.

이는 대한제국의 전권을 장악하겠다는 의도가 일본 내각에서도 강력하게 제기되고 있음을 보여주는 것이며, 그 방법으로는 고종황제를 강제퇴위시키고, 통감의 주도하에 대한제국 내각에 일본인 관리를 임명하는 차관정치를 실시하겠다는 것이었다. 이토 통감은 이 방침에 기초하여 고종황제의 양위를 강력하게 추진하였다. 그러나 일본 정부는 비판 여론을 피하고 대한제국 내각에서 스스로 결정한 것처럼 보이기 위해 대한제국 내각에서 이 문제를 논의하게 하였다. 이에 총리대신 이완용, 내부대신 임선준, 농공상부대신 송병준, 법부대신 조중응, 학부대신 이재곤, 탁지부대신 고영희, 군부대신 이병무 등이 참석하여 비상내각회의를 개최하였다. 이 자리에서 송병준은 "폐하께옵서 두 가지 방침이 있으니 하나는 친히 일본에 건너가서 일황日皇에게 사죄하고 황태자를 교육시켜주기를 요구하며, 둘은 하세가와 요시미치[長谷川好道, 한국주차군사령관]에게 사죄하옵소서. 만일 그렇지 않으면 반드시 전쟁을 일으킬 듯하오니…"라고 황제를 협박하였다. 이를 시작으로 내각은 거듭 황제를 추궁하면서 양위할 것을 요구하였다. 또 이완용 등은 이 상황을 수습할 방책으로 다음과 같은 세 가지를 고종에게 요구하였다.

첫째, 광무 9년(1905) 11월 17일에 체결한 한일신조약韓日新條約에 어새御璽를 눌러 이를 추인할 것.

둘째, 섭정攝政을 둘 것.

셋째, 황제가 친히 일본으로 가서 일본황제에게 사과할 것.

이들은 이 기회에 을사늑약을 합법화시키고자 하였으며, 일본의 요구대로 황제를 강제로 퇴위시키고 나아가 일본에 사죄하게 만들어 그 권위를 떨어트리고자 하였다. 하지만 고종은 이를 거부하였다. 그럼에도 이완용은 계속해서 양위할 것을 요구하였고 고종은 응하지 않았다. 그러나 계속된 협박에 결국 '군국軍國의 대사大事를 황태자로 하여금 대리代理하게 한다'는 조칙을 내렸다. 즉, 황제의 즉위에 있으면서 정사만 황태자에게 대리케 한다는 것이었다.

하지만 일제는 이를 양위한다는 것으로 해석하여 1907년 7월 20일 황태

대한제국 황실 인물 사진

자대리식皇太子代理式을 거행하게 하였다. 더욱이 같은 날 일본에서 황태자의 황제 즉위를 축하하는 전보가 오자 양위의 조칙을 내릴 것을 압박하였다. 이와 동시에 서울주재 영사단에 황제 즉위식에서 '서울주재 영사단 접견에 관한 통첩 접수'를 통보함으로써 양위를 국제적으로 기정사실화하였다. 결국 7월 21일 고종은 태황제太皇帝의 칭호稱號로 올리는 것을 재가裁可하고, 이를 황태자가 조칙詔勅으로 발포發布하였다. 또 양위를 명확히 하기 위해 연호도 고칠 것을 재가하였다. 이어 8월 27일 순종의 황제 즉위식이 거행되면서 고종황제의 강제퇴위는 마무리되었다.

한편, 일본은 한일신협약(정미7조약)도 추진하였다. 7월 23일 시작된 교섭은 착수 하루 만인 24일 밤에 약간의 문언文言 수정을 거쳐 기명 조인을 끝냈다. 다음날인 25일에는 임시내각회의, 추밀원회의가 개최되어 한일신협약 체결이 결정되고 곧바로 관보에 공시되었다. 한일신협약은 교섭에서 공시까지 3일밖에 걸리지 않을 만큼 이례적으로 단시일 내에 체결된 것으로, 일본이 만들어 놓은 기본방침을 대한제국 정부가 인정하는 형태로 진행된 것이라고 할 수 있다. 이러한 점은 한일신협약의 주요 내용이 이토 통감이 일본 내각에 보낸 문서의 내용 및 일본 내각에서 결정한 〈헤이그밀사사건 처리방침〉과 거의 유사하다는 점에서도 알 수 있다. 더욱이 부속각서로 군대해산에 관한 비밀협정이 있었다는 것은 일본의 침략 의도를 잘 보여주는 것이다.

고종을 협박하여 강제퇴위가 추진되자 동우회를 주축으로 대한자강회, 황성기독교청년회, 문우회文友會, 개진교육회開進教育會 등과 서울의 일반 백성들이 참여한 고종황제 강제퇴위 반대 운동이 일어났다. 동우회는 7월 17일 밤 특별회의를 개최하여 고종황제를 일본에 행행行幸하라고 강요한 대신은 국적國賊이라고 분개하면서 퇴위반대 투쟁을 펼칠 것을 결의하였다.

석조전 중앙홀의 고종 일가

그러면서 청년회 회원 등과 함께 인근 상인들에게 시위에 참여할 것을 독려하였다. 18일에는 동우회의 새 회장으로 추대된 윤이병尹履炳이 통감 및 일본 외무대신에게 대한제국 인민의 뜻을 전하고, 고종에게 이완용 등을 주살할 것과 일본 행행行幸을 중지할 것을 간청하며, 종로에서 연설회를 개최하여 공중公衆의 인심을 격동케 하자는 안을 결의하였다. 그 결과 국민결사회國民決死會를 조직하고 국민결사회 이름으로 상주문을 올리기로 하였다. 이어 밤 9시경 종로로 모여든 군중들과 함께 대한문 앞으로 이동하여 시위를 전개하였으나 일본 순사대의 제지에 막혀 포덕문布德門 앞까지 밀려났다. 그러다가 19일 새벽 3시경 고종황제가 양위한다는 비보가 전해지면서 시위는 더욱 격렬해졌다.

19일 아침부터 표훈원表勳院에 모여 돌을 던지며 시위하던 시위대는 그날 오후 종로에 모여 노상 연설 등으로 시위를 독려하였다. 이들은 황제가 시해당할지도 모른다는 인식하에 친일 대신들을 처단해야 하고 그들의 가산을 불태워버려야 한다고 하였다. 시민들이 주축이 되어 전개되던 이 종로 시위에는 19일 오후 4시를 지나면서 대한제국 군인들도 참여하기 시작하였다. 오후 4시 50분경 종로에서 약 218m 정도 떨어진 시위대侍衛隊 제3대대 병사 약 40명이 부대를 둘로 나눠서 한 부대는 종로 순사파출소를 공격하여 파괴하고, 다른 한 부대는 도로에서 경계근무를 서고 있던 경찰관을 공격하여 사살하였다. 또 시위대 제2대대 병사들이 병영을 나와 경무청을 공격하였으며, 혼성여단사령부 소속의 대한제국 군인들도 경무청을 공격하였으나 장교의 제지로 영내로 돌아왔다. 이렇게 19일에만 고종황제 강제퇴위 반대 운동에 100여 명의 대한제국 군인이 참여하였다. 그 결과 일본인 경부 2명, 순사 1명, 한국인 순검 2명을 사살하였고, 경부 1명, 순사 9명이 부상당하였으며, 일본인 1명 사살, 2명 부상의 전과를 거두었다.

시위대, 혼성여단사령부 소속 군인들의 참여는 고종황제 강제퇴위 반대

운동에 다변화를 가져왔다. 이전까지 시위가 연설회, 투석 등에 머물러 있으면서 일본 순사 등의 진압에 수세적이었다면, 군인들의 참여로 종로 순사파출소, 경무청 등 경찰관서를 공격하거나 경계근무를 하는 경찰관을 사살하는 등 공세적으로 전환되었다. 시민들도 군인들과의 연대를 위해 시위대 주둔지 인근에서 시위를 전개하였다. 황제 강제퇴위 반대시위에 호응했던 군인들은 주로 하사 이하의 병사층이었다. 이들은 군 통수권자인 황제가 핍박받아 강제퇴위 당하는 상황에서 일반 백성들의 시위를 보고 자극받았으며, 정치 권력에서 상대적으로 자유로울 수 있었기에 적극 참여할 수 있었다. 이는 의병전쟁 당시 의병부대에 해산 군인들이 참여하고 있던 것과 일맥상통한 것으로, 대한제국 군인과 의병들이 연합할 수 있는 가능성을 보여준 것이다.

고종황제 강제퇴위 반대 운동에 시위대 등 대한제국 군인들까지 참여하면서 무장봉기 형태로 확대되자 하세가와 한국주차군사령관은 급히 평양에 주둔한 제13사단 소속의 보병 1개 대대에게 서울로 이동할 것을 명령하였다. 이와 함께 보병 2개 중대에 기관총을 부여하고 덕수궁 포덕문 내에 집합하여 덕수궁으로 모여드는 시위대에 대비하였다. 일본군의 대응을 통해 당시 시위가 얼마나 격렬했는지 알 수 있다. 또 향후 일본군의 시위 진압 방식에 대해 가늠할 수 있다. 즉, 대한제국 군대의 시위 참여를 경계하면서 이들이 본격적으로 행동에 나설 경우 강경하게 진압하겠다는 뜻을 내포하고 있었다. 일본은 시위가 확대되어 군인들이 조직적으로 참여하면 그들이 추진하고 있던 식민지화 계획에 차질을 빚을 수 있다고 판단하여 평양 주둔 1개 대대를 서울로 급파하고 보병 2개 중대를 포덕문에 배치하였던 것이다.

일부 시위대 군인들의 참여로 한층 고양된 시위대는 19일 밤 11시경 미동에 있는 일진회 기관지 발행사인 국민신보사國民新報社를 파괴하고 사원을 구타하였으며, 일본인 가옥을 부수고 일본군과 투석전을 감행하였다. 이처럼 시위가 확대되자 긴급하게 한국주차군사령부는 일본군을 추가로 배치하였다. 19일 밤 11시 50분부터 새벽 2시 사이에 보병 1개 대대에 기관총 4문을 부여하여 덕수궁 부근을 점령하도록 하였다. 그리하여 각 병영에 1개 소대만 남기고 보병과 기병은 한국주차군사령부에 집합하고, 포병은 남산 동북 기슭의 화성대和城臺에 배치하여 덕수궁 주변을 위협하였다. 이후 평양에서 1개 대대가 도착하자 덕수궁 부근 점령대占領隊는 한국주차군사령부에 1개 중대를 남기고 귀대하고, 화성대 부근에는 포병 1개 중대를 남기고 귀대하였다. 서울 주둔 일본군은 숙영지로 돌아간 후에도 척후와 순찰을 통해 경계작전은 지속적으로 전개하였다.

고종황제 강제퇴위 반대 운동은 20일에도 이어져 오전 8시부터 동우회 사무소 앞에 약 300명의 회원이 결집하여 황제를 핍박하고 있는 총리대신

한국군 시위대 해산병 진압

이완용 등 친일 대신들의 저택을 소각하기로 하였다. 원래는 적신敵臣들이라 하여 처형하고자 하였으나 입궐해 있는 관계로 이들의 집을 소각하기로 한 것이다. 이에 회원들과 일반 시민들은 죽기를 각오하고 서소문 밖 이완용의 집을 비롯하여 농상공부대신 송병준, 전 내부대신 이지용, 전 군부대신 이근택, 이근호, 일진회장 등의 집과 별장을 소각하고 일진회 사무소를 공격하였다. 또 황제의 행행을 막기 위해 남대문 및 서대문 두 정거장을 소각해 철도를 파괴하자고 결의하였다. 이러한 극렬한 반대 운동에도 불구하고 20일 황태자대리식皇太子代理式은 거행되었다.

남대문전투 시위대 봉기 그림

황태자대리식 이후 강제퇴위 반대 운동이 한층 더 격렬해지면서 군인들의 참여를 우려했던 일본군은 용산에 있는 한국 군기고軍器庫, 군부軍部 내에 있는 탄약고 등을 점령하고, 위병근무를 서는 대한제국 군인의 탄약 휴대를 금지시켰다. 이는 실질적인 무장해제에 해당하는 것으로 황제 강제퇴위 반대 운동이 의병전쟁으로 확대되는 것을 사전에 차단하기 위한 것이었다. 함흥에 있던 제13사단 소속의 공병 제13대대 제1중대를 서울로 파견한 것이나 용산, 임진강, 청천강 등의 철도교에 감시병을 파견하여 경계근무를 강화한 것도 이러한 조치의 일환이었다. 통감부는 13사단의 재배치와 함께 일본에 지원부대의 파견도 요청하였다. 그리하여 일본 육군은 대한제국으로 신속하게 이동할 수 있는 규슈[九州] 고쿠라[小倉]에 사령부를 둔 제12사단에서 1개 여단을 편성하여 파견하도록 결정하였다. 그리하여 여단사령부, 보병 제14연대, 보병 제47연대로 편성된 제12여단이 창설되었다. 제12여단의 파견 목적은 제14연대 연대장의 훈시에서 "한국 소요 때

일본군 출병 광경

문에 파견하니 명예를 걸고"라고 하였듯이 고종황제 강제퇴위 반대 운동에 대응하고 나아가 군대해산 이후 일어날 가능성이 높던 의병전쟁에 대비하고자 함이었다.

7월 23일 제12사단장으로부터 파견 명령을 하달받은 12여단은 출발 준비를 개시하여 선발대로 여단사령부와 보병 제14연대의 2개 대대가 25일 모지항을 출발하였으며, 이후 각 부대가 순차적으로 출발하여 마지막 부대가 27일 부산에 도착하였다. 12여단 소속 부대들은 부산에 도착한 후 하달된 지역으로 이동하여 고종황제 강제퇴위 반대 운동 진압과 대한제국 군대해산 작전에 투입되었다. 또 군대해산 과정에서 저항하는 대한제국 군대에 대한 진압과 이후 의병전쟁이 일어날 경우 의병부대를 진압할 주력부대가 되었다.

13도 창의군의 결성과 서울진공작전

1907년 8월 1일 군대해산에 반발하여 서울 주둔 시위대가 봉기한 것을 계기로 전국적으로 의병전쟁이 일어났다. 경기도, 강원도, 충청도 등 전국 각지에서 활동하던 허위, 이인영, 민긍호, 이강년 등 의병장들이 전국의 의병을 하나로 묶는 연합의병을 결성하고자 서로 접촉하고 연대하기 시작하였다. 이러한 연합의병을 추진하는 중심에는 허위 의병장, 이인영 의병장, 이강년 의병장 등이 있었으며, 주력부대는 관동창의대였다. 관동창의대는 당시 최고의 전투력을 가지고 있던 민긍호 의병부대와 연합하여 활동하고 있었다. 각지의 의병장들은 전국 단위의 연합의병을 결성하기로 하고 연합의병의 목표로 서울진공작전을 계획하였다. 이어 서울진공작전

《The tragedy of korea》에 수록된 의병 사진

을 수행하기 위해 경기도 양주로 집결하기로 하였다.

허위 의병장도 경기도 일대의 병력을 이끌고 양주로 이동하였으며, 관동창의대도 양주로 이동하였다. 그런데 대규모 병력인 관동창의대가 동시에 이동하면 일본군에 의해 쉽게 발각될 것을 우려한 이인영 의병장은 의병부대를 나눠 양주에 집결할 것을 지시하였다. 그리하여 이은찬이 이끄는 부대가 먼저 북상하고, 이인영은 본대를 이끌고 홍천, 춘천을 거쳐 양주 일대로 이동하였다. 양주 일대에 집결한 각 의병장들은 협의하여 연합의병부대를 대한제국을 대표하는 의병부대라는 의미에서 13도창의군으로 명명하였다. 1908년 1월 초순 최종적으로 확정된 13도창의군의 편제를 보면 총대장에 이인영, 군사장에 허위, 관동창의대장에 민긍호, 호서창의대장에 이강년, 교남창의대장에 박정빈, 진동창의대장에 권중희, 관서창의대장에 방인관, 관북창의대장에 정봉준을 임명하였다.

이 같은 13도창의군 편제에서 주목되는 것은 진동창의대장 권중희, 관서창의대장 방인관, 관북창의대장 정봉준이 관동창의대의 우군장, 좌군장, 좌선봉이었으며, 관동창의대의 진위대사령부 대장이었던 민긍호가 관동창의대장에 임명된 것이다. 이는 13도창의군이 관동창의대를 기반으로 경기도에서 활동하던 허위, 충청도에서 활동하던 이강년 등이 연합한 부대였음을 보여주는 것이다. 또 권중희는 원주 귀래면에 거주하던 상인 출신이고, 방인관은 평안도 출신의 광부이며, 정봉준은 함경도 출신의 광부였다는 점도 주목된다. 13도창의군이 전도全道를 대표하는 의병부대를 표방하였지만 실제로는 전도의 의병부대가 참여한 것은 아니었다는 것이다. 그럼에도 13도창의군이라고 한 것은 전국의 의병부대를 대표한다는 대표성과 대한제국 의병을 하나로 통합하고 있음을 대외에 알리고자 하는 의미가 강하였음을 말해준다.

그리고 또 하나 주목되는 것은 이인영보다 열두 살이나 많고, 평리원 재판장, 의정부 참찬 등 고위관직을 지낸 허위가 13도창의군의 2인자인 군사장에 임명되었다는 것이다. 허위의 나이와 경력으로 보면 이인영이 아닌 허위가 총대장에 임명되는 것이 더 자연스러운 것이었다. 그럼에도 이인영이 총대장에 임명된 것은 13도창의군의 주요 의병장이 이인영을 따르는 인물이거나 함께 연합의병 활동을 전개하던 인물들이었기 때문이었다. 더욱이 최강의 전투력을 보유하고 있던 민긍호 의병부대가 관동창의대와 연합하고 있다는 점도 고려되었다. 허위는 총대장에 임명되지는 못하였지만 그가 가지고 있던 명성과 의병부대의 중요성 때문에 2인자이면서 연합의병의 실권을 가진 군사장에 임명되었다.

13도창의군은 서울진공작전을 추진하였다. 보통 서울진공작전의 시작을 13도창의군이 동대문 밖 30리 지점까지 진출하였을 때로 본다. 그러나 서울진공작전은 연합의병을 추진하고 양주에 모일 것을 결의한 그 시점에서 시작되었다고 보는 것이 더 자연스럽다. 그것은 13도창의군의 목적이 서울에 있는 친일파를 제거하고 통감부를 공격하여 종래의 굴욕적인 조약을 파기하고 대한제국의 독립을 이루는 것이었기 때문이다. 처음부터 서울 진공을 목표로 작전이 진행된 것이었다. 민긍호 의병부대가 평창으로 이동했을 때 보낸 격문을 보면 서울 진공은 11월 25일경 동대문 밖에 의병들이 집결하고 연합부대로 일시에 공격해 들어가는 것이었다. 그러나 의병부대의 집결이 늦어지면서 공격 시점이 1908년 정월경으로 늦춰졌다.

특히 관동창의대의 집결이 늦어졌는데 이는 일본군과 치열한 교전을 하면서 양주로 진격하고 있었기 때문이다. 관동창의대는 서울진공작전을 실행하기 위해 부대를 나눠 양주로 이동하기 시작하였다. 그러나 이인영이 이끄는 관동창의대 본대는 일본군의 공격을 받고 지평 일대에서 원주군 부론면 정산과 횡성군 청일면 동평동으로 이동하였다. 이후 관동창의대는 횡성군 고모곡면 원항리를 비롯하여 내둔내면 창촌리, 청일면 공근리, 원주군 부론면, 외정곡면 등지를 이동하면서 주둔하였다. 민긍호 의병부대도 원주군 소초면 일대에 주둔하다가 평창으로 이동한 것을 시작으로 횡성군 갑천면을 거쳐 12월 중순에 이르면 인제군, 양구군, 회양군, 화천군

《The tragedy of korea》에 수록된 의병 사진

일대로 이동하였다. 예하부대는 양양, 강릉 등지에서도 활동하는 모습이 나타났다.

이인영의 관동창의대, 민긍호 의병부대 등은 11월 중순에서 12월까지 강원도 일대를 이동하고 있었는데 주로 원주, 횡성, 평창, 영월, 정선 등지를 벗어나지 못하고 있었다. 그것은 원주수비대와 원주수비대 소속으로 횡성 지역에 파견된 우스이 소대 등이 주요 교통로를 장악하고 의병을 추격하면서 의병부대의 이동에 제약이 가해졌기 때문이다. 이렇게 되자 의병들은 계속해서 이동하면서도 동복冬服의 조제調製를 명하여 겨울을 준비하는 등 서울진공작전과 겨울철 의병 활동에 대비하였다.

한편, 이인영, 민긍호 등 관동창의대의 지휘부는 양주로의 진격이 늦어지자 일본군과 교전을 최소화하면서 의병부대를 나눠 여러 지역으로 분산하여 이동하기로 결정하였다. 하지만 관동창의대가 양주로 이동한다는 첩보를 입수한 원주수비대는 야마모토 소위가 이끄는 의병토벌대를 출병시켰다. 야마모토 소대는 일본군 12명과 한국병 10명으로 구성되었으며, 주된 임무는 양주로 진군하는 의병부대의 진로를 차단하는 것이었다. 이처럼 12월 중순 이후 관동창의대는 원주수비대를 비롯한 일본군 수비대와 횡성 일대에서 치열한 전투를 전개하였다. 이로 인해 의병부대는 평창군 봉평, 원주군 강림, 홍천군 서석 방면으로 이동하였다. 양주지방으로 진출하기 위한 전투는 해를 넘겨서도 계속되었는데, 일본군과 계속된 교전을 치르면서도 관동창의대는 양주방면으로 진군하였다. 1월 중순을 지나면서 겨우 도성 주변에 도착할 수 있었다.

그런데 13도창의군은 서로 긴밀하게 연락하면서 통일된 조직을 형성하지 못하였다. 그것은 13도창의군 소속의 전 부대가 도착하기 전인 1월 15일경 허위 의병부대가 약속 장소인 동대문 밖 30리 지점에 도착하였다가 일본군의 선제공격을 받고 후퇴한 것에서 알 수 있다. 이후 1월 28일 관동창의대 본대가 도착하는 등 의병부대가 속속 도착하여 약 2,000명의 의병이 집결하였다. 이인영은 이들을 이끌고 서울진공작전을 감행하고자 하였으나 갑작스런 부친의 사망 소식이 전해지면서 서울진공작전은 중단되었다. 이인영은 부친의 부음을 접하고 13도창의대장의 모든 권한을 군사장인 허위에게 넘기고 귀향하였다. 이에 13도창의군의 서울진공작전은 중단되었고, 아직 집결지에 도착하지 못하였던 민긍호 의병부대 등은 활동하던 지역으로 후퇴하였다.

항일의병 13도창의군 탑

13도창의군이 야심차게 추진한 서울진공작전은 실패하였다. 이 작전의 실패 원인을 일반적으로 이인영이 부친상으로 의병부대를 이탈한 것으로 보지만, 이인영이 의병부대를 떠나 문경으로 내려갈 당시 13도창의군의 상황을 고려할 필요가 있다. 우선, 서울진공작전을 위해 동대문 밖 30리 지점에 집결하기로 하였던 민긍호 의병부대가 일본군과의 지속된 교전으로 집결지에 합류하지 못하였다. 이인영과 연합하여 활동하던 의병부대가 서울진공작전에 참여하지 못하고 있었던 것이다. 그런 상황에서 허위를 중심으로 한 경기·황해도 지역 의병부대가 서울진공작전의 주도권을 잡으면서 이인영의 입지가 좁아졌다. 13도창의군 결성 초기 관동창의대가 잡고 있던 주도권이 허위를 중심으로 한 경기의병에게 넘어간 것이었다. 그러므로 당시 서울진공작전의 실패 원인을 다양한 측면서 볼 필요가 있다. 그중 하나가 동대문 밖 30리 지점에 집결하기로 했던 의병부대가 제때에 도착하지 못한 것이었다. 그중에서도 가장 강력한 전투력을 가졌던 민긍호 의병부대가 일본군과의 교전으로 제때 도착하지 못했던 원인이 컸다.

왕산 허위의 생애와 의병운동

허위는 1855년 음력 4월 2일 경상북도 선산군 구미면 임은리, 현재의 구미시 임은동에서 아버지 청추헌聽秋軒 허조許祚와 어머니 정부인貞夫人 진성 이씨 사이에서 태어났다. 본관은 김해이고 자는 계형季馨이며 호는 왕산旺山이다. 4형제 중 막내로 위로 허훈, 허신, 허겸이 있다. 1869년 15세에 순천 박씨 박수현의 딸과 결혼하였지만 1876년 22세에 부인과 사별하고, 1878년 24세에 평산 신씨 신재영의 딸과 재혼하였다.

1861년 7세에 숙부 해초공海樵公 허희許禧에게 글을 배우기 시작한 후 성재性齋 허전許傳과 계당溪堂 유주목柳疇睦의 문하에서 수학하였다. 또 근기학파近畿學派와 영남학파嶺南學派를 계승한 만형 허훈에게도 학문을 배웠다.

1881년 27세에 아버지가 돌아가신 슬픔을 극복하고자 학문에 전념하면서 후배들을 가르치는 데 온 힘을 기울였다. 그렇게 10년 가까이 생활하다가 1890년경 고향인 선산군 임은리를 떠나 진보군 신한(현 청송군 진보면)으로 이주하여 전장田莊을 관리하면서 실학에 대해 관심을 기울였다. 이때 벽도碧濤 양제안梁濟安 등 각처의 우국지사들과 교류하였다. 특히, 양제안과는 깊은 교류를 하여 1892년 함께 물레방아를 설치하여 관개를 시도하기도 하였다. 뿐만 아니라 허위가 1896년 김산의병부대에 참여한 것도 양제안과의 친분이 큰 영향을 미쳤다.

1894년 동학농민전쟁이 일어나자 맏형인 허훈과 함께 청송군 진보면 흥구리로 피난하였다. 흥구리에서 생활하던 1895년 을미사변이 일어나고 곧이어 단발령이 공포되자 전국적으로 의병봉기가 일어나기 시작하였다. 이에 1896년 맏형 허훈은 진보군에서 창의하였고, 허위는 김산군(현 김천시)으로 이동하여 창의하였는데, 그의 나이 42세 때였다. 허위가 처음부터 김산군 일대에서 의병봉기를 준비한 것은 아니었다. 그는 조동석, 이기찬, 강무형 등 상주와 선산 지역 유생들을 규합하여 의병봉기를 준비하고 있었다. 그러던 중 김산군 일대에서 1896년 1월부터 의병봉기를 준비하고 있던 지역 유생인 여영소, 여중룡 등이 돌린 통문을 보고 3월 28일 상주와 선산의 유생들을 이끌고 김산군으로 이동한 것이었다.

김산군으로 들어간 다음 날인 3월 29일 금릉향교金陵鄕校에서 향회鄕會를 개최하고 김산의병부대를 결성하고, 이기찬을 의병대장으로 추대하였다. 군례軍禮를 행하고, '김산창의대장金山倡義大將'이라 쓴 대장기大將旗를 세우고 의병부대를 정비하였다. 이때 허위는 참모에 임명되었다. 이후 의병부대의 전략을 세우고 이에 따른 조직개편 등을 준비하다가 4월 2일 경상감영군의 공격을 받고 흩어지게 되었다. 하지만 의병운동을 지속하기 위해 4월 7일 상주, 선산 등지로 통문을 돌리고 직지사直指寺에서 재기하였다. 그러나 4월 17일 경상감영군이 재차 공격해 들어오고, 대포까지 동원한 이 공격에 크게 패퇴하였다. 그 뒤 무주, 황간 등지로 이동하다가 청나라에 군대를 요청하는 계획을 추진하는 한편, 호좌의진 등과 연합하여 활동하였다. 이 과정에서 관군과 32차례 교전하였으며, 양제안이 총상을 입는 등 인명피해도 많았다. 결국 잔여세력은 충북 진천에서 '의병을 급속히 해산하라'는 고종의 봉서封書를 받고 의병부대를 해산하였다. 그 뒤 허훈이 은거하고 있던 흥구리로 돌아와 학문에 열중하며 약 3년을 은거하였다. 은거 중에도 후학 양성에 노력하였는데, 이때 박상진朴尙鎭이 문하로 들어왔다.

1897년 10월 대한제국이 선포되고 광무개혁이 추진되자 1898년 초 상경하여 광무 정권의 개혁정치와 일본을 비롯한 열강의 국권침탈에 반대하는 건의소청建議疏廳에 참여하였다. 허위는 상소 운동에 참여하는 동시에 황국협회에 참여하여 정치 운동을 시작하였다. 그리고 1899년 2월 신기선의 추천을 받아 45세의 나이로 관직에 진출하였다. 그는 2월 1일 원구단 참봉을 시작으로 2월 6일 영희전 참봉, 2월 22일 소경원 봉사, 4월 4일 성균관 박사 그리고 1903년 10월 승훈랑 등을 거쳐 1904년 4월 1일 주차일본공사관수원駐箚日本公使館隨員에 임명되었다. 이후 중추원 의관을 거쳐, 5월 28일 평리원 판사, 8월 3일 서리평리원 재판장서무, 8월 10일 의정부 참찬, 관제이정소의정관, 배서원승 등 고위관직에 연이어 임명되었다. 그러다가 러일전쟁 이후 본격화된 일본의 침략에 대응하기 위해 1905년 1월 8일 의정부 참찬을 사직하고 일본을 배격하는 격문을 발하는 등 배일언론투쟁排日言論鬪爭을 시작하였다.

서울에서 관직 생활을 하는 동안에도 공제소共濟所, 보안회輔安會, 대한협동회大韓協同會, 공진회共進會, 정우회政友會, 충의사忠義社 등 구국운동 단체에 참여하였다. 먼저 공제소에서의 활동을 보자. 1903년 6월에 조직된 공제소는 소장 윤이병, 총무 심상희, 주무 고석주 등이 주도한 보부상 단체였다. 허위는 송수만, 심상희, 김홍제, 이문화 등과 함께 전국으로 보낸 〈통문通文〉과 공제소의 〈광고문廣告文〉을 통해 일본 화폐인 일본제일은행권 유통 반대 운동을 벌였다. 보안회에서는 1904년 6월부터 한일의정서와 황무지개척권 요구 반대 투쟁 등을 전개하였다. 러일전쟁 기간 중인 1904년 2월 일본은 한일의정서를 강요하여 한국의 내정과 외교를 장악한 후 6월 6일 대장성大藏省 관방장官房長을 역임한 나가모리 도키치로[長森藤吉郞]를 파견하여 하야시 곤스케[林勸助]와 함께 황무지개척권을 요구하였다. 당시 평리원 판사로 재직 중이던 허위는 이상천, 박규병, 김연식, 정훈모 등과 함께 6월 28일 연서한 〈배일의거통유문排日義擧通諭文〉을 전국으로 발송하였다. 이어 윤병, 홍필주, 이기, 노일수 등과 함께 진신장보소청搢紳章甫疏廳을 결성하고 일본의 황무지개척권 요구에 반대하는 통유문을 올렸다.

허위는 또 1904년 8월경 전·현직 관인 및 유생들이 충군애국을 표방하며 창설한 충의사에 가담하였다. 그는 현직 관료로 과거 의병운동을 함께 한 여중룡, 이건석, 우용택, 강원형, 김진수, 김호규, 이병구 등 영남 유생들과 함께 배일언론투쟁을 전개하였다.

한편, 일본의 황무지개척권 요구를 물리친 후 보안회는 1904년 7월 대한협동회로 개칭하였다. 대한협동회는 회장 이상재, 부회장 이준, 총무 정운복, 평의장 이상재, 서무부장 이동휘, 편집부장 이승만, 지방부장 등으로 구성되었다. 허위는 1904년 9월 대한협동회에 참여하여 재무부장에 임명되었다. 그는 재무부장으로 활동하면서 황무지개척권 요구에 협조했던 궁내부대신 민병석, 외부대신 이하영의 탄핵을 계획하였다. 그리고 10월 17일 메가타 다네타로[目賀田種太郎]가 재정화폐 정리에 착수하자 반대 입장을 분명히 하였다.

공진회에는 1904년 12월 12일 참정 신기선, 내부대신 이용태 등과 함께 참여하였다. 공진회는 반일진회 투쟁을 전개하던 단체로 회장 이준, 부회장 윤효정, 평의원 윤하영, 총무 나유석 등으로 구성되었다. 또 다른 반일·반일진회 단체로 12월 24일 정우회政友會를 조직하였다. 허위는 〈성토일진회서聲討一進會書〉를 발표하여 일진회의 매국적 행위를 규탄하였을 뿐만 아니라 의병을 일으켜 일진회를 타파할 계획을 세우기도 하였다.

허위는 상소 운동도 적극적으로 전개하였는데, 1903년 4월경 윤이병, 송수만, 이상천, 정훈모, 박정빈, 김연식 등과 연명하여 〈논시사소論時事疏〉를 올려 자강개혁론自强改革論을 주장하였다. 특히, 러시아와 일본이 대립하는 상황에서 자주국으로 나가는 길은 중립적 외교 노선을 선택하고, 내정과 외교를 개혁해야 한다고 하였다. 이를 위해서는 친러파 이용익과 친일파 이근택을 처단해야 한다고 주장하였다. 1903년 10월에는 〈재소再疏〉를 올려 이용익과 이근택의 죄상을 들어 그들을 처단할 것과 내정개혁을 추진할 것을 주장하였다. 러일전쟁이 일어난 직후인 1904년 4월에 또다시 이용익과 김영준을 탄핵하는 상소를 올렸다. 1904년 8월 10일 의정부참찬에 임명된 직후에는 봉건적 구습을 청산하고 백성들이 풍요롭게 살 수 있는 개혁안으로 〈헌의獻議〉를 제출하였다. 채택되지 않자 사직 상소를 올려 항의하였지만 받아들여지지 않았다. 1904년 11월경부터 일진회 반대 운동에 참여하였다.

1905년 1월 8일 의정부참찬을 사직한 후 유생들과 함께 일본의 침략을 규탄하고 동포들의 분기奮起를 호소하는 〈배일격문排日檄文〉을 전국으로 배포하였다. 이 격문을 통해 전 국민이 의병봉기에 나설 것을 촉구하였으며, 철도의 작폐, 국권의 침탈, 북진하는 일본군의 작폐 등을 지적하였다. 이에 통감부는 허위의 격문에 대해 조사하기 시작하였다. 3월 9일 주한일본공사 하야시 곤스케는 3월 6일과 7일 《황성신문》에 게재된 최익현의 상소를 조사하는 과정에서 1월 초 허위가 올렸던 〈배일격문〉의 실체를

〈최익현 초상〉

파악하였다. 통감부는 배일언론운동을 전개하고 있는 재야 유생들의 배후이자 배일 운동의 주도자로 최익현과 허위를 지목하였다. 그리하여 한국주차군사령관 하세가와 요시미치와 주한일본공사는 최익현과 허위가 한일의정서를 비난하고 서울의 안녕질서를 파괴한다는 이유로 일본군 헌병대에서 조사한 뒤 귀가시켰으며, 이를 외부대신에게 통고하였다. 이어 3월 10일 저녁 일본공사관 통역관 시오가와鹽川는 허위를 일본공사관으로 불러 배일 운동은 한일 양국의 국교를 방해하는 것이니 사직하고 향리로 내려가라고 협박하였다.

3월 11일 아침 일본군 헌병대장은 허위, 최익현, 김학진을 다시 체포하여 남대문 창동의 일본군병참사령부로 이송하였다. 이에 외부대신 이하영은 하야시에게 이들을 즉시 석방시킬 것을 요구하였다. 또 영남 유생 강원형, 여중룡, 우용택, 이병구, 지우석 등도 한국주차군사령부에 투서하여 이들의 석방을 요구하였다. 이러한 노력으로 3월 26일 김학진이, 27일에는 최익현이 석방되었으나 허위는 4개월여 뒤인 7월 13일 석방되었다. 이어 7월 19일 오전 9시 경부철도 제2열차에 탑승된 채 고향으로 강제 이주되었다. 그 후 김천 지례의 삼도봉三道峰 아래 두대동에 은거하였다.

두대동에 은거 중이던 허위는 1905년 11월 을사늑약이 체결되어 외교권을 빼앗겼다는 소식을 접하고 바로 경상도, 전라도, 강원도, 경기도 등지를 돌면서 대응책 마련을 시도하였다. 특히, 곽종석, 현상건, 이학균, 유인석 등 주요 의병장들을 만나 의병봉기에 대해 논의하였다. 그리고 1906년 음력 5월 5일 이강년, 여중룡, 이병구, 우용택 등과 서울 혜화동에 모여 의병봉기에 대한 구체적인 계획을 수립하였다. 허위는 안동을 중심으로 강원도 일대에서, 이강년은 상주를 중심으로 충청도 일대에서 의병운동을 전개하고, 여중룡은 김산을 중심으로 전라도 일대를 거쳐 최익현 의병장과 합세하여 서울로 진격하여 통감부를 공격하기로 결의하고 의병봉기를 준비하였다. 이 계획에 따라 이강년은 문경에서 의병봉기를 하였고, 허위는 정환직·정용기 부자를 독려하여 1906년 3월 영천 일대에서 의병 봉기하여 산남의진山南義陣을 결성하도록 하였다.

을사늑약 이후 의병봉기가 일어나고 있던 상황에서 1907년 8월 1일 군대해산에 반발하여 서울 주둔 시위대가 봉기한 것을 계기로 전국적으로 의병전쟁이 확산되었다. 허위도 1907년 9월 경기도 연천·적성 일대에서 의병봉기를 하였다. 그는 1907년 1월 허겸과 의병봉기를 하기로 약속하였기에 맏형인 허훈이 토지 3,000여 두락을 매각하여 군자금을 준비해 둔 상황이었으며, 고종으로부터 의병을 일으키라는 밀지도 받은 상태였다. 연천에서 의병 봉기한 허위는 경기도 동북부지역에서 활동하던 의병부대를 규합하였다. 먼저 연기우延基羽 의병부대와 연합의병부대를 결성하였다. 이어서 철원 보개산 일대에서 김진묵 의병부대, 왕회종 의병부대, 김원묵 의병부대와 연합하였다. 연합의병부대의 총대장을 허위로 추대하고 연기우와 김진묵을 부장으로, 왕회종을 재무관으로 하는 300여 명 규모의 의병부대로 재정비하였다. 또 강원도 일대에서 활동하던 해산군인 출신의 김규식 의병장이 이끄는 의병부대와 연합활동을 전개하였다.

의병전쟁이 한창이던 1907년 11월 전국 단위의 연합의병을 창설하기 위해 휘하의 김훈을 강원도, 경기도 동부지역 등지에서 활동하고 있던 관동창의대장 이인영의 참모장으로 파견하였다. 이들은 경기도 양주에 집결하여 13도창의군을 결성하고 서울진공작전을 추진하기로 계획하였다. 13도창의군은 총대장에 관동창의대장 이인영을 추대하고, 군사장에 허위를 임명하였다.

1908년 1월 초 13도창의군은 서울진공작전을 실시하였다. 허위는 심복을 미리 서울로 잠입시켜 각국 영사관에 일본의 불의를 성토하면서, 의병은 애국혈통愛國血統이니 열강도 의병을 국제공법상의 교전단체로 인정하고 의병을 지원해줄 것을 요청하는 통문을 돌렸다. 그리고 허위가 이끄는 약 300명의 선봉대는 서울 동대문 밖 약 30리 지점(현 망우리공원)까지 진격하였다. 1908년 1월 15일 허위의 선봉대는 본대가 도착하기 전 일본군의 공격을 받고 후퇴하였다. 이 전투에서 김규식 의병장과 연기우 의병장이 부상을 당하였다. 이어 1월 28일 총대장 이인영이 거느린 13도창의군 본대의 일부인 약 2,000명이 동대문 밖 30리 지점에 도착하였다. 13도창의군은 서울 진공을 위한 준비를 완료하고, 음력 정월을 기해서 통감부를 공격할 계획을 세웠다. 그러나 이인영 의병장이 부친상을 당해 귀향하면서 모든 지휘권을 군사장인 허위에게 위임하였다. 그런데 서울 진공을 일단 중지하라는 이인영의 통문이 각 의병진에 배포되면서 각 의병부대들은 활동하던 곳으로 돌아가고 그곳에서 유격전을 중심으로 의병전쟁을 전개하였다.

서울진공작전에 실패한 후 1908년 2월 허위는 의병부대를 이끌고 양주를 거쳐 다시 북상하여 임진강 유역에 근거지를 마련하였다. 그리고 조인환, 권준, 왕회종, 김진묵, 박종환, 김수민, 김규식, 연기우, 이은찬, 김응두 등을 규합하여 관동창의원수부關東倡義元帥府를 결성하였다. 허위는 엄격한 군율을 정하여 민폐를 방지하였으며, 군표軍票를 발행하여 군비를 조달하였다. 나아가 통고문을 발하여 납세와 미곡의 반출을 금지하였다. 이는 의병부대의 군량을 확보하고자 한 조치였다. 또 일제 침략의 협력자인 한인 순사, 헌병보조원에게 협박장을 보내고, 통신선을 절단하여 연락 체계를 마비시켰을 뿐만 아니라 일제 침략의 하부기관인 관공서를 공격하였다. 이처럼 의병부대에 대한 재정비와 민간의 지원을 확보한 후 제2차 서울진공작전을 추진하였다.

1908년 4월 21일 전국의 의병부대에 제2차 서울진공작전과 관련하여 통문을 발송하였다. 그리고 5월에 박노천 등을 서울로 파견하여 통감부파원統監府派員과 교섭하였다. 이 교섭을 통해 고종의 복위, 통감부 철거, 관청의 일본인 관리 일본 귀국, 외교권 환수 등 32개 조에 달하는 요구조건을 통감부에 제출하였다. 하지만 통감부는 이에 반응하지 않았다.

경기 북부지역에서 의병전쟁을 수행하던 허위는 1908년 6월 11일 영평군 서면(현 포천시 창수면) 유동 박정연朴政淵의 집에 잠복하고 있던 유산헌병분견소와 철원헌병분견소의 헌병들에게 체포되었다. 이후 6월 17일 서울로 이송되는 과정에서 동양평화를 위해 의병봉기를 하였다는 포부를 피력하였다. 또 한국주차헌병대 사령관 아카시 겐지로[明石元二郎]의 심문에서도 일본의 침략을 성토하고, 의병을 일으킨 목적과 국권 회복의 당위성을 강하게 주장하였다. 이에 아카시 겐지로는 허위의 인품과 식견에 탄복하여 대단한 선비라고 칭하였다는 말도 전해진다.

헌병대의 심문이 끝난 후 1908년 7월 7일 재판에 넘겨졌다. 평리원에서 진행된 재판에서 한국인 판사와 검사가 교대로 의병을 일으킨 이유를 물으니 "나는 일본인에게 피착被捉되었으니 본국 관인은 묻지 말라."고 하며 이들을 질책하였다. 이어 경성공소원京城控訴院에서 진행된 재판에서는 심문

왕산로

받기를 거부하기도 하였다. 결국 1908년 9월 18일 사형을 선고받았다.

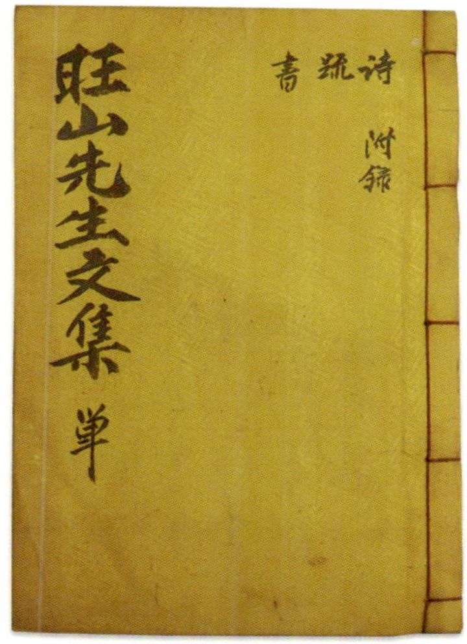

《왕산선생문집》

사형을 선고받은 지 약 한 달 만인 1908년 10월 21일 오전 10시 서대문 형무소에서 54세의 나이로 순국하였다. 허위는 마지막까지 절의를 지켰는데, 사형이 집행될 때 일본 승려가 불경을 외우려 하자, "혹 지옥으로 떨어진대도 어찌 너희들의 도움을 받아 복을 얻으랴."면서 거절하였다. 또 죽음에 임하여 "국가의 부끄러움과 백성의 치욕이 이에 이르렀으니 죽지 않고 어이 하리오. 아버지 장례도 치르지 못하고 나라의 주권도 회복하지 못했으니, 불충 불효한 몸이 죽은들 어찌 눈을 감으리오."라는 유시遺詩를 남겼다. 순국 후 허위의 시신은 제자 박상진이 반장返葬하여 지천芝川 방암산肪巖山에 임시로 장사지냈는데, 수많은 유생들이 만사輓詞와 제문祭文을 지어 그를 추앙하였다. 1962년 대한민국 정부는 건국훈장 대한민국장을 추서하였다.

허위의 호를 딴 왕산로는 동대문구 신설동역 교차로에서 동대문구 시조사 삼거리에 이르는 3.17km 길이의 도로로, 1966년 11월 26일 서울특별시 고시 제1093호로 가로명이 처음 제정되었다.

30

10

대한의 독립운동가

도산대로와 백범로

- 서울에서 찾는 독립운동가, 김구와 안창호
- 안창호의 삶과 독립운동
- 김구의 삶과 독립운동
- 독립 정신의 계승과 상징공간의 조성
  - 효창원과 도산공원, 백범로와 도산대로

제10강

대한의 독립운동가

- 도산대로와 백범로

황선익 국민대학교 한국역사학과 교수

서울에서 찾는 독립운동가, 김구와 안창호

일제강점기 식민지배의 거점이었던 서울은 지명에 있어서도 자유롭지 못했다. 전통적으로 불려오던 마을과 길의 이름이 근대 지명으로 이어진 곳들도 있지만, 일본식 지명이 투영된 곳도 적지 않았기 때문이다. 일본의 '천황' 메이지[明治]를 비롯하여 갑신개화파를 흔들었던 다케조에 신이치로[竹添進一郎]의 이름까지, 일제 강점의 암울한 그늘은 서울의 지명에도 드리워졌다.

광복 후 일제 강점을 극복하는 과정에서 서울의 많은 지명은 구국의 인물명으로 대체되거나 새로 만들어지기도 했다. 을지문덕(을지로), 이순신(충무로) 등의 전근대 구국 인물의 이름이 도로명에 들어가는 경우도 있었고, 충정로(충정공 민영환)나 왕산로(왕산 허위) 같이 대한제국기 순국한 인물의 이름이 지명에 반영되기도 하였다. 대체로 인물의 이름을 지명에 차용할 때에는 호 혹은 시호를 따서 명명命名하는 경우가 대부분이었다.

백범로와 도산대로는 독립운동의 상징 인물인 김구와 안창호의 호를 따 지은 것이다. 백범 김구의 이름에서 연유한 백범로는 '용산구 한강로1가 50-1번지(삼각산 로터리)에서 용산구청을 거쳐 마포구 신공덕동 438-8번지(공덕동 로터리)에 이르는 왕복 6차선 도로'이다. 도산 안창호의 이름에서 연유한 도산대로는 강남구 신사동 501-4번지(강남대로)에서 도산공원을 거쳐 청담동 129-9번지(영동대교 남단)에 이르는 왕복 10차선 이상의 도로이다. 인물의 이름을 차용한 지명 대부분이 인물의 출생지나 활동 공간에 연유하여 정해진데 반해, 김구와 안창호의 경우는 출생과 활동이 아닌 묘지라는 공간적 특성이 반영된 것이 특징이다. 아울러 김구와 안창호 모두 이북 출신이라는 점을 감안하면 더욱 이색적인 지명이라 할 수 있다.

김구와 안창호는 주지하듯이 한국독립운동, 특히 대한민국 임시정부를 상징하는 대표 인물이다. 각각 황해도 해주와 평안남도 강서에서 태어났지만, 청일전쟁과 러일전쟁의 격변을 겪으며 신민회로 뜻을 모았고, 망국 이후 국외 독립운동으로 전환하여 한국독립운동의 지평을 확장한 인물들이다. 1919년 5월 중국 상하이에서 재회한 이들은 임시정부에서 내무총장(안창호)과 경무국장(김구)를 맡으며 임시정부를 지키고 내실을 다지는데 주력하였다. 1932년 안창호가 일제 경찰에 체포되어 국내로 압송된 후 김구는 안창호의 빈 자리까지 메우며 임시정부의 수호에 앞장섰다. 약 40여 년간 독립운동으로 뜻을 모은 이들은 모두 서울에서 숨을 거뒀고, 묻혔다. 백범과 도산을 기리는 기념 공간으로서 묘지는 서울 용산과 강남에 각각 자리하고 있다. 이를 잘 대변하는 것이 바로 백범로와 도산대로라 할 수 있다.

격변의 시대 청년 독립운동가가 되다

1878년 11월 9일 안창호는 평안남도 강서군 초리면 칠리에서 태어났다. 일명 도롱섬이라 불리는 봉상도鳳翔島에서 농부인 안흥국安興國과 제남 황씨의 3남 1녀 중 셋째 아들로 태어난 그는 7세 때에 평양 대동강 국수당國樹塘으로 이사해 8세까지 살다가, 9세 때에 대동군 남곶면 노남리로 이사해 어린시절을 보냈다. 11세 때 부친을 여의고 조부 슬하에서 성장하며, 노남리 유림 김현진金鉉鎭 문하에서 한학을 배웠다. 이때 서너 살 연상인 필대은畢大殷과 교류하며 학문적으로나 사상적으로도 많은 영향을 받았다.

평양에서 청일전쟁을 목격한 안창호는 남의 나라가 우리 땅에서 함부로 전쟁을 벌이는 것을 보고 큰 충격을 받으면서, 한편으로 힘을 길러야 한다고 자각했다. 이에 서울 정동에서 밀러(민노아閔老雅) 선교사를 만나게 된 것을 계기로 구세학당救世學堂(언더우드학당) 보통부에 입학하게 되었다. 안창호는 구세학당(밀러학당)에서 3년간 조교로 지내며 신식 학문을 익히고 기독교에 입교하게 되었다. 이로써 그는 계몽 지식인으로 거듭났다. 이 무렵 안창호는 마을의 서당 선생이었던 이석관의 딸 이혜련과 약혼하였다.

1897년 독립협회에 가입한 안창호는 평양으로 귀향하여 필대은과 독립협회 관서지부를 설립하고, 평양 지역에서 순회연설을 시작했다. 1898년 7월 평양 쾌재정에서 정부와 탐관오리들의 부정부패를 비판하고 개혁을 주장한 연설은 안창호의 명성을 널리 알리는 계기가 되었다. 그러나 대한제국 내각 내의 갈등과 독립협회에 대한 견제 등으로 인해 독립협회가 해산되게 되자, 안창호는 고향 강서로 돌아왔다. 1899년 동진면에 점진학교와 교회를 설립한 그는 강서군 최초의 남녀공학 학교로서 점진학교를 운영하였다. 나아가 선진 학문을 익혀 교육자로 활동할 계획을 세우고 미국

유학을 추진하였다.

1902년 미국행 배에 오른 안창호는 태평양 망망대해를 항행하던 중 하와이섬을 보고 '도산島山'이라는 호를 스스로 지었다. 그의 호 '도산'이 지어진 연유를 두고 대해 세간에서는 그의 고향 '도롱섬'에서 비롯됐다고 잘못 알려진 경우들이 있으나, 안창호는 스스로 자신의 호가 미국 망명 중 지은 것이라 밝힌 바 있다. 하와이, 밴쿠버, 시애틀을 경유하여 1902년 10월 샌프란시스코에 도착한 도산은 미주 한인사회를 대표하게 되는 인생 2막을 시작했다.

그는 샌프란시스코 부두에서 다투는 한인 노동자들을 보고, 이역만리에서 같은 민족끼리 싸우지 말고 공생해야 한다고 생각하게 되었다. 그리하여 1903년 9월 북미 최초의 한인 조직인 상항桑港(샌프란시스코)친목회를 결성하고 한인의 권익 보호와 교민 지도에 몰두했다. 이로 인해 그는 본인의 학업은 포기하였다. 이어 1904년 3월 한인 노동자들과 로스앤젤레스 인근의 리버사이드로 이주한 안창호는 파차파 캠프Pachapa Camp를 조성하여 한인 정착촌을 일궜다. 그러나 얼마 지나지 않아 안창호는 정작 가족을 리버사이드에 남겨놓고 샌프란시스코로 돌아와 한인들을 돕는 일을 이어갔다. 당시 하와이 사탕수수 농장의 노동자로 이민 왔던 한인들이 미주 본토로 이주하기 시작했는데, 안창호는 아직 자리를 잡지 못하고 농장주 등에게 불이익을 당하는 한인들을 돕기 위한 노동소개소를 개설하였다. 그는 한인들에게 직업을 알선해 주고 농장주들과의 임금 협상을 돕는 한편, 민족의식을 불어넣어 나름의 자긍심을 갖도록 독려했다.

1905년 러일전쟁에서 승리한 일본이 대한제국을 식민지로 삼으려 한다는 소식을 접한 그는 한인 동지들과 함께 1905년 4월 5일 공립협회를 창립하였다. 공립협회 초대 회장에 취임한 그는 기관지인 『공립신보共立新報』를 발간하며 미주에서 언론 활동을 전개하였다. 한편으로 그는 한인사회를 하나로 결속하기 위한 전기를 모색했다. 그리고 그 대안으로 1907년 1월 대한민신민회를 결성하였다.

1907년 5월 미주 공립협회 회장으로 선출된 안창호는 국내외에서 공립협회와 신민회의 활동을 연계시켜 나가고자 했다. 이에 국내로 돌아왔지만, 당시 상황은 엄혹하기만 했다. 그는 8월 1일 대한제국 군대가 강제해산되는 모습을 목도했다. 이때 그는 일본군에 의해 부상당한 군인들을 위한 구호 활동을 펼치기도 했다. 군대 해산일 세브란스 병원 앞 김형제상회에 머물던 안창호는 김필순, 김필례 등과 함께 구호활동을 펼쳤다. 이때의 경험을 바탕으로 후일 상하이[上海]에서 대한적십자회를 조직했다.

근대 국가 발전과 민족사회의 발전을 위해서는 청년의 양성이 우선되어야 한다고 생각한 안창호는 1909년 8월 신민회의 청년운동단체인 청년학우회를 결성하는 한편 국외 곳곳에 한인사회를 조성하기 위해 모색했다. 안창호는 북만주 미산密山의 봉밀산蜂蜜山에 토지를 구매하고 500호 이상의 한인들을 이주시켜 독립전쟁을 준비하는 등 국외 독립군 기지 개척을 추진하기도 하였다. 그런 가운데 미국에서 전명운, 장인환 의거가 일어나고 1909년 하얼빈에서 안중근 의거가 일어나자 미국의 공립협회가 관여했다고 판단한 일제는 평양 대성학교에 있는 안창호를 체포하였다. 안창호는 용산헌병대로 압송되었다가 증거 불충분으로 석방되었지만, 더 이상 국내에서 독립운동을 전개하기 어렵다고 판단하고 1910년 4월 경 '거국가去國歌'를 남기고 망명길에 올랐다.

안창호는 먼저 중국으로 건너가 칭다오[青島]에서 신민회 동지들과 향후의 독립운동의 방략을 논의한 다음 블라디보스토크에 도착하였다. 1년여 동안 러시아 연해주에 머물며 동포들에게 단결을 호소하고 독립운동 기반 마련을 도모하였다. 1911년 5월 상트페테르부르크에 도착한 그는 투병 중인 이갑을 방문하고 미국에서 치료받을 수 있도록 신한민보 주필로 초빙

했다.

1912년 11월 8일부터 샌프란시스코에서 개최된 대한인국민회 중앙총회 대표원 의회에 만주지방총회 대표대리의 자격으로 참가한 그는 중앙총회의 출범을 이끌었다. 1913년 5월 13일 샌프란시스코에서 신민회의 청년운동 조직인 청년학우회의 정신을 계승한 흥사단興士團을 창단하였다. 흥사단은 캘리포니아주 여러 곳과 하와이, 필라델피아, 멕시코 등지에 지부를 두었다. 흥사단은 도산이 중시한 청년운동의 산물이었다. 도산은 독립과 조국발전을 위해서는 누구보다도 청년의 역할이 중요하다고 생각하고 청년 인재 양성에 힘을 쏟았다. 그 결실로 조직된 것이 흥사단이었다. 도산이 구상한 독립국가 건설 계획은 '인내·용감·충의·신애정신으로 민족이 대동단결'하는 '기초' 단계와, 인재를 양성하고 이들이 '독립군, 장관, 정치가, 공학가' 각각의 직무에 충실할 수 있도록 재정과 여건을 마련하는 '준비' 단계를 거쳐, '독립전쟁 수행을 위한 신정체를 조직'하여 '조국의 발전'이라는 '완전결과'를 이루는 것이었다. 이러한 조국 독립과 발전의 구심점은 청년의 힘에서 찾고자 하였다. 그러기에 그는 "낙망은 청년의 죽음이요, 청년이 죽으면 민족이 죽습니다."라고 역설하였다. 청년들의 벗이 되길 원한 도산의 뜻에 따라서 흥사단은 회원들을 단원이라 하지 않고, 단우團友라 불렀다.

미주에서 안창호는 한인들에게 줄곧 '무실역행務實力行'을 역설하며, '언변보다 실행을, 형용보다는 내용을 준수해야 한다.'고 강조했다. 그리고 "참배나무에는 참배가 열리고 돌배나무에는 돌배가 열리는 것처럼 독립할 자격이 있는 민족에게는 독립국의 열매가 열리고, 노예될 만한 자격밖에 없는 민족에게는 망국의 열매가 열린다."며 무엇보다 실력을 갖출 것을 주문했다.

미주에서 한인사회를 결집시키고 거국적인 독립운동을 모색하던 안창호는 1915년 대한인국민회 중앙총회 회장으로 선출되었다. 그리고 1917년 10월 뉴욕에서 열린 소약소국동맹회의에 박용만을 파견하여 한국의 식민지 현실을 호소하는 한편, 1918년 12월 1일에는 '재미한인전체대표자회의'를 소집해 파리강화회의 파견 대표 선출과 회의 참가를 준비하였다. 그런 가운데 1919년 3·1운동이 일어나자, 그는 3월 13일 열린 대한인국민회 긴급위원회에서 독립을 위한 실질적인 활동을 전개하자고 역설하였다. 3월 24일 대한인국민회 중앙총회에서 중국 파견을 결의한 그는 상해에서 수립된 대한민국 임시정부에 참여하기 위해 중국으로 향했다.

대한민국 임시정부를 통합한 지도자

1919년 5월 25일 안창호는 상하이에 도착하였다. 이미 4월 10~11일에 열린 대한민국 임시의정원 제1회 회의에서 내무총장으로 선출된 안창호는 대한민국 임시정부의 내무총장 겸 국무총리 서리로 취임하여 임시정부의 조직 체계를 갖추고 사업을 전개해 나가는 데 힘썼다. 무엇보다 안창호가 힘쓴 일은 블라디보스토크에서 조직된 대한국민의회와 국내에서 수립된 한성 임시정부를 통합하는 것이었다. 안창호는 임시정부의 정통성은 한성정부에, 정부의 위치는 상하이에 두자고 제안함으로써 임시정부 통합에 결정적 역할을 해냈다. 이로써 대한민국 임시정부는 1919년 9월 11일 통합정부로서 거듭나게 되었다.

통합 임시정부에서 그는 내무총장으로서 임시정부 조직과 제도를 정비하고 독립운동가들을 규합하는 역할을 맡았다. 1920년 임시정부 신년축하식에서 국민 모두 일하고 세금 내며 군대에 가야 한다는 "국민개업, 국민개납, 국민개병"을 주창한 그는 1920년을 '독립전쟁의 해'라고 선포하고 만주 독립군과 연계한 군사활동을 추진하였다. 이러한 성과는 봉오동전투와 청산리대첩으로 이어지는 만주 독립운동의 승리로 이어졌다. 한편으로 안창호는 국내 한인사회와의 결속과 연락을 중요하게 여기며 임시지방연통제를 실시하고, 해외에 조직된 한인 거류민단을 통할해갔다. 이는 임시정부가 단순히 독립운동 단체에 그치는 것이 아니라, 국내외 한인을 보호하고 대변하는 정부라는 위상을 다지기 위함이었다.

임시정부 수립 당시부터 신채호 등에 의해 제기된 이승만의 윌슨 대통령에 대한 위임통치안 제출 논쟁은 1921년부터 본격적으로 재개되었다. 여기에 이승만의 임시정부 참여가 늦어지고, 그나마 1921년 수개월간 활동하고 미국으로 돌아가자, 베이징[北京]을 중심으로 반이승만 세력들이 임시정부에 대한 비판을 이어갔다. 특히 박용만 등은 중국 베이징에서 북경군사통일회의北京軍事統一會議를 결성하고, 이승만 내각의 외교독립론을 비판하였다. 독립전쟁론을 지향한 이들의 활동은 반임시정부 운동으로 점차 확대되었다.

임시정부에 대한 비판과 위기 상황을 타개하기 위해 안창호는 1921년 5월 노동국 총판을 사임하고 국민대표회의 준비에 전력을 기울였다. 그러나 1923년 1월 3일부터 개최된 국민대표회의는 임시정부를 유지해야 한다는 '수호파'와 이를 비판하는 '창조파'가 대립하며 독립운동 진영의 내분을 심화시키는 기점이 되고 말았다. 이후 안창호는 1924년 난징[南京]에 흥사단 원동임시위원부 본부를 옮기고 동명학원을 창설하며 청년, 교육활동을 전개하다가 1924년말 미국으로 건너갔다. 12월 16일 샌프란시스코에 도착한 그는 1926년 2월까지 미국에 머물면서 임시정부 지지와 재정 지원을 호소하였다. 그리고 한인들이 대거 이주해서 살 수 있는 '이상촌' 건설을 모색하기 시작했다. 이때 안창호는 유타Utah주 솔트레이크Salt Lake의 도시개발 상황을 현지 조사하기도 하였고, 이후 만주와 내몽골 지역에서 이상촌 건설을 추진하기도 하였다. 1929년에는 필리핀까지 건너가 필리핀의 자치 상황과 기후 등을 살피며 한인의 이주 가능성을 모색하기도 하였다.

1920년대 중반 많은 사람들이 임시정부를 떠나는 상황에서 임시정부 주축 인사들은 임시헌법을 개정하며 임시정부 수호를 다졌다. 1926년 5월 미국에서 돌아온 안창호는 임시정부에 복귀하여 국무령에 선출되었으나 취임하지 않았다. 대신 그는 민족유일당운동을 통해 독립운동 진영의 통합을 모색하였다. 1926년 7월 8일 상하이 삼일당에서 '우리 혁명운동과 임시정부 문제에 대하여'라는 연설을 통해(삼일당연설) 정부의 재정 후원을 목적으로 대한민국임시정부경제후원회를 조직하는 한편, 한국유일독립당 준비회를 조직하여 독립운동 단체 통일을 추진해갔다. 1926년 말 지린[吉林]을 방문한 도산은 이듬해까지 이곳에서 유일당운동을 전개하다가 일제의 사주를 받은 중국 경찰에 의해 체포되는 고초를 겪었다. 그럼에도 불구하고 그는 만주지역 유일당운동을 구체화시키는 한편, 중국 항일운동 세력과 연대하는 일을 멈추지 않았다. 그 결과 1930년 1월 임시정부 수호의 기초 진영으로서 한국독립당을 창당할 수 있었다.

그러나 1932년 중국 상해에서 윤봉길 의거가 일어난 후 안타깝게도 일제에 기습적 검거에 체포되어 국내에 압송되었다. 이후 수감과 병보석을 거듭하며 고초를 겪은 도산은 1938년 건강이 악화되어 서거하였다. 말년에도 일제 경찰에 붙들려 심문을 받던 그는 "조선의 독립이 가능하다고 생각하느냐"는 검사의 질문에 "대한민족 전체가 독립을 믿으니 대한은 독립이 될 것이요, 세계의 공의가 대한의 독립을 원하니 대한은 독립이 될 것이요, 하늘이 대한의 독립을 명하니 대한은 반드시 독립할 것이오."라고 의연하게 답했다.

굽히지 않은 독립 정신, 스러진 독립의 큰 별

국내로 압송된 이후 도산은 삼엄한 일본 경찰의 감시를 받았다. 그가 만날 수 있는, 그를 만날 수 있는 이는 철저히 제한되었고 그런 사이 병석에

쓸쓸히 누워있는 시간은 길어졌다. 4년간 옥고를 치른 사이 그의 건강을 악화되었다. 1935년 2월 10일 대전형무소에서 가출옥한 그는 평남 대보산 송태산장에 은거하던 중 일제가 날조한 '수양동우회사건'으로 다시금 고초를 겪기도 하였다. 계속되는 탄압으로 도산의 지병은 악화되었다. 1937년 12월부터 폐결핵, 늑막염, 복막염, 위하수병 등이 돌아가며 도산을 괴롭혔고, 결국 도산은 수개월간 식사 한 번 제대로 하지 못한 채 1938년 3월 10일 경성제국대학병원에서 숨을 거뒀다.

도산의 가족들은 이역만리 떨어져 임종조차 볼 수 없었고, 그의 고향 친척들도 그의 장례에 참석하기 어려웠다. 그런 사이 장례는 서둘러 진행되어 3월 12일 오후 2시 병원에서 고별식이 거행되었다. 그의 장사葬事를 지켜본 이들은 "도산의 장사는 지극히 간단하엿다. 또한 조용하엿다."라고 전했다.

도산은 삶에 비해 평범한 죽음을 택했다. 그는 흥사단우로서 상하이에서 독립운동 동지로 활동한 '상해 당시부터 사랑하든 애제자' 유상규 곁에 자신을 묻어달라고 유언했다. 이에 같은 흥사단우인 김봉성은 자신의 부친 묘로 봐둔 자리를 내주기도 하였다.

도산은 수많은 명문과 명언을 남겼다. 그중에서도 청년에게 전한 글을 소개하고자 한다.

> 오늘 대한의 청년들 앞에도 큰 원수가 있습니다. 이것이 무엇인 줄 압니까. 또 이것을 알면 이것을 처 이기려 합니까. 오늘 대한 청년들 앞에 공으로나 사로 막히어 있는 큰 원수는 곧 방황과 주저이외다. 할까 말까 하여 말까에 머물러 있는 것이 방황이요, 주저외다. 여기는 공적도 있고 사적도 있습니다. 우리는 지금 전민족적으로 파멸의 지경에 처하여 있습니다. 그러니 여기 대하여 앞을 헤치고 나아가지 않고 방황하고 주저하고 있는 것은 이것이 공적이외다. 또 사람마다 자기 살아나갈 일

안창호, 이혜련 묘소 전경

을 자기가 하여야 합니다. 그러나 자기 개인이 살아나갈 일을 자기가 하지 않으면 자기 개인의 생존까지도 잘못되는 경우에 빠집니다. 그러니 여기 대하여 알아차리어서 나아가지 않고 방황하고 주저하여 있는 것이 사적이외다. …(중략)… 일이 옳은가 그른가 이 일을 할까 말까 방황하고 주저하면 거기에는 고통이 생깁니다. 또 결국은 낙망합니다. 낙망은 청년의 죽음이요 청년이 죽으면 민족이 죽습니다 …(중략)…

오늘 대한의 환경은 사회 도덕 방면으로든지 경제 방면으로든지 모두 심히 어렵습니다. 이러한 어려운 환경에서 이것을 헤치고 나아가려면 차마 견디는 힘이 있어야 하겠습니다. 그러하므로 이러한 비관과 낙망할만한 처지에 있는 오늘 대한의 청년은 특별히 인내력을 길러야 되겠습니다. 그래서 첫째 옳다하는 일에 밝은 판단을 내리고 둘째 판단한 일은 끝까지 잡고 나아가야 되겠습니다. 그러면 성공이 있습니다.

끝으로 한마디 말씀을 여러분에게 선사합니다. 어떤 신이 무심 중에 와서 홀출 내게 묻기를 너는 무엇을 하느냐 할 때에 나는 아무것을 하노라고 서슴치 않고 대답할 수 있게 하라.

—「**조선 청년의 용단력과 인내력**」(『동광』 1927년 1월호)

도산대로

열혈 청년 김구, 독립운동가가 되다

1876년 8월 29일 황해도 해주군 백운방白雲坊에서 김순영과 곽낙원의 외아들로 태어난 김구는 어려서부터 의협심이 강했다고 한다. 9세부터 서당 공부를 시작한 그는 정문재의 서당에서 과거 공부를 하였으나, 1892년 해주에서 열린 초시初試가 부정하게 진행되는 것을 보고 과거시험을 그만두었다. 그리고 이듬해 동학에 입도하였다. 해주 일대에서 동학을 이끈 그는 팔봉八峯 접주接主에 임명되어 19세의 나이로 제2차 봉기 때 황해도 선봉장으로 활동했다. 그는 700명의 총군銃軍을 이끌고 해주성을 공격하였으나 패전하고 말았는데, 이때 인연을 맺은 안중근의 부친 안태훈 집에 은신하면서, 유학자 고능선으로부터 대의명분을 중시하는 성리학을 익혔다. 또한 이때 어린 안중근을 보곤 했는데, 이것이 인연이 되어 하얼빈 의거 이후 안중근 집안에 대한 남다른 사명감을 갖게 되었다.

1895년 명성황후 시해의 원수를 갚기 위해 만주 삼도구三道溝로 건너가 김이언金利彦 의병부대에 참가하기도 한 김구는 1896년 2월 안악으로 돌아오던 중 치하포鵄河浦 객주에서 일본인 쓰치다[土田讓亮]를 처단하였다. 쓰치다 처단사건으로 투옥된 그는 옥중에서 『태서신사泰西新史』, 『세계지지世界地誌』 등을 읽고 서구 문물을 익히기 시작하였다. 1897년 7월 사형 언도를 받았으나, 고종의 특명으로 사면되었다. 그럼에도 불구하고 옥고에서 풀려나지 않자 김구는 1898년 3월 탈옥하여 계룡산 갑사를 거쳐 공주 마곡사로 들어가 승려 생활을 하며 피신하였다. 옥중생활을 거쳐 피신하던 무렵 김구는 자신의 이름을 김창수에서 '김구金龜'로 고쳤다.

강화도를 거쳐 황해도 일대에서 활동하던 그는 1903년 황해도 장연읍에 봉양학교鳳陽學校를 설립하는 한편, 기독교에 입교하여 진남포 예수교회 에

벗Evert청년회 총무로 일하였다. 1905년 서울 상동교회에서 열린 전국대회에 참석하기 위해 서울에 왔다가 을사늑약 소식을 듣고 이에 반대하는 무효화 상소운동과 연설활동에 참여하였다. 이때 함께 활동한 전덕기·이준·이동녕·최재학·조성환 등은 신민회와 대한민국 임시정부 등에서 함께 독립운동을 전개하는 동지가 되었다. 이후 김구는 황해도 일대에서 계몽운동을 전개하는 한편, 국내외 독립운동 기지 개척을 추구하는 비밀결사 신민회 활동을 전개하였다.

1906년에는 해서교육총회海西教育總會 총감이 되어 황해도 애국계몽운동을 주도하던 그는 1907년 결성된 신민회에서는 황해도 총감總監으로서 역할하였다. 1910년 3월 신민회는 비밀리에 열린 전국간부회의에서 독립전쟁 전략을 채택하고, 만주에 무관학교 설립과 독립군 장교 양성을 위한 독립군 기지 건설을 결정하였다. 이때 회의에 참석한 김구는 이후 1911년 1월의 소위 '안명근 사건'(안악사건)으로 신민회 황해도 지회 회원 160여 명과 함께 일제에 체포되었다. 15년형을 선고받고 옥고를 치르던 그는 1911년 9월 일제에 의해 조작된 '데라우치 총독 암살 미수사건(105인사건, 신민회사건)'으로 2년형이 추가되었다. 이때 김구는 다시 자신의 이름에서 '구龜'자를 '구九'자로 바꾸고, 백정白丁 범부凡夫를 따서 백범白凡이라 호를 지었다. 1914년 7월에 형기 2년을 남기고 가출옥된 그는 일제 감시를 받고 지내던 중 1919년 3·1운동을 목도하고 상하이 망명을 추진하였다.

대한민국임시정부를 지켜낸 지도자

1919년 4월 단둥[安東]을 거쳐 상하이로 망명한 그는 대한민국 임시정부에 합류하였다. 4월 21일부터 열린 제2회 대한민국 임시의정원 회의에서 의원으로 당선된 그는 신익희申翼熙, 서병호徐丙浩 등과 더불어 내무부 위원으로 선임되었다. 그리고 1919년 8월 12일자로 임시정부 경찰조직을 통할하는 경무국장에 임명되었다. 경무국 사무실은 안창호가 미주에서 가지고 온 자금으로 임대한 상하이 프랑스조계 샤페로[霞飛路] 321호 임시정부 청사에 있었는데, 안창호의 추천으로 그가 '임시정부 문지기'가 되었다고《백범일지》에서 기술한 바 있다. 경무국장 시절에 대해 김구는 "혁명시기이자 비상한 시기였던만큼 일본 밀정 등 범죄자에 대해서는 말로 타이르는 것이 아니면 사형이었다."라고 회고하였다. 경무국장으로서 20여 명의 경호원과 경무국원을 이끌던 그는 1923년 내무총장에 임명되었다. 이때 그는 임시정부의 내정을 맡는 한편 대한교민단의 경찰조직인 의경대를 설치하기도 하였다.

김구가 내무총장을 맡고 있던 1923년 상하이에서 국민대표회의가 열렸다. 1923년 1월부터 상하이에서 국내외 지역과 단체를 대표하는 독립운동가 130여 명이 참가한 가운데, 독립운동의 방향 정립을 논의하는 대규모 회의가 반년 가까이 열렸다. 여기에서 임시정부를 고치자는 개조파와 임시정부를 없애고 새로운 정부를 만들자는 창조파로 나뉘었다. 회의가 결렬되자, 내무총장 명의로 국민대표회의에 대해 해산령을 내림으로써 흔들리는 임시정부를 옹호하였다. 1924년 국무총리 대리를 거쳐 1926년 12월 임시정부 최고 수반인 국무령에 취임하였다. 이듬해 헌법을 제정, 임시정부를 위원제로 고치면서 국무위원이 되었다. 1929년 교민단 단장을 역임하였고 1930년 이동녕, 이시영李始榮 등과 함께 한국독립당을 창당하였다. 1931년 한인애국단을 조직하여 의열투쟁을 전개하였다. 한편으로 그는 1928년 3월부터 독립운동에 목숨을 바치기로 결심하고, 자신의 일생을 기록하고 이를 두 아들에게 유서로 남기고자《백범일지》집필을 시작하였다.

김구는 1932년 1월 8일의 이봉창李奉昌 의거와 4월 29일의 윤봉길 의거를 주도하여 추진하였다. 이봉창의 폭탄은 도쿄 한복판에서 일본제국주의의 간담을 서늘케 했으며, 윤봉길의 폭탄은 중국 침략에 도취해 있던 일본군 수뇌부를 처단하였다. 상하이 점령 일본군 사령관 시라카와 요시노리[白川義則] 대장을 비롯해서 사령관들이 죽었으며, 시게미쓰 공사는 다리 불구가 되었다. 이때 중국 측은 30만 명의 중국군도 해내지 못한 일을 한국인 독립운동가 한 사람이 해냈다고 경의를 표했다. 이러한 한인애국단의 성과에 힘입어 김구는 중국 국민정부와 교섭을 시작했다. 한국 독립운동에 대한 지원을 약속한 장제스[蔣介石]는 중앙군관학교 낙양분교 안에 한인특별반을 설치하기로 약속했다. 이에 따라 만들어진 한인특별반에서 한인 청년들은 중국군 장교이자, 독립군 간부로 거듭나게 되었다. 한인애국단 활동이 성공한 후 김구는 임시정부에서 확고한 지도력을 다져가게 되었다.

1935년 임시정부에 대한 견제 세력으로서 조선민족혁명당이 결성되고 임시정부에 위기가 찾아오자, 김구는 이동녕, 송병조, 차리석, 조성환, 이시영 등과 함께 임시정부를 지지하는 우익계 정당으로 한국국민당을 창당하고 이사장이 되었다. 일제의 체포 열기로 인해 피신해 있던 김구는 임시정부에 복위하여 임시정부의 대장정을 추진하는 한편, 임시정부를 중심으로 독립운동 진영을 통합해갔다. 그리고 1939년에 충칭[重慶]에 도착한 후 임시정부의 제2전성기를 다져갔다. 한편으로는 임시정부 여당으로서 한국독립당을 재건하고, 임시정부의 주석으로 취임하였다.

독립전쟁을 이끌며 대한민국을 그린 민족지도자

충칭시기 김구는 한국광복군을 창설하고, 독립운동 진영을 포용하며 임시정부의 통합체제를 완성해갔으며, 연합국과의 외교력을 강화했다. 먼저 그는 독립전쟁의 주축으로서 1940년 9월 17일 임시정부의 국군인 한국광복군韓國光復軍을 창설했다. 한국광복군은 창설 초기 중국 국민정부의 견제를 받기도 했으나, 영국·미국군과도 공조하며 연합군과의 승전을 위해 역할하였다.

1941년 임시정부는 외교와 군사에 기반한 복국復國, 그리고 건국建國을 지향하는 「대한민국 건국 강령大韓民國建國綱領」을 발표하였다. 정치, 경제, 교육의 균등을 내세운 건국강령은 지력-부력-권력의 균등과 공비교육-국유제도-보통선거를 방략으로 제시하였다.

김구는 국무위원회 주석으로서 일본에 대한 선전포고는 물론 독일에 대한 선전포고와 각종 외교활동을 전개하였다. 1941년 12월 9일에는 '대일 선전 성명서'를 공포하였다. 일본과의 전쟁을 본격 준비하던 광복군을 확대 개편하기 위해 민족혁명당 진영을 포섭하고, 그 무장 세력인 조선의용대를 광복군 제1지대에 편입시켰다. 아울러 무정부주의계열의 한국청년전지공작대 등도 편입시킴으로써 광복군의 전력을 강화해 갔다. 이러한 군사적 통일에 힘입어 1942년 10월 개최한 제34회 임시의정원 회의에는 조선혁명당 출신 좌파 의원들이 참여하여 독립운동 세력이 통일을 이루었다. 임시의정원은 한국독립당이 여당이 되고 조선민족혁명당 등이 야당 역할을 한 전 민족적 통일의회가 되었다. 1944년에는 임시헌법의 개정을 통해 부주석직을 신설하고, 민족혁명당의 대표인 김규식을 부주석으로 선출하였다.

1945년 들어 한국광복군과 연합군의 공조계획은 국내진공작전으로 구체화되었다. 이미 1944년 5월부터 미국 전략정보처OSS와 합동으로 광복군의 국내 진입 작전을 위한 훈련을 하고 있던 광복군 제2지대는 지대장 이범석과 OSS의 사전트 소령이 산시성[陝西省] 시안[西安]에서 합작하였고, 제3지대는 지대장 김학규와 OSS의 윔스가 안훼이성[安徽省] 푸양[阜陽]에서 국내 진입 작전을 위한 비밀 훈련을 하였다. 1945년 8월 10일 시안에서 광복군의 국내 진입 훈련을 시찰하던 김구는 일제의 항복 소식을 듣고 "하늘이 무너지는 듯 했다."라고 당시 심경을 밝혔다.

주지하듯이 김구는 1894년 동학에 입도한 후, 평생을 항일운동·민족운동에 바친 독립운동가이자 민족지도자이다. 1919년 대한민국 임시정부에 합류하여 경무국장, 내무총장, 국무령, 주석 등을 맡으며 임시정부 수호에 가장 큰 역할을 했으며, 한국국민당·한국독립당을 통해 우익계 민족운동의 당수로 활동한 그는 국제정세의 변화를 읽으며 대한민국 임시정부의 국제 승인을 위해 힘썼지만, 사실상 미국·소련 등에 의해 인정되지 않았고, 국내에서 활동에 제약을 받았다. 1945년 12월 모스크바 3상회의 의제인 신탁통치 문제가 알려진 후, 신탁통치반대운동에 적극 앞장섰으며, 1947년 말 '완전 자주독립과 통일정부 수립'을 천명했다. 남한 단독선거를 통한 단독정부 수립에 절대 반대하며 다음과 같이 '3천만 동포에게 읍고함'을 발표하였다.

> 통일하면 살고 분열하면 죽는 것은 고금의 철칙이나 자기의 생명을 연장하기 위하여 남북의 분열을 연장시키는 것은 전민족을 죽음의 구렁텅이[死坑]에 넣는 극악 극흉의 위험한 일이다. …(중략)…
>
> 삼천만 자매형제여! 한국이 있어야 한국 사람이 있고 한국 사람이 있고야 민주주의도 공산주의도 또 무슨 단체도 있을 수 있는 것이다. 그러면 우리의 자주독립적 통일정부를 수립하려 하는 이때에 있어서 어찌 개인이나 자기의 집단의 사리사욕에 탐하여 국가민족의 백년대계를 그르칠 자가 있으랴? 우리는 과거를 한 번 잊어버려 보자. 甲은 乙을 乙은 甲을 의심하지 말며 경멸하지 말고 피차에 진지한 애국심에 호소해 보자! …(중략)…
>
> 마음속의 38선이 무너지고야 땅위의 38선도 철폐될 수 있다. 내가 불초하나 일생을 독립운동에 희생하였다. …(중략)… 내가 대한민국임시정부를 주지主持하는 것도 일체가 다 조국의 독립과 민족의 해방을 위하는 것뿐이다. 그러므로 내가 국가 민족의 이익을 위하여는 일신이나 일당의 이익에 구애되지 아니할 것이오 오직 전민족의 단결을 위하여서는 삼천만 동포와 공동분투할 것이다. 이것을 위하여는 누가 나를 모욕하였다 하여 염두에 두지 아니할 것이다.
>
> 현시에 있어서 나의 단일한 염원은 삼천만 동포와 손을 잡고 통일된 조국 독립의

백범 김구 묘

현대백화점
이대역
아현역
신촌역
애오개역
서강대학교
서울서부
지방법원
공덕역
백범로
마포역
한강
강변북로
삼각지역

백범로

달성을 위하여 공동분투하는 것뿐이다. 이 육신을 조국이 필요로 한다면 당장에라도 제단에 바치겠다. 나는 통일된 조국을 건설하려다가 38선을 베고 쓰러질지언정 일신에 구차한 안일安逸을 취하여 단독정부를 세우는 데는 협력하지 아니하겠다.

-**'삼천만동포에게 읍고함' 중에서, 1948년 2월 10일**

"마음속의 38선을 무너뜨리고 자주독립의 통일정부를 세우자."라고 호소한 그는 1948년 4월 19일 남북협상차 평양을 방문하여 남북협상에 나섰지만 분단을 막지 못했다. 그럼에도 불구하고 그는 후대 사람들과 역사를 위해 눈 위의 첫 발자국을 떠올렸다. 경교장에서 청년, 사회지도자들을 만나며 지내던 그는 1949년 6월 26일 안두희의 총탄에 의해 서거하였다. 30여 년간 김구의 지근거리에서 그를 믿고 다르며 독립운동했던 엄항섭은 김구의 죽음에 대해 한국독립당 대표로서 추모했다.

선생님, 선생님, 선생님은 가셨는데 무슨 말씀 하오리까.

우리들은 다만 통곡할 뿐입니다. 울고 다시 울고 눈물밖에 아무 할 말도 없습니다. 하늘이 선생님을 이 땅에 보내실 적에 이 민족을 구원하라 하심이니 74년의 일생을 통하여 다만 고난과 핍박밖에 없습니다. 청춘도 명예도 영화안락도 다 버리고 만리 해외로 떠다니시어 오직 일편단심 조국의 광복만을 위하여 살으셨습니다. …(중략)…

그러나 어찌 뜻하였으리요,

조국의 강토는 남북으로 양단되고 사상의 조류는 좌우로 분열된 채 동족상잔이 나날이 치열하고 전도의 광명이 각각으로 희박해 가고 그럴수록 선생님은 국토 통일과 완전 자주 이것만을 위하여 혀가 닳토록 절규하였고, 나물국 한 그릇에 쓴 김치 한 공기로 국민 최저생활을 몸소 맛보시며 지냈습니다. 선생님의 고난일생苦難一生, 지성일념至誠一念이 이러했거늘, 마지막에 원수 아닌 동족의 손에 피를 뿜고 가시다니요, 그래 이것이 선생님에게 바친 최후의 보답입니까.

동포 형제여! 가슴을 치며 통곡하십시오. 선생님에게 드릴 선물이 이것밖에 없습데까.…(중략)…

선생님 !

우리들은 선생님의 끼치신 뜻을 받들어 선생님의 발자국을 따라 최후의 일각까지 민족을 위하여 삶으로서 선생님의 신도信徒되었던 아름답고 고귀한 의무를 다하기로 선생님의 위대하신 영전에 삼가 맹서합니다.

1949년 7월 5일 한국독립당 일동 대표 엄항섭

백범 김구 동상

도산 안창호는 일제 치하에서 서거하여 망우공동묘지에 묻혔다. 1938년 서거 이전까지 도산의 일거수 일투족을 감시하던 일제는 장례는 물론, 묘소를 찾는 사람까지 감시하였다. 도산의 묘소를 찾을 때면 양주경찰서 소속 경찰이 명단을 작성할 정도였다. 끝내 조국의 광복을 보지 못한 도산은 죽어서도 일제의 고초를 겪었다.

백범 김구는 해방된 조국을 보았지만 민족의 분단을 목도했다. 끝까지 민족 통일을 꿈꾸던 그는 결국 분단된 조국에서 숨을 거두고 고향이 아닌 서울에 묻혔다. 도산과 백범 모두 고향은 이북이었지만, 서울에서 생을 마감하였다. 두 사람 모두 대한민국 임시정부를 대표하는 인물들이었지만, 돌이켜보면 실향민이기도 했다.

서울에 도산과 백범의 상징 공간이 조성된 데에는 광복 후 계속되었던 독립운동 계승에 대한 사람들의 의지가 축적되었기 때문이다. 특히 광복 후 대한민국 임시정부에 대한 사람들의 지지는 열렬했다. 1945년 12월 19일, '대한민국 임시정부 개선환영대회'가 전국적으로 연이어 열렸다. 이후 김구, 신익희, 조소앙, 홍진, 김원봉 등 임시정부 요인들은 서울운동장에서 순국선열추념대회를 개최하였다. 이렇듯 독립운동을 계승해야 한다는 의식은 모이고 이어져 각종 추도회 개최와 동산 건립 등으로 계속되었다. 한편으로 윤봉길, 백정기, 이봉창 3의사의 유해가 봉환되며 효창원이 조성되었다. 1948년 9월 김구는 3의사에 이어 임시정부 활동을 끝까지 함께 했던 석오 이동녕, 동암 차리석의 유해를 중국에서 봉환하여 효창원에 안장했다. 그리고 한 달이 채 되지 않아 함께 광복군 창설에 앞장선 청사 조성환이 숨을 거뒀다. 1948년 10월 13일 열린 청사조성환선생사회장 영결식에 참석한 김구는 직접 지은 제문을 고인에게 바쳤다. 당시 장례식은 크

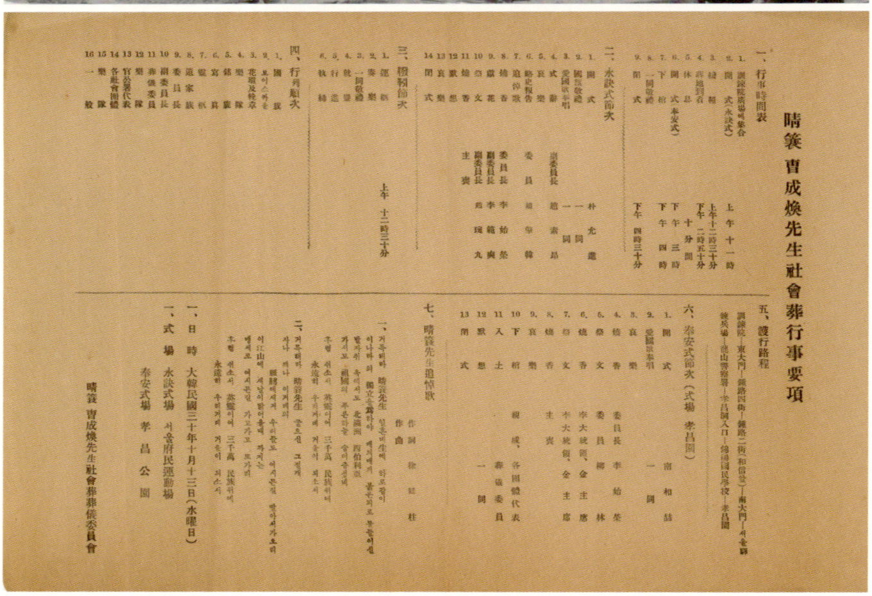

晴簑 曺成煥先生社會葬行事要項

一、行事時間表

1. [illegible]集合
2. 開式(永訣式) 上午十一時
3. [illegible] 上午十二時三十分
4. [illegible]到着 下午二時五十分
5. 休息 十分間
6. 開式(奉安式) 下午三時
7. 下棺 下午四時
8. 一同敬禮
9. 閉式 下午四時三十分

二、永訣式節次

1. 開式 朴允進
2. 國旗敬禮 一同
3. 愛國歌奉唱 一同
4. 式辭 副委員長 趙素昂
5. 哀樂
6. 略史報告 委員 [illegible]
7. 追悼歌
8. 燒香 委員長 李始榮
9. 獻花 副委員長 李範奭
10. 祭文 副委員長 [illegible]
11. 燒香 主賓
12. 默想
13. 哀樂
14. 閉式

三、移柩節次

1. 運柩 上午十二時三十分
2. 奏樂
3. 一同敬禮
4. [illegible]
5. 行進
6. 執紼

四、行列順次

1. 旗
2. 보이스카우트
3. 花環及輓章
4. 樂隊
5. 銘旌
6. 寫眞
7. 靈柩
8. 遺家族
9. 委員長
10. 副委員長
11. 葬儀委員
12. 樂隊
13. 官公署代表
14. 各社會團體
15. 樂隊
16. 一般

五、護行路程

[illegible]—東大門—鍾路四街—鍾路二街(和信앞)—南大門—서울驛—[illegible]—龍山警察署—[illegible]—[illegible]國民學校—孝昌園

六、奉安式節次(式場 孝昌園)

1. 開式
2. 愛國歌奉唱 一同
3. 哀樂
4. 燒香 委員長 李始榮
5. 祭文 委員 [illegible]
6. 燒香 李大統領, 金主席
7. 祭文 李大統領, 金主席
8. 燒香 主賓
9. 哀樂
10. 下棺 親戚, 各團體代表
11. 入土 葬儀委員
12. 默想 一同
13. 閉式

七、晴簑先生追悼歌

一、日時 大韓民國三十年十月十三日(水曜日)

一、式場 永訣式場 서울府民運動場

奉安式場 孝昌公園

晴簑 曺成煥先生社會葬葬儀委員會

영결식장에서 제문을 읽는 김구(위)와 당시 장례 진행을 알 수 있는 「청사조성환선생사회장행사요항」(아래)

게 훈련원에서의 영결식과 효창원에서의 봉안식으로 치러졌는데, 장례식에는 정부 수반 및 임시정부 요인이 대거 참석하였다. 그의 운구는 조성환의 생애를 감안하여 훈련원에서 시작되어 효창원으로 향했다. 운구 행렬은 훈련원–동대문–종로4가–종로2가–남대문–서울역–연병장–용산경찰서–효창원 입구–금양초등학교–효창원에 이르렀다. 이 길은 지금의 백범로의 일부가 되었다.

문효세자와 의빈 성씨, 숙의 박씨, 영온옹주의 무덤으로 이뤄졌던 효창원은 청일전쟁을 거치며 일본군에 의해 훼손되기 시작하여 1921년에는 골프장이 들어서는 수난을 겪었다. 하지만 독립운동가들의 묘역이 들어서면서 '순국선열'을 상징하는 공간으로 탈바꿈했다. 특히 백범 김구의 묘소가 자리하면서 민족적 성지로 인식되기에 이르렀다. 그러나 효창원은 1956년부터 효창운동장 건립이 시작되어 훼손되고, 이어 군사정권기 각종 이질적 시설과 기관들에 의해 점탈되어 갔다.

1960년대 독립유공자 포상이 본격적으로 이뤄지고, 애국지사들의 묘지를 국가가 체계적으로 관리해야 한다는 목소리가 고조되면서 애국선열에 대한 예우 문제가 공론화되었다. 특히 망우리 공동묘지에 묻힌 안창호의 유해 문제는 그 '격'에 대한 문제 제기로 이어졌다. 결국 정부는 애국지사에 대한 '국립묘역'을 조성하게 되었다. 한편 1960년대 중반 독립운동가나 민족주의를 표상하는 인물들에 대한 현양사업이 정부 주도로 이뤄졌다. 이는 1963년부터 계속된 한일협정 반대투쟁과 정권 정통성 문제에 대한 대응으로 '민족주의'를 내세우려는 정권의 의도가 반영된 것이기도 했다. 1964년 5월 남대문에서 중앙청에 이르는 태평로 주변에 '애국 선현 조상 37개'가 조성된 것을 시작으로, 세종로·태평로, 그리고 남산 등지에 각종 동상이 건립되었다. 1966년 형식상 민관합동으로 조직된 '애국선열조상건립위원회'는 광복절을 맞아 대대적으로 동상 건립을 추진하였다. 서울

1968년 효창공원(위)과 1977년 지금의 백범로 구간 도로신설 공사(아래)

곳곳에 역사적 위인의 동산이 건립되는 가운데, 남산에는 이준열사 동상과 백범 김구 동상이 세워지고, 1970년에는 서울 남산에 안중근의사기념관이 건립되었다.

그런 가운데 1963년 안창호의 부인 이혜련 여사와 가족들이 고국을 방문하여 도산의 25주기 추모식에 참석하였다. 대대적으로 열린 이혜련여사 환영대회와 도산안창호선생 25주기 추모식을 계기로 도산선생기념사업회 등 그의 유지를 좇으려는 사람들의 목소리가 고조되어 갔다. 1969년 이혜련 여사가 별세하면서 안창호와 이혜련 여사의 유해를 합장하기 위한 방안이 모색되었다. 이 무렵 영동지구(현 강남구 일대) 개발이 모색되면서 도산의 유해를 별도로 봉환한 묘소 및 공원 조성 계획이 구체적으로 세워졌다.

1971년 도산선생기념사업회는 서울시와 함께 2억 원을 들여 영동지구 성동구 학산동 산52 및 성동구 압구정동 산20에 걸친 1만여 평에 '도산공

도산공원 개원

도산공원 전경

원島山公園' 건립할 것을 발표하였다. 당시 계획에는 묘소 옆으로 공원과 도서관, 기념관 등을 짓는 것이 포함되었다. 이에 따라 4월 15일 도산공원 기공식이 열리고, 이듬해에는 도산공원에서 경부고속도로 진입 입구에 이르는 길이 '도산로'로 명명되었다. 이는 1972년 11월 26일 서울특별시공고 제268호에 의해 한양천도 578주년 기념에 맞춰 이뤄진 것이기도 했다. 이후 영동 개발이 본격화되고 도로가 정비되면서 1984년 11월 7일 서울특별시공고 제673호에 의해 폭이 50m 이상인 도산로가 도산대로로 명칭 변경하였다.

같은 해 '용산로(삼각지~용산경찰서 구간)'와 '용마로(공덕역~(구)용산구청)' 간의 도로가 합병되어 백범의 이름이 들어간 '백범로'가 명명되었다. 이 구간은 효창공원에 이르는 길로서 김구의 호를 차용한 것이었다. 이는 일제강점기 일본인이 모여 살아 적산가옥이 즐비하던 용산이 '민족적 공간'으로 재탄생하는 일이기도 했다.

1997년에 되어서야 1970년대 계획되었던 도산안창호기념관 건립이 현실적으로 추진되었다. 그리고 1년 만인 1998년 11월 도산안창호기념관이 개관하였다. 백범기념관은 1999년부터 건립모금운동이 전개되어 2000년 기공, 2002년 10월 개관하였다. 묘소와 공원으로 이어진 도산과 백범의 상징공간은 기념관을 통해 구체적인 교육·전시공간으로 확장되었다.

도산대로와 백범로, 그 길에 안창호와 김구의 무덤이 있다. 그리고 그들의 삶을 기념하는 기념관이 있다. 무덤과 기념관이 상존하는 두 공원, 그 상징 공간에서 우리는 두 독립운동가의 삶과 독립운동을 돌아볼 수 있다. 도산공원과 효창원으로 향하는 두 길에는 대한민국 임시정부, 한국독립운동의 역정歷程이 투영되어 있다.

참고문헌

제1강 서울 도로명의 형성과 역사적 의미

김형민, 《김형민 회고록》, 범우사, 1987.

서울특별시, 《서울의 가로명연혁》, 1986.

__________, 〈서울시 새주소 안내도〉, 2002.

서울특별시사편찬위원회, 《서울지명사전》, 2010.

김순배, 〈한국 도로명의 명명 유연성 연구〉, 《地名學》 25, 2016.

전우용, 〈서울의 기념인물과 장소의 역사성〉, 《서울학연구》15, 2005.

제2강 한양 천도의 역사 - 삼봉로와 무학로

서울역사편찬원, 《서울역사강좌12 – 세계도시설명서》, 2021.

강호선, 〈개경과 한양의 사찰 – 도성사찰의 역할과 의미〉 《역사와 현실》 125, 2022.

기원담, '서울 학터'담, '석왕사 해몽담'을 중심으로 –〉 《실천민속학연구》 35, 2020.

김승호, 〈한양 정도(定都) 전승담의 종교·이념적 맥락과 의미: 무학(無學)의 심상(心象)과 등장인물의 기능을 중심으로〉 《한국문학연구》 64, 2020.

김윤주, 〈조선 초기 遷都와 移御의 정치사 : 수도 한양의 위상 강화 과정을 중심으로〉 《서울학연구》 45, 2011.

______, 〈조선 초기 수도 한양의 불교 사찰 건립과 불사 개설 : 태조 이성계의 사찰 건립을 중심으로〉 《서울학연구》 66, 2017.

______, 〈조선 태조~태종대 한양 건설 공역의 인력 동원과 물자 수급〉 《조선시대사학보》 86, 2018.

이원명, 〈여말선초 三峰 鄭道傳의 역성혁명의 꿈과 한양설계〉 《인문논총》 26, 2013.

이익주, 〈무학 자초의 정치 활동에 대한 재검토 –한양 천도에서의 역할을 중심으로 〉 《서울학연구》 8, 2021.
이종주, 〈무학대사(無學大師) 한양(漢陽) 정도(定都) 설화의 의미와 서울의 상징성 – 왕십리
황인규, 〈조선 건국초 무학의 興法과 奠都〉《불교연구》 59, 2022.

제3강 조선을 이끈 왕과 신하 - 세종로와 만리재로

최승희, 《조선초기 언론사 연구》, 지식산업사, 2004.
박홍갑, 〈집현전 학사 최만리의 정치활동〉《민족문화》 37, 2011.
오종록, 〈훈민정음 창제와 반대 상소〉《내일을 여는 역사》 32, 2008.
정다함, 〈麗末鮮初의 동아시아 질서와 朝鮮에서의 漢語, 漢吏文, 訓民正音〉《韓國史學報》 36, 2009.
______, 〈"듕귁(中國)"과 國之語音(나랏말솜)"의 사이 – 鮮初 漢文·漢吏文·漢語와 訓民正音의 관계성을 중심으로〉《비교문학》 60, 2013.

제4강 한명회와 압구정 - 압구정로

《세조실록》《성종실록》《신증동국여지승람》
정두희, 《조선초기 정치지배세력연구》 일조각, 1983.
최영호, 〈'南怡(1441–1468)의 獄' 再考〉《歷史와 人間의 對應》, 한울, 1985.
강제훈, 〈조선초기의 富商 許繼智의 신분과 권력 배경〉《한국사연구》 119, 2002.
______, 〈조선 세조대의 조회와 왕권〉《사총》 61, 2005.
______. 〈세조, 비범한 임금? 평범한 임금!〉《내일을 여는 역사》 25, 2006.
______, 〈조선초기 家系繼承 논의를 통해 본 姜希孟家의 정치적 성장〉《조선시대사학보》 42, 2007.
______, 〈조선초기 문신 姜希孟의 관직생활〉《한국인물사연구》 9, 2008.
______, 〈조선 초기 勳戚 韓明澮의 관직 생활과 그 특징〉《역사와 실학》 43, 2010.
김경수, 〈세조대 단종복위운동과 정치세력의 재편〉《사학연구》 83, 2006.
김 돈, 〈세조대 '단종복위운동'과 왕위계승 문제〉《역사교육》 98, 2006.
김 범, 〈朝鮮王朝實錄에 나타난 '勳舊'의 용례와 그 분석〉《동방학지》 134, 2006.
______, 〈조선전기 '훈군·사림세력' 연구의 재검토〉《한국사학보》 15, 2003

김성우, 〈15세기 중,후반 勳舊官僚 徐居正의 관직생활과 그에 대한 평가〉《대구사학》 83, 2006.
김순남, 〈조선 成宗代의 建州三衛〉《대동문화연구》 68, 2009.
_____, 〈朝鮮 世祖代 體察使 韓明澮에 대하여〉《한국사학보》 23, 2006.
김용흠, 〈조선전기 훈구·사림의 갈등과 그 정치사상적 함의〉《동방학지》 124, 2004.
김우기, 〈朝鮮 成宗代 貞熹王后의 垂簾聽政〉《조선사연구》 10, 2001.
이동희, 〈李施愛 亂에 있어서 韓明澮·申叔舟의 역모 연루설〉《전라문화논총》 7, 1994.
_____, 〈조선초기 원상의 설치와 그 성격〉《전북사학》 16, 1993.
조영록, 〈鮮初의 朝鮮出身 明使考—成宗朝의 對明交涉과 明使 鄭同—〉《국사관논총》 14, 1990.
최이돈, 〈성종대 사림의 훈구정치 비판과 새정치 모색〉《한국문화》 17, 1996.
한춘순, 〈성종 초기 정희왕후(세조 비)의 정치 청단과 훈척정치〉《조선시대사학보》 22, 2002.

제5강 훌륭한 모자의 표본 - 사임당로와 율곡로

고연희 외, 《신사임당, 그녀를 위한 변명 : 시대와 권력이 만들어낸 신사임당의 이미지 변천사》, 다산기획, 2016.
금장태, 《율곡평전 : 나라를 걱정한 철인》, 2011.
예문동양사상연구원, 《율곡 이이》, 예문서원, 2002.
한영우, 《율곡 李珥 평전》, 민음사, 2013.
김경래, 〈宣祖代 초반의 정국과 栗谷 李珥의 개혁론〉 서울대학교 박사학위논문, 2015.
김윤경, 〈북한의 율곡 연구 – 반동적 관념론자에서 선진적 사상가로〉《율곡학연구》 35, 2017.
이경동, 〈조선후기 율곡 이이 문집 편찬의 추이와 의의〉《유학연구》 52, 2020.
_____, 〈17세기 사상계의 율곡 경세론 수용과 전개〉《율곡학연구》 44, 2021.
정호훈, 〈16·7세기 栗谷學派의 형성과 활동〉《사학연구》 103, 2017.

제6강 나라를 지킨 영웅들 - 서애로와 충무로

김시덕 역해, 《(교감·해설) 징비록》, 아카넷, 2013.
김흥식 옮김, 《징비록》, 서해문집, 2017(개정증보판).
이은상 역, 《완역 이충무공전서》(상,하), 성문각, 1989.
노승석 옮김, 《교감완역 난중일기》, 민음사, 2013.
서인한, 《임진왜란사》(민족전란사 4), 국방부전사편찬위원회, 1987.
이민웅, 《임진왜란 해전사: 7년 전쟁, 바다에서 거둔 승리의 기록》, 청어람미디어, 2004.
제장명, 《이순신 백의종군:하늘의 뜻을 알다》, 행복한나무, 2011.
______, 《(이순신 전·유적지 답사 안내서) 충무공 이순신의 흔적을 찾아서》, 해군사관학교 해양연구소, 2018.
김경태, 〈이순신의 북방 지역 활동에 대한 사료적 고찰〉 《역사와 담론》 90, 2019.
이상훈, 〈임진왜란 전 이순신의 행적과 가문의 상황–1588년 발급 〈별급문기〉를 중심으로〉 《이순신연구논총》 10, 2008.

제7강 시대가 만든 역신과 충신 - 난곡로와 삼학사로

《사마방목(司馬榜目)》 《문과방목(文科榜目)》 《조선왕조실록(朝鮮王朝實錄)》 《상촌집(象村集)》 《자암집(紫巖集)》 《강로전(姜虜傳)》 《송자대전(宋子大全)》 〈삼학사전(三學士傳)〉
문중양 외, 《17세기 대동의 길》, 민음사, 2014.
한성주, 《조선시대 藩胡 연구》 경인문화사, 2018.
계승범, 〈역사소설로 본 조선후기 '역사 만들기'의 일면〉 《한국사학사학보》 38, 2018.
배우성, 〈서울에 온 청의 칙사 馬夫大와 삼전도비〉 《서울학연구》, 38, 2010.
정병진, 〈淸使의 삼전도 행차와 양국의 기억〉 《전북사학》 55, 2019.
서울역사편찬원 서울지명사전(https://history.seoul.go.kr/).
조선왕조실록(https://sillok.history.go.kr/).
한국고전종합DB(https://db.itkc.or.kr/).
한국역대인물종합시스템(http://people.aks.ac.kr/).
한국민족문화대백과사전(http://encykorea.aks.ac.kr/).

제8강 조선 예술의 선도자들 - 겸재로와 추사로

고연희, 《정선:눈앞에 보이는 듯한 풍경》, 다림, 2017.

박철상, 《세한도》, 문학동네, 2010.

최완수, 《겸재의 한양 진경》, 현암사, 2018.

______, 《겸재 정선》, 현암사, 2009.

제9강 한말 의병장의 길 - 허위의 왕산로

권대웅, 《(목숨 바쳐 나라를 사랑한 선비)왕산 허위》, 지식산업사, 2014.

김상기, 《한말의병운동: 전기·중기의병》, 독립기념관, 2016.

김희곤, 《왕산허위의 나라사랑과 의병전쟁》, 구미시, 2005.

심철기, 《근대전환기 지역사회와 의병운동 연구》, 선인, 2019.

홍영기, 《한말의병에서 독립군으로: 후기의병》, 독립기념관, 2017.

이현희, 〈허위의 의병투쟁과 서대문형무소〉 《한국민족운동사연구》 29, 2001.

조재곤, 〈대한제국 시기 허위의 재경 정치활동과 시국인식〉 《향토서울》 69, 2007.

제10강 대한의 독립운동가 - 도산대로와 백범로

김구 집필, 도진순 주해, 《백범일지》, 돌베개, 1997.

서울역사편찬원, 《서울역사답사기》 2, 2018.

이명화, 《도산 안창호의 독립운동과 통일노선》, 경인문화사, 2002.

장석흥, 《안창호 – 한국 독립운동의 혁명 영수》, 역사공간, 2017.

한시준, 《대한민국 임시정부의 지도자들》, 역사공간, 2016.

고정휴, 〈해방 직후 대한민국임시정부의 노선과 통일운동〉 《한국근현대사연구》 36, 2006.

윤선자, 〈광복 후 애국선열 선양정책 재조명〉 《사학연구》 100, 2010.

장석흥, 〈백범과 안중근 집안의 인연과 독립운동〉 《백범과 민족운동연구》 2, 백범학술원, 2004.

전우용, 〈서울의 기념인물과 장소의 역사성〉 《서울학연구》 25, 2005.

정병준, 〈해방 후 백범 김구의 건국노선과 평화통일 활동〉 《백범과 민족운동 연구》 7, 백범

학술원, 2009.
한시준, 〈백범 김구와 한인애국단〉《백범과 민족운동 연구》10, 백범학술원, 2013.
황선익, 〈독립운동 기념의 역사적 전개와 독립운동 기념관〉《한국근현대사연구》87, 한국근현대사학회, 2018.

찾아보기

ㄴ

ㄷ

ㄹ

ㅁ

ㅂ

ㅅ

ㅇ

ㅍ

ㅎ

저자약력

이상배

서울역사편찬원 원장. 〈조선후기 掛書研究〉로 박사학위를 받았다. 〈고종의 장충단 설립과 역사적 의미〉, 〈삼연 김창흡의 삶과 운곡〉, 〈중근세 동해안의 교통과 삼척〉, 〈구암 한백겸의 삶과 역사 인식〉 등의 논문이 있으며, 저서로는 《조선의 정치와 괘서》, 《한국 중근세 정치사회사》, 《조선시대 서울과 지식인》, 《조선을 읽다, 서울을 느끼다》, 《서울의 하천》, 《서울의 누정》 등이 있다.

김윤주

서울시립대학교 국사학과 강사. 〈조선 태조~태종대 정치와 정치세력〉로 박사학위를 받았다. 〈조선 초기 遷都와 移御의 정치사 - 수도 한양의 위상 강화 과정을 중심으로 -〉, 〈조선 초기 수도 한양의 불교 사찰 건립과 불사 개설 - 태조 이성계의 사찰 건립을 중심으로〉, 〈조선 초기 '조선 건국'에 대한 역사 인식의 형성과 추이〉 등의 논문이 있으며, 저서로는 《서울역사답사기3 - 한강을 따라서》, 《경복궁 중건 천일의 기록》, 《경복궁영건일기》, 《공사기고》 등이 있다

소순규

한양대학교 사학과 교수. 〈朝鮮初期 貢納制 운영과 貢案改定〉로 박사학위를 받았다. 〈조선 태종대 경상·전라도 조운제 정비의 재정사적 고찰〉, 〈16세기 貢納制 운영 변화의 구조적 원인과 배경〉, 〈조선 세종조 配享功臣 신개의 정치적 역할과 종묘 배향의 배경〉 등의 논문이 있으며, 저서로는 《고려에서 조선으로》, 《조선전기의 국가의례와 의주》 등이 있다.

강제훈

고려대학교 한국사학과 교수. 〈朝鮮初期 田稅財政 硏究 : 國庫穀의 확보와 그 운용〉로 박사학위를 받았다. 〈조선 초기 종묘 親享儀의 禮樂 구성〉, 〈조선 세종조의 國家禮 정비와 五禮의 성립〉, 〈조선 초기 훈척 한명회의 관직 생활과 그 특징〉 등의 논문이 있으며, 저서로는 《조선초기 전세제도 연구》, 《조선 왕실의 가례》 1·2권 등이 있다.

이경동

공주대학교 백제문화연구소 연구교수. 〈조선후기 정치 · 사상계의 栗谷 李珥 인식 변화 연구〉로 박사학위를 받았다. 〈17세기 사상계의 율곡 경세론 수용과 전개〉, 〈율곡 이이의 관제개편 구상과 의미〉, 〈조선후기 율곡 이이 문집 편찬의 추이와 의의〉 등의 논문이 있으며, 저서로는 《校勘本 栗谷全書》(공저), 《동아시아 서원 아카이브와 지식 네크워크》(공저) 등이 있다.

정해은

한국학중앙연구원 책임연구원. 〈조선후기 무과급제자 연구〉로 박사학위를 받았다. 〈조선 정조 대 훈련원 정비의 방향과 그 의미〉, 〈『징비록』의 서술 중점과 후대 영향력〉, 〈임진왜란 발발 직후 이순신의 전쟁 대응에 대한 검토-1차 출전 과정을 중심으로-〉 등의 논문이 있으며, 《조선의 무관과 양반사회》, 《신사임당 전(傳)》, 《서울역사답사기 4》(공저) 외 다수의 저서가 있다.

한성주

강원대학교 사학과 교수. 〈조선전기 女眞에 대한 授職政策 연구〉로 박사학위를 받았다. 〈조선 전기 초피 생산과 유통〉, 〈조선 세조대 여진 정벌과 홍윤성의 활동〉, 〈누르하치의 두만강 유역 번호 침탈과 조선의 대응 고찰〉 등의 논문이 있으며, 《조선전기 수직여진인 연구》, 《근세 동아시아와 요동》, 《조선시대 藩胡 연구》 외 다수의 저서가 있다.

박철상

한국문헌문화연구소 소장. 〈조선시대 금석학 연구〉로 박사학위를 받았다. 〈金在魯家『金石集帖』纂輯 연구〉, 〈石亭 李定稷의 生涯와 著述 및 交遊關係〉, 〈신발굴 秋史 金正喜 燕行資料 三種의 의미〉 등의 논문이 있으며, 《세한도–천년의 믿음 그림으로 태어나다》, 《서재에 살다》, 《나는 옛것이 좋아 때론 깨진 빗돌을 찾아다녔다》 외 다수의 저서가 있다.

심철기

민족문제연구소 책임연구원. 〈한말 원주의병의 발전과정과 운동방략〉로 박사학위를 받았다. 〈1910년대 만주·연해주지역 의병세력과 독립운동〉, 〈『대한제국의 비극』에 나타난 1907년 의병전쟁과 의병〉, 〈일제시기 조선유학생의 일본 유학과 해방 후 경력〉 등의 논문이 있으며, 《근대전환기 지역사회와 의병운동 연구》, 《대한제국기 양평의병운동사》, 《항일무장투쟁과 여성독립운동가》(공저) 외 다수의 저서가 있다.

황선익

국민대학교 한국역사학과 교수. 〈연합군총사령부의 해외한인 귀환정책 연구〉로 박사학위를 받았다. 〈중국 관내지역 독립운동 연구의 성과와 과제〉, 〈대한민국 임시정부의 광복운동자 예우와 순국선열 기념〉, 〈한국광복군의 병력 증강과 편제 개편〉 등의 논문이 있으며, 《청사 조성환과 보통리 고택》, 《響き合う東アジア史(공명하는 동아시아사)》(공저), 《서울 동(洞)의 역사 – 성북구–》(공저) 외 다수의 저서가 있다.

도판출처

쪽수	사진명	출처2_소장처
16	《대동여지도》〈도성도〉	서울역사박물관
17	《동여도》〈도성도〉	서울역사박물관
41	무학 자초 초상	국립중앙박물관
41	삼봉 정도전의 표준 영정	전통문화포털
45	《삼봉집》	국립중앙박물관
45	《한경지략》	국립중앙박물관
47	〈도성도〉의 중학 일대	규장각 한국학연구원
49	〈조선성시도〉의 왕십리 확대 부분	서울역사박물관
58	《주례》	서울역사박물관
62	서울 한양도성	서울특별시
76	양부일구	국립중앙박물관
76	공주 충청감영 측우기	국립기상박물관
85	《훈민정음 해례본》(영인본)	국립한글박물관
90	《동국정운》	건국대학교박물관
93	〈혼일강리역대국도지도〉	규장각 한국학연구원
104	〈세조 어진〉	국립고궁박물관
109	종묘	문화재청
110	〈신숙주 초상〉	문화재청
114	송나라(좌)와 명나라(우) 시기 여성복식	개인소장
115	명나라 헌종대에 유입된 조선의 여성복식	개인소장
119	겸재 정선의 〈압구정도〉	경북 왜관 성 베네딕도회 수도원 소장
126	영월 장릉	문화재청
133	1966년 서울특별시 승격 20주년 기념가로 명명식	서울역사박물관

쪽수	사진명	출처2_소장처
135	강릉 오죽헌	문화재청
135	강릉 오죽헌 율곡매	문화재청
137	《율곡전서》	국립진주박물관
141	전 신사임당필 〈초충도〉	국립중앙박물관
142	전신사임당필 〈화접도〉	국립중앙박물관
144	신사임당필 〈산수도〉	국립중앙박물관
145	〈이이남매화회문기〉	건국대학교박물관
151	《소학제가집주》	밀양시립박물관
152	《격몽요결》	오죽헌시립박물관
152	《이자성리서》	구례군립운조루유물전시관
153	《성학집요》	국립중앙박물관
163	1978년 상영된 〈율곡과 신사임당〉 영화 포스터	국립민속박물관
174	〈이순신 관련 고문서 – 이순신 처 방씨 고신교지〉	문화재청
176	《이충무공전서》	한국학중앙연구원 장서각
177	안동 하회마을 충효당	문화재청
179	〈선조 국문 유서〉	김해한글박물관
180~181	〈평양성 탈환도〉	국립중앙박물관
183	《무예도보통지》	한국학중앙연구원 장서각
190	〈전 이순신 초상〉	동아대학교석당박물관
191	〈이순신 무과 합격 증서〉	문화재청
192~193	〈대동여지도〉 중 함경북도 경흥, 조산보, 녹둔도 위치 표시	한국학중앙연구원 장서각
198	이순신 《난중일기》 및 서간첩 임진장초	문화재청
200	《동국신속삼강행실도》〈순신역전〉	한국학중앙연구원 장서각
209	《충렬록》〈양수투항도〉	규장각 한국학연구원
220	〈윤집 초상〉	국립중앙박물관
221	오달제 필 〈묵매도〉	국립중앙박물관
223	송시열이 편찬한 《삼학사전》	국립중앙박물관
225	일제강점기 삼전도비	국립중앙박물관
226	《광여도》〈광주부〉 속에 보이는 삼전도	서울대학교 규장각

쪽수	사진명	출처2_소장처
227	《동국여도》〈남한산성도〉 속에 보이는 삼전도비와 삼전야	서울대학교 규장각
227	《팔도군현지도》〈광주〉 속에 보이는 삼전과 송파	서울대학교 규장각
235	〈인왕제색도〉	국립중앙박물관
233	전 정선필 〈금강전도〉	국립중앙박물관
255	〈세한도〉	국립중앙박물관
269	대한제국 황실 인물 사진	서울역사박물관
270	석조전 중앙홀의 고종 일가	서울역사박물관
273	한국군 시위대 해산병 진압	서울역사박물관
274	남대문전투 시위대 봉기 그림	르 쁘띠 주르날(Le Petit Journal)
275	일본군 출병 광경	서울역사박물관
277	《the tragedy of korea》에 수록된 의병 사진	the tragedy of korea
279	《the tragedy of korea》에 수록된 의병 사진	the tragedy of korea
286	〈최익현 초상〉	국립제주박물관
291	《왕산선생문집》	소수박물관
315	영결식장에서 제문을 읽는 김구	여주박물관
315	청사조성환선생사회장행사요항	여주박물관
317	1968년 효창공원	서울역사박물관
317	1977년 지금의 백범로 구간 도로신설 공사	서울역사박물관
318	도산공원 개원	서울역사박물관

* 표기하지 않은 도판은 공공저작물 또는 서울역사편찬원 소장이미지입니다.